银行卡法规选编

欧阳卫民　主编

中国金融出版社

责任编辑：黄海清
责任校对：李俊英
责任印制：程　颖

图书在版编目（CIP）数据

银行卡法规选编（Yinhangka Fagui Xuanbian）/欧阳卫民主编．—北京：中国金融出版社，2011.3
ISBN 978-7-5049-5831-0

Ⅰ.①银…　Ⅱ.①欧…　Ⅲ.①信用卡—银行法—汇编—世界
Ⅳ.①D912.280.9

中国版本图书馆CIP数据核字（2011）第020480号

出版发行　中国金融出版社
社址　北京市丰台区益泽路2号
市场开发部　(010)63266347，63805472，63439533（传真）
网上书店　http://www.chinafph.com
　　(010)63286832，63365686（传真）
读者服务部　(010)66070833，62568380
邮编　100071
经销　新华书店
印刷　天津市银博印刷技术发展有限公司
尺寸　169毫米×239毫米
印张　21.75
字数　413千
版次　2011年3月第1版
印次　2011年3月第1次印刷
定价　43.00元
ISBN 978-7-5049-5831-0/F.5391

《银行卡法规选编》编译人员

主　编：欧阳卫民

成　员：（按姓氏笔画排序）

于永生　于若辰　安毓秀　严　波

张　玲　沈　伟　欧阳琛　赵张云

郭建军　黄　萍　楼宇声

编写说明

从20世纪20年代美国诞生全球第一张信用卡以来，经过八十多年的发展，银行卡已成为全球最重要的零售支付工具之一。不论是在美国、欧洲，还是亚太地区，尽管各国（地区）的经济发展水平、社会文化、支付习惯有较大差异，但银行卡在现代居民消费支付中均起着不可替代的作用。与此相适应，为规范银行卡经营行为，维护持卡人权益，促进银行卡支付稳健发展，许多国家和地区都建立起了较为完善的法律体系和监管制度，为银行卡产业健康发展提供了强有力的保障。

在我国，自从1985年中国银行发行第一张银行卡以来，银行卡已经走过了26个春秋，银行卡产业从无到有、从小到大地发展起来，取得了举世瞩目的成就。银行卡已成为我国居民使用最频繁的非现金支付工具，银行卡支付网络已成为中国支付体系的重要组成部分，银行卡产业已成为与老百姓切身利益和经济金融秩序密切相关的产业。截至2010年年底，我国银行卡发卡量近25亿张，剔除批发性的大宗交易和房地产交易，银行卡消费额在社会消费品零售总额中占比已达35%。

与银行卡产业快速发展不相适应的是，产业发展的法律制度建设较为滞后，仍沿用人民银行1999年颁布的《银行卡业务管理办法》。随着银行卡产业进入快速发展期，该办法存在的效力层级偏低、调整范围偏窄、有关规定过时的问题日益突出，特别是无法对银行卡市场出现的一些新情况、新问题和新现象进行定性和规范，不利于银行卡的市场化、产业化、规范化发展。鉴于此，人民银行正在会同有关部门加快制定《银行卡条例》。在这一过程中，为充分借鉴吸收国外银行卡立法经验，我组织研究、搜集了部分国家和地区的银行卡法律制度原文，并翻译成中文。

为了让从事银行卡工作或对银行卡业务有兴趣的同志充分了解国际上银行卡立法进程和法律内容，并为完善我国银行卡法律制度提供参考依据，我们选编了美国、欧盟、澳大利亚、韩国、新加坡、我国香港和台湾等7个国家和地区发布的18份银行卡法律规范，同时在附录中选录了我国内地颁布的23份重要法律文件。该书的主要编写原则如下：

一是代表性。在国家和地区的选择上既包括了美欧等发达国家和地区，也包括了韩国、新加坡等亚洲新兴经济体，还包括中国的香港地区和台湾地区，以充分体现不同经济发展水平、不同消费支付习惯的国家和地区各自银行卡法律规范的立法特点。在法律规范的选择上，既有立法机构颁布的基本法律，如美国的《信用卡发行法》、《2009年信用卡问责责任和信息披露法》、澳大利亚《1998年支付系统（监督）法》等；也有行业监管部门颁布的规章，如欧洲央行制定的《银行卡支付网络监管框架——标准》；还有行业自律组织发布的规范性文件，如我国香港地区 8 家银行卡运营机构联合制定的《支付卡计划营运机构实务守则》，台湾地区银行商业同业公会全国联合会信用卡业务委员会制定的《信用卡业务委员会所属机构办理信用卡业务自律公约》。

二是重要性。在法律制度内容的选择上主要是对银行卡业务运作有重要影响的法律规范。如美国 1968 年发布的《诚实信贷法》，是消费信贷法案中最早出台的法案，也是所有消费信贷法中最根本的法。在 2008 年美国金融危机后颁布的《2009 年信用卡问责责任和信息披露法》，表明了美国政府深刻反思教训、堵塞监管漏洞、完善监管框架、重塑消费者信心的鲜明态度，被誉为开辟了美国信用卡法律的新纪元，引发了欧洲、加拿大等多个国家和地区对银行卡监管的强化政策。再如我国台湾地区的《信用卡业务机构管理办法》，可以称之为台湾地区信用卡行业的“基本法”，对信用卡从业机构的市场准入、业务操作、风险管理、财务制度等各方面都作出了基本规定。

三是可读性。本书在每个国家和地区法律规范前，都对该国家或地区银行卡产业发展、法律体系建设以及监管情况进行了简要介绍，在每篇法律法规前有该法立法背景、主旨要义介绍，以帮助读者更好地理解和把握有关法律法规的内容。一些重要条款和理念，我都做了脚注，以便读者思考。

我国是银行卡产业发展的后起之秀，国内经济的快速发展、居民生活水平和消费能力的日益提高以及中央政府有关刺激消费、扩大内需的一系列政策措施为银行卡发展和创新提供广阔的空间。在此情况下，如果我们能发挥后发优势，充分吸收借鉴国外银行卡立法经验，加快我国国内立法步伐，必将对促进我国银行卡产业健康发展发挥积极作用。

本书中有关国家和地区的法律文件收集工作由黄萍、安毓秀、欧阳琛完成。初稿翻译工作依次为第一篇（于若辰、于永生）、第二篇（欧阳琛）、第三篇（沈伟）、第四篇（沈伟、于永生）、第五篇（楼宇声）、第六篇和第七篇（欧阳琛整理）。张玲、郭建军、赵张云、严波参加了翻译校对工作，欧阳卫民、黄萍负责通稿、总纂。

由于编者水平及条件所限，本书难免有不妥之处，恳请读者和业内专家不吝批评、指正。

中国人民银行支付结算司司长　欧阳卫民

二〇一一年一月十一日

目　录

第一篇　美国银行卡法规

美国是全球银行卡产业发源地，从20世纪20年代由美国石油公司发行的先购买汽油后付账的全球第一张信用卡开始，美国银行卡经历了八十多年的发展。美国银行卡市场目前是全球规模最大、最成熟的市场之一。截至2008年，美国银行卡发卡量约25.1亿张，银行卡交易量581.2亿笔，交易额3.5万亿美元①。

美国银行卡市场的高度发达与美国的银行卡法律环境和监管政策紧密相关，可以说美国银行卡市场的快速发展推动了美国银行卡法律的立法进程，而以市场为导向、消费者利益保护为价值取向的银行卡法律环境又反过来促进了美国银行卡市场的健康快速发展，美国银行卡市场发展与相关法律发展进程形成了良性互动，两者相互影响，最终形成了一套以司法监督为主、行政监管为辅，重功能监管、轻市场准入监管的法律政策环境和监管策略。

美国借记卡市场远远落后于信用卡市场的发展，直到20世纪90年代，美国借记卡市场才得以发展。同时，因为借记卡依托于持卡人的银行账户，对银行账户的管理要求同样适用于借记卡，因此缺乏专门针对借记卡的法律。而对于占市场绝对份额的信用卡，则是美国法律和监管部门重点关注的对象，保护消费者即贷款人的合法利益是所有监管法律的出发点和归宿，因此，美国信用卡的相关法律主要是指消费信贷类的法律。

在20世纪60年代之前，美国没有专门针对银行卡产业的法律法规，有关银行卡的监管沿用传统的银行法。随着两大银行卡组织（维萨前身NBI，万事达前身Interbank）的成立，打破了美国法规对银行从业地域范围的限制，促使银行卡尤其是信用卡在美国的普及，信用卡逐步成为大众支付和信贷工具，建立有针对性的法律法规就成为必要。1970年修订的《诚实信贷法》禁止银行未经消费者同意就寄信用卡的做法，这是联邦政府对银行卡行业出台的第一个专门性规范。20世纪70年代初期至80年代期间，美国开始制定与信贷管理相关的法律，并不断修改完善，形成了一个完整的框架体系。

美国有关银行卡管理的相关基本法律有十多项，几乎每一项法律都进行了若干次修改，它们包括：《诚实信贷法》（*Truth in Lending Act*）、《公平信用报告

---

① 数据来源于“Statistics on Payment and Settlement Systems in Selected Countries – Figures for 2008”，CPSS，BIS，2009.12.

法》（*Fair Credit Reporting Act*）、《公平债务催收作业法》（*Fair Debt Collection Practice Act*）、《平等信用机会法》（*Equal Credit Opportune Act*）、《公平信用结账法》（*Fair Credit Billing Act*）、《信用卡发行法》（*Credit Card Issuance Act*）、《公平信用卡和签账卡信息披露法》（*Fair Credit and Charge Card Disclosure Act*）、《电子资金转移法》（*Electronic Fund Transfer Act*）、《储蓄机构解除管制和货币控制法》（*Depository Institutions Deregulation and Monetary Control Act*）、《甘恩—圣哲曼储蓄机构法》（*Garn - StGermain Depository Institution Act*）、《银行平等竞争法》（*Competitive Equality Banking Act*）、《金融机构改革、恢复和执行法》（*Financial Institutions Reform, Recovery, and Enforcement Act*）、《社区再投资法》（*Community Reinvestment Act*）、《信用修复机构法》（*Credit Repair Organization Act*）、《消费者信贷保护法》（*Consumer Credit Protection Act*）。另外，美联储的《*Regulation Z \ B \ E*》三个法规也是与银行卡监管有关的法规。

2007年美国因次级抵押贷款机构破产、投资基金被迫关闭、股市剧烈震荡而爆发了次贷危机，继而在2008年演变为一场全球性金融危机，并蔓延到实体经济，给世界经济带来极大影响。美国信用卡产业也遭受重创，持续出现赢利率下降、逾期率和呆账率上升的情况，信用卡行业的风险指标达到历史高点。信用卡发卡机构不得不采取收缩信贷、提升利率、削减持卡人等措施应对信用卡危机。这促使美国国会、总统、美联储开始高度关注信用卡行业的监管和立法，以期通过新的立法加强行业监管、挤压行业泡沫、保护持卡人权益。如前所述，美国的银行卡法律主要以消费者利益保护为价值取向，而美国在20世纪50年代信用卡产业发展初期采取了非常宽松的监管模式，形成了一些不利于持卡人的行业惯例。在此背景下，美国总统奥巴马于2009年5月22日签署颁布了《2009年信用卡问责责任和信息披露法》（*Credit Card Accountability Responsibility and Disclosure Act of* 2009），该法与前述法律一起构成了保障美国银行卡产业正常运转的法律环境，并引发了全球其他发达经济体对银行卡产业加强监管的潮流。

本书节选了《诚实信贷法》、《信用卡发行法》、《公平信用卡和签账卡披露法》、《2009年信用卡问责责任和信息披露法》等四部法律的有关章节。

一、《诚实信贷法》

《诚实信贷法》颁布于1968年5月29日，是美国消费信贷法案中出台最早的法案，也是美国所有消费信贷法中最根本的大法，构成《消费者信贷保护法》的第一章，其实施细则《Z规则》（*Regulation Z*）生效于1969年7月1日。1970年《诚实信贷法》首次修订，并在美国法律体系中首次正式涉及信用卡，禁止银行发行“不请自来”（即未经持卡人同意而邮寄）的信用卡。随后，该法又经历了多次大的修订，通过新法颁布替代了《诚实信贷法》部分条款，如《2009年信用卡问责责任和信息披露法》也对《诚实信贷法》多个条款进行了补充、修订。

《诚实信贷法》对信贷提供方向消费者实施的信息披露（包括广告）的内容、格式、语言作出了严格、明确的规定，其目的是使消费者对信贷产品的成本以及相关条款有真实可靠且统一可比的了解，以便能在各家商业银行提供的各种信贷产品中选择适合自己需要的产品。在仅凭信用销售的情况下，卖方（贷方）必须向买方（借方）明示收费标准或者利率水平，以使对方了解使用消费信贷的成本，同时卖方（贷方）可不设定最高贷款利率限额。《诚实信贷法》中涉及信用卡的专门规定主要包括信用卡当事人的民事、刑事责任，信用卡对账及对账单争议处理等。其中第1643条有关信用卡的民事责任的规定，即消费者或持卡人对未经授权的消费最多承担50美元的责任，已成为美国法律保护持卡人权益的典范论据。该规定基于的前提是相信绝大多数消费者或持卡人是诚实的，不讲信用的持卡人只是少数。

本书节选了《诚实信贷法》中涉及信用卡的有关规定。

第1601节　国会认定与目标声明

（a）信贷的合理使用

国会认为，信贷的合理使用将提高经济稳定性、加强各种金融机构以及其他致力于消费者信贷的公司之间的竞争。消费者对信贷成本的考虑引发了有关信贷合理使用的问题。本节旨在对信贷条款进行有意义的披露，使消费者能够对各种信贷条款作出比较，以避免信贷的不合理使用，同时，保护消费者远离错误的或不公平的信贷费用和信用卡使用。

（b）个人财产租赁条款

最近，国会认为，个人消费市场存在向汽车或其他耐用品租赁方式转变的趋势，并替代分期信贷销售，但关于上述租赁的成本尚未得到足够披露。本章旨在对出于个人、家庭或住户用途目的的个人财产租赁条款进行有意义的披露，使承租人能够对其面临的各种租赁条款作出比较，限制租赁中的“气球膨胀式”付款方式，在适用时比较租赁条款和信贷条款，并确保在广告这一章节中对租赁条款作出有意义且准确的披露。

第 1602 节　定义与规则解释

（a）本节中使用的定义与规则解释适用于本节。

（b）“委员会”指美国联邦储备系统的主管委员会。

（c）“组织”指公司、政府或政府部门/机构、托拉斯、集团、合伙企业、合作企业以及协会。

（d）“人”指自然人或组织。

（e）“信贷”指债权人授予债务人的债务延期支付或进行借贷并延期支付的权利。

（f）“债权人”仅指同时有以下两种行为的人：

（1）定期出售物品或服务（无论是否与贷款有关）；或者提供消费信贷，以约定的四期以上分期付款进行支付，或（可能）需要为其支付信贷费用，以及

（2）由消费信贷交易产生的贷款可根据出示的债务凭证向其进行支付，若没有此类债务凭证，则按照协议支付。在含有信用卡的开放式信贷计划下，发卡机构以及任何受理信用卡并提供信贷费用折扣的一方也是债权人。按照本节 D 部分和本标题下第 1637 节（a）（5）、第 1637 节（a）（6）、第 1637 节（a）（7）、第 1637 节（b）（1）、第 1637 节（b）（2）、第 1637 节（b）（3）、第 1637 节（b）（8）、第 1637 节（b）（10）的要求，无论到期债款按协议约定以四期以上分期付款进行支付，或以（可能）需要的信贷费用进行支付，术语“债权人”也应包含发卡机构。尽管按其条款，这些要求仅适用于提供信用卡开放式信贷计划的债权人，委员会也应规定这些要求在一定程度上同样适用于这些发卡机构。根据本分章规定，在任何 12 个月期限内发起 2 笔或 2 笔以上的抵押贷款［见本节的（aa）小节］，或通过贷款经纪人发起 1 笔或 1 笔以上抵押贷款的人，均应视为本法所称的债权人。

（g）术语“赊销”指任何卖方为债权人的销售。此术语可适用于所有符合以下条件的委托合同或租赁合同：受托人或承租人达成协议，在使用一些完全等值的或超过其总体价值的物品或服务时，同意补偿其支付的相应数额的等值物；并在合同中协定，受托人或承租人将成为该物品的所有者，或在没有其他或名义所有者的情况下，具有成为该物品所有者的选择权。

（h）当“消费者”作为形容词形容信贷交易时，被形容的信贷交易的特征

是：被提供或给予信贷的一方为自然人，作为交易对象的货币、财产或服务主要向个人、家庭或住户提供。

（i）“开放式信贷计划”是指一种计划，债权人根据此计划对重复的交易作出合理安排，同时，该计划规定了交易条款和需要根据未偿余额频繁计算的信贷费用。尽管需要经常核实信贷信息，具有上述内涵的开放式信贷计划同样是开放式信贷计划。

（j）“充分的通知”，如本标题下第 1643 节使用之意，指向持卡人发出的打印通知，该通知上清楚且充分地载明了持卡人账户的相关信息，这些信息应当能够引起持卡人的注意并能够理解。该通知可印刷于信用卡的定期对账单上，并直接发放给持卡人，或以任何其他能确保持卡人接收的合理方式交予持卡人。

（k）“信用卡”指通过信誉来获得金钱、物品、劳动或服务的所有卡片、面板、息票簿或其他信用工具。

（l）“有效信用卡”指持卡人为获得赊账的物品、劳动或服务，而申请并接受的信用卡，或者签署或使用的信用卡，或者授权他人使用的信用卡。

（m）“持卡人”指所有被授予信用卡的人；或所有与发卡机构达成协议，对另一法人承担因发卡产生的责任的人。

（n）“发卡机构”指发放信用卡的所有机构，或这些机构在信用卡业务上的代理商。[①]

（o）“非授权使用”，如本标题下第 1643 节使用之意，指信用卡的使用者并非持卡人本人，而是其他没有实际、暗示或明示的使用权限的人，且持卡人无法因此获利。

（p）“折扣”，如本标题下第 1666f 节使用之意，指在正常价格基础上的降价。本标题下第 1666f 节中使用的术语“折扣”并非指附加费。

（q）“附加费”，如在本节以及本标题下第 1666f 节使用之意，指只向持卡人收取的，但不向以现金、支票或其他类似方式支付的消费者所收取的额外费用。

（r）“州”指所有州，即波多黎各联邦、哥伦比亚特区以及美国所有的领土或领地。

（s）“农业目的”用于耕作、种植、繁殖或培育农产品的自然人对农产品的生产、收割、展览、营销、运输以及加工或制造，包括但不限于购买耕地、有农居的不动产，以及主要用于农业的个人财产和服务。

（t）“农产品”包括农业产品、园艺产品、葡萄栽培产品、乳制品、牲畜、

① “信用卡”、“持卡人”、“发卡机构”等定义，对信用卡管理法规的制定具有参考价值。全球金融业术语的统一，有利于统计比较、信息交流和经验分享。

野生动植物、家禽、蜂蜜、林产品、鱼类贝类，以及所有与上述产品有关的加工制造产品，还包括所有农场饲养种植或生产的产品以及相关的加工制造产品。

（u）“材料披露”，依照本分章节以及标题下第 1639 节（a）规定，指对年利率、信贷费用和需收取信贷费用的未偿余额、信贷费用数额、融资额、支付总额、支付数额和支付次数，以及债务偿还到期日或期限的披露。

（v）“居住地”指包含一至四个家庭住宅单元的住房结构或移动房屋，或指独立单元的共管房或公用房屋。

（w）“住房抵押交易”指消费者贷款购房或首次建造此类住房时的交易，该交易产生或保留抵押行为、信托契约、分期付款销货合同下的定金担保利益或双方合意的等值担保物权。

（x）“正常价格”，如本节及本标题下第 1666f 节使用之意，指按物品或服务标签或标价所示的单价；或以开放式信贷计划或信用卡为付款方式且满足以下条件之一的对物品或服务所收取的价格：

（1）没有定价或标签。

（2）有两个定价或标签，其中一个针对开放式信贷计划或信用卡付款，另一个针对现金、支票或其他类似支付方式。但根据本定义之目的，可能产生开放式信贷计划借记或信用卡持卡人开放式账户借记的支票、汇票或其他可流通票据支付，不应视为通过开放式信贷计划或账户的支付行为。

（y）关于本分章下要求或本分章条款的所有引用，均包括本分章或本分章条款下的委员会规定。

（z）若披露的数额或百分比大于本分章要求披露的数额或百分比，不构成违反本分章的实质行为。

（aa）

（1）本节中的抵押贷款，指以消费者主要居住地为担保的消费信贷交易，而非指住房抵押交易、逆按揭交易或开放式信贷计划下的交易，其需满足以下条件：

（A）在债权人收到信贷申请的下月十五号时，交易成交时的年利率超出同期国库券收益率至少 10 个百分点。

（B）在结算时或结算前，总百分点及消费者需要支付的费用将超出以下二者的较高数额。

（i）总贷款数额的百分之八；

（ii）400 美元。

（2）

（A）自 1994 年《瑞格尔社团发展及改良法案》（*Riegle Community Development and Regulatory Improvement Act of* 1994）第 155 节规定的生效日起 2 年后，依

照本条规定第一次提高或降低百分比后的调整频率大于两年一次的，委员会可按规定提高或降低（1）（A）款规定的百分比数额，但前提是，委员会决定的年利率升高或降低满足以下条件——

（i）符合1994年《瑞格尔社团发展及改良法案》第1编B副编修正条例对保护消费者免于借贷滥用所作的规定；以及

（ii）取决于信贷需求。

（B）（A）条中所述的提高与降低不一定导致（A）条中所述的百分点数量产生如下结果——

（i）少于8个百分点；或

（ii）大于12个百分点。

（C）委员会应与消费者（包括低收入消费者和放贷人）代表就是否提高或降低（A）条中所述的百分点进行协商。

（3）每年1月1日，应当对第（1）（B）（ii）款中规定的数额按照（调整）前一年6月1日报道的消费物价指数的年百分比变化进行调整。

（4）为第（1）（B）款之目的，该百分点及费用应包括——

（A）信贷费用中除利息或时间价值差额以外的所有项目；

（B）向抵押贷款经纪人支付的所有补偿；

（C）本编第1605（e）节中所列的各项费用（除经由第三方保存的未来税收支付的契约），除非——

（i）此费用合理；

（ii）债权人不收取任何直接或间接的补偿；以及

（iii）费用付给了与债权人无任何联系的第三方；以及

（D）其他委员会认定为合理的费用。

（5）对本节的解释不应限制任何一个法人为信贷发放而向消费者征收的利率或信贷费用。

（bb）"逆按揭交易"指以消费者主要住所为抵押而产生抵押贷款、信托契约或双方合意的等值抵押证券的无追索权交易，其满足以下特点——

（1）保证一笔或多笔预付费用；并且

（2）在满足以下条件时，与交易相关的所有本金、利息以及共享的货币升值或资产净值应视为到期的和应支付的（拖欠债务除外）——

（A）居所的转让；

（B）消费者停止以该居所为主要居住地；或

（C）消费者死亡。

第 1603 节 交易豁免

本节不适用于以下情况：

（1）包括为商业、商务、农业目的的，或为政府或政府代理机构、部门或组织的授信交易。

（2）由在证券交易委员会注册过的经纪人操办的证券交易或商品账户交易。

（3）信贷交易不包括如下交易：该交易中抵押收益是以或将以不动产形式获得，或者是以作为或预期作为消费者主要住所的个人财产形式获得的，且资金总额超过 25000 美元。

（4）公用事业税下的交易，且委员会规定国家管理机关对相关公用事业服务费用、延期付款费用以及所有提前支付所享受的折扣进行管理。

（5）本分章描述之外的交易。依照规定，委员会认为无需对此类交易适用本分章。

（6）废除的法律 L. 96－221，第 VI 编，第 603（c）（3）节，1980 年 3 月 31 日，94 Stat. 169.

（7）根据由 1965 年《高等教育法案》（*Higher Education Act of* 1965）第 IV 编授权的计划所进行的、保险的或担保的贷款（20 U. S. C. 1070 条以及下各条，42 U. S. C. 2751 条以及下各条）。

第 1604 节 披露原则

（a）规则颁布、内容等

为本分章之目的，委员会应制定规章并予以实施。除本编第 1602（aa）节所指的抵押贷款外，这些规章均可包括相关分类、区别以及其他规定，并对所有交易提出修正及例外且是委员会实施本分章的必要且合理措施，以避免对规定的规避行为，或促进符合规定的行为。

（b）披露形式范本及条款；公开发行、标准设定、合规性等

委员会应为一般交易印发披露形式范本及条款，促使交易行为符合本分章规定的披露要求，并采用简单易懂的语言简化披露的专业性，帮助借款人或承租人理解所进行的交易[①]。设计此类披露形式时，委员会应考虑债权人或出租人的数据处理情况或类似自动设备的使用情况。本分章不应被解释为要求债权人或出租人使用委员会在本节中规定的披露形式范本及条款。如果涉及下列披露行为，则债权人或出租人的行为应当视为符合本分章对数字披露之外的所有披露规定。

① 政府部门或行业协会应该拟定、发布“披露形式范本及条款”，促使交易行为符合法律规定，帮助借款人理解所进行的交易。

（1）使用由委员会印发的有效披露形式范本和条款，或

（2）使用该披露形式范本和条款，并通过下列方式对其进行更改

（A）删除本分章未要求的内容，或

（B）调整披露格式，且债权人或出租人的此类删除或调整行为不影响披露信息的实质内容、清晰程度或逻辑顺序。

（c）范例形式与条款的使用程序

在联邦登记处准时下发通知，并按照第5编第553节规定予以公开评论后，披露形式范本与条款才可由委员会予以采纳。

（d）规则（包含新披露要求）的有效日期

所有委员会规则、所有修正案或相关解释要求的披露，如其不同于本分章的本部分、D部分及E部分所要求的披露，或不同于委员会在上述章节下颁布的规定所要求的披露，其生效日期应为自颁布之日起至少6个月后的10月1日，但以下情况除外：委员会自行决定通过规章、修正案或相关解释，延长债权人或出租人根据新要求作出调整的期限，或缩短债权人或出租人获准作出此类调整的期限，而该调整行为被认定为与法院裁决相一致，或者为防止不公平或欺诈所必需的行为。尽管存在上述要求，任何债权人或出租人均可在此类新披露要求的生效日期前就符合其规定。

（f）豁免权力

（1）总则　当委员会认为符合本分章所有或部分规定并不能以提供有益信息或保护的形式给消费者带来好处时，委员会可通过制定规章，对相关交易豁免本分章所有或部分要求，但本编第1602（aa）节所述的所有抵押贷款交易除外。

（2）考虑因素　为决定可享受第（1）款部分或全部豁免权力的交易类型，委员会应当在提出豁免之时考虑下列因素，并公开作出相关解释：

（A）贷款数额，以及披露、废除权利和其他条款是否能使消费者（按照委员会规定，消费者为交易的参与方）受益。

（B）本分章要求使交易复杂化，或阻碍交易，或增加交易信贷费用的程度。

（C）借款人的状况，包括——

（i）符合委员会规定的借款人的所有相关财务安排；

（ii）与交易类型相关的借款人财务复杂程度；和

（iii）信用、相关财产支持以及满足本分章要求对借款人的重要性。

（D）贷款是否以消费者的主要居所为抵押。

（E）豁免是否将影响消费者权益保护的目标。

（g）借款人弃权

（1）总则如发生以下情况，委员会可通过制定规章使相关信贷交易免予本分章中的要求——

（A）交易涉及的消费者——

（i）年收入超过 200000 美元；或

（ii）在交易之时拥有 1000000 美元以上的净资产；以及

（B）首次得到消费者手写、签姓并注明日期的弃权书。

（2）委员会的调整　面临通货膨胀时，委员会可自行调整第（1）编中对年收入和净资产的要求。①

第 1605 节　信贷费用的决定

（a）“信贷费用”定义

除本节另行规定，与消费者信贷交易相关的信贷费用数额为所有费用的总和，该费用由债权人直接或间接地在授信时收取，并应当由债务人直接或间接地支付。信贷费用不包括同样现金交易中需支付的费用。在债权人无需收取费用或提供服务的条件下，信贷费用也不包括由第三方结算代理人（包括清算代理、律师、第三方担保以及产权公司）收取的费用。信贷费用的构成包括以下可适用的所有费用类型：

（1）利息、时间价值差额，以及其他应支付的定额、折扣或额外费用。

（2）服务或资产置存费。

（3）贷款费、中介佣金或类似费用。

（4）调查或资信报告所需费用。

（5）保险费，或其他保护债权人免遭债务人违约以及其他信用损失的费用。

（6）借款方支付的抵押贷款经纪人费用，包括直接向经纪人或贷款方支付的费用（交割，向经纪人支付），费用支付包括现金及其他财务手段。

（b）信贷费用中的人寿保险费、意外保险费或健康保险费

信贷费用中应当包括人寿保险费、意外保险费或健康保险费等与消费者信用交易相关的费用，除非满足以下条件：

（1）债务人的保险范围不是债权人同意贷款发放的因素，且此事实已经通过书面形式清楚地向申请人或获得贷款发放人披露。

（2）为获得与授信相关的保险，债务人在收到相关成本的书面通知后，必须出示表示其有获得上述保险意愿的肯定书面说明。

（c）信贷费用中的财产损失和责任保险费

与消费者信用交易相关的任何财产损失保险，或财产拥有或财产使用责任的保险费，应该包含在信贷费用之内，但以下情况除外：债权人向债务人发出了清

① 通货膨胀对监管指标中有关资本金、资产价值等要求有直接影响，因此根据审慎原则，在调整这些指标时应该考虑通货膨胀率。

楚明确的书面声明，规定了从债权人处获得或通过债权人获得的保险成本，以及债务人选择通过何人获取保险费。

（d）所有信用交易中免予计入信贷费用的项目

若以下交易为委员会规则中列举或披露的项目，债权人就无需将该交易计算入信贷费用之内。

（1）根据法律规定，已给付或将给付公务人员费用，用以判定信贷费用的存在，或用以完善、解除或满足信贷费用的安全性。

（2）在保险费不超过第（1）编中规定的费用情况下，用于替代交易中债权人要求的信贷收益的任何应付保险费（否则，该费用应当支付）。

（3）当税款征收为债务证明的先决条件时，对保证文书或债务证明单据所征的税款。

（e）免予计入信贷费用的以房地产利息为担保的贷款发放项目

当以房地产利息为担保的贷款收取下列项目时，该项目不应计算入此笔交易的信贷费用之内：

（1）为产权检查、产权保险以及类似目的的费用或保险费。

（2）与准备贷款相关文件的费用。

（3）税收或保险未来支付的第三方担保。

（4）公证或其他文件的费用。

（5）评估费，包括结算前所有虫害或水灾的检查费用。

（6）信用报告。

（f）允许的误差

非开放式信贷计划下由不动产或住房担保的信贷交易，其信贷费用的披露及其他受信贷费用影响的披露要求如下——

（1）为本分章之目的，出现以下情形应视为披露准确：

（A）信贷费用披露数额与实际信贷费用的出入不大于 100 美元；或

（B）信贷费用披露数额大于本分章所规定披露的数额。

（2）为本编第 1635 节之目的，出现以下情形应视为披露准确：

（A）除副编（B）规定外，信贷费用披露数额与实际信贷费用的出入不大于贷款总额的二百分之一；或

（B）除了本编第 1602（aa）节所述的抵押贷款，满足以下条件的交易——

（i）是一种（通过主要结欠金额和本编第 1602（w）节定义的任何应计或未偿付的住房抵押贷款交易下的信贷费用）进行重新募集资金的手段，或是任何该交易后续的重新募集资金的手段；

（ii）不包括任何新的合并或新的预付款；

若信贷费用披露数额与实际信贷费用的出入不大于贷款总额的一个百分点。

第1606节　年利率的确定[①]

(a)“年利率”定义

在下述情况下制定向消费者授信的年利率应遵守委员会规定：

(1) 在贷款发放而非开放式信贷计划下：

(A) 名义年利率。当名义年利率适用于未偿贷款余额时，名义年利率将产生一个以保险金算法计算的对应信贷费用，在贷款数额和信贷费用之间分配还款额，依照这种方法，首先支付积累的信贷费用，然后结余用于支付未付贷款额。

(B) 按委员会指定的方法决定的费率。与 (A) 副编规定的费率相比，该费率不仅保留了合理的准确性，且极大地简化了计算过程。

(2) 在开放式信贷计划下进行授信时，年利率为某一阶段的信贷费用除以该阶段用于计算信贷费用的信贷金额，然后乘以一年内此类阶段的数目。

(b) 区间段余额的信贷费用计算方法

当债权人对区间段内的未偿余额收取相同的信贷费用时，债权人在特定范围内收取相同的结余信贷费用时，年利率应按此范围内的结余中位数进行计算，除非委员会认定按此方法计算的费率没有根据或极具误导性，则年利率应当按照委员会另行规定的其他基数进行计算。

(c) 信息披露要求的允许误差

为本分章之目的，若披露年利率与实际利率的上下误差不大于八分之一个百分点，或者四舍五入后近似于四分之一个百分点时，年利率的披露视为准确。委员会可允许更大的误差，以便使不规范的支付行为也能够符合信息披露的要求。

(d) 使用与既定费率有允许误差的费率表

委员会可允许使用费率表或费率图形式进行费率披露，该费率图表中的年利率披露可与本节第 (a) (1) (A) 分节中既定费率存在偏差，但偏差不大于委员会允许的误差。委员会不允许出现大于利率八个百分点的情况，除非允许有更大的错误偏差来对应无规律支付。

(e) 年利率偏差的授权

若债权人按非本节第 (d) 分节的规定制定年利率的，委员会可授权许可该费率存在其他合理的偏差。

第1631节　信息披露要求

(a) 一个或多个债务人情况下的债权人或出租人责任

---

① 利率、费率及其计算方法，涉及债权、债务人双方的切身利益，明确规定后可以防止不必要的纠纷。

根据本节（b）分节规定，债权人或出租人应当向有义务履行租赁契约或信用交易义务的消费者披露本节中规定的信息。在多个债务人且存在主要债务人的情况下，债权人或出租人无须向多个债务人进行信息披露，仅需向该主债务人披露即可，但本编第 1635 节中的交易除外。

（b）债权人或出租人应当披露的信息

若交易的债权人为本编第 1602（f）节定义的债权人，或为本编 1667（3）节定义的出租人，则该债权人或出租人应当进行信息披露。若交易包括多个债权人或出租人，则仅需一个债权人或出租人对信息进行披露。委员会应当规定需要披露信息的债权人或出租人。

（c）为满足法定要求披露的估计；日利率的披露

委员会规定，对本节要求披露的信息的任意部分，若信息的提供者无权获知其准确信息，则该信息可以估计形式提供。消费者信贷交易中，应按日利率计息，并在交易完成之时全部清算。若披露的信息为交易完成时债权人已经获知的准备披露的内容，依照本分章规定，任何关于利息额信息的披露均应视为准确。

（d）数字信息披露的允许误差

委员会应当决定是否有必要为数字信息的披露（除年利率外）规定允许误差，以使更多披露行为符合本分章的要求；若委员会决定有必要为此目的规定一个允许误差，则委员会应当规定该信息披露的允许误差范围。委员会应当动用其权限允许数字信息披露的误差范围（而非年利率），该范围应完全可以避免误导性的披露或规避本分章目的披露。

第 1632 节　信息披露形式；附加信息

（a）信息披露的清晰性和显著性；“年利率”和“信贷费用”；披露顺序和不同术语的使用

根据委员会规定，本分章中的信息应当以清晰、显著的形式披露。术语“年利率”和“信贷费用”应当以比其他条款、数据或与交易信息（有关债权人的信息除外）更显著的形式披露。本节（c）分节规定之外，委员会无需规定信息按照本分章规定的顺序进行披露；并且（除另行规定外）允许使用不同于本节的但表达相同语义的术语。

（b）债权人或出租人的选择性信息

任何债权人或出租人均可提供本分章 D 部分、E 部分以及（除本编第 1637a（b）（3）节和第 1638（b）（1）节规定外）本部分所要求披露信息的额外信息或相关解释。

（c）第 1637（c）节下某些信息披露的表格形式

（1）通常，下款中的信息：

本编第1637（c）节的（A）款、（3）（B）（i）（I）款、（4）（A）款和（4）（C）（i）（I）款——

（A）应当以委员会规定的形式和方法披露。

（B）应当置于需要信息披露的书面申请、招标书或其他文档/文件的显著位置。

（2）表格形式

（A）规定的表格形式 依照本节第（1）（A）款规定，委员会应当要求信息按以下委员会认为可行且合适的表格形式进行披露——

（i）表格中的各项信息应当设有清晰准确的标题；以及

（ii）具有清晰准确的表格，用以填写各项标题下的披露信息。

（B）委员会对表格顺序和措辞的自由裁量权 规定（A）条下表格的形式时，委员会可以——

（i）以不同于本编第1637（c）节第（1）（A）款或第（1）（A）款规定的顺序列出需要填入的表格项目；

（ii）根据（C）条规定，若术语能完全表达相同语义，可使用不同于本编第1637（c）节中的术语。

（C）宽限期 表格标题下，任何关于本编第1637（c）（1）（A）（iii）节中时间期限的副标题或陈述均应包含术语“宽限期”。

第1637节 开放式消费者信贷计划

（a）债权人应当披露的信息

在适用的情况下，开立任何开放式消费者信用计划的账户前，债权人应当向债务人披露以下内容：

（1）收取信贷费用的条件，包括时间期限（若有）。在该时间期限内的贷款偿还可无需收取信贷费用，除非债权人在自行选择且不经披露的情况下，于时间期限终止且收到款项后不收取信贷费用。若未规定时间期限，债权人应当披露此事实。

（2）计收信贷费用所使用的未偿余额的计算方法决定结余的方法（需要收取信贷费用）。

（3）信贷费用，包括所有信贷费用的最小金额或固定金额的计算方法。

（4）计算信贷费用所需要的一个或多个周期费率、适用于上述费率的未偿余额范围以及通过周期费率乘以一年内周期数所得的年利率。

（5）根据委员会规定，计划所收取的其他费用明目及其计算方式。

（6）在信贷有担保或将要担保的情况下，关于在以下情况下收取信贷利息的声明。

（A）已经或将以所购财产为担保物权，作为信贷交易的一部分，或

（B）以尚未购买的财产作为按项目或类型分类的信用交易的一部分。

（7）根据本编第 1666 节和第 1666a 节规定，委员会制定的保护债务人的声明，以及本编第 1666a 节和第 1666a 节规定的债权人责任的声明。若每个日历年中仅有一个账单周期，且周期不小于六个月或不大于十八个月，债权人应按照本节的（b）分节规定，在账单周期内向各债务人转交此类声明。

（8）在以消费者主要住房为担保的开放式若无限期消费信贷计划下的提供以消费者主要住房为担保的贷款，则应包括该计划下账户的以下任何信息——

（A）本编第 1637a（a）节下要求披露的信息；以及

（B）委员会决定披露的，但除本款外本节中其他条款未涉及的信息。

（b）各账单周期所需的声明

若在各个账单周期末，账户内存在未付结余或需收取信贷费用，则无限期消费信贷计划下的账户债权人应当（在适用的情况下）将包含以下内容的声明转交给债务人：

（1）声明期开始时，账户内的未偿余额。

（2）周期内各信贷的总额和发放日期，以及按委员会规定形式出具的各贷款声明上的或随附的确认书，该确认书可使债务人确认所进行的交易，或通过销售凭证副本或类似上述文书进行交易确认。但是在以下情况下，若债权人未能根据本款要求披露该信息，则不应视为违反本部分或本分章的规定：

（A）债权人采取合理程序获得并提供相关信息，以及

（B）债权人主动回应并处理所有需要澄清或出示关于本编第 1666 节下的账单错误和账目数额错误的证明文件的要求。若根据委员会的定义，债权人和卖方为同一法人，且该法人的开放式信贷计划账户少于 15000 个，债权人可选择只披露该时期内各贷款的总额、贷款发放日期、卖方名称、交易发生地，而无需符合上述要求，前提是

（A）交易的简要确认书已经具备，并且

（B）债权人主动回应并处理所有需要澄清或出示关于本编第 1666 节下的账单错误和账目数额错误的证明文件的要求。

（3）该周期内计入贷方账户的总金额。

（4）该周期内计入账户信贷费用总金额，以及按照百分比和最小或固定信贷费用（如有）计算得到的逐笔列示的信贷费用金额。

（5）计算信贷费用所需要的一个或多个周期费率、与该周期费率对应的未偿余额范围，以及在根据第（6）款规定披露根据本编第 1606（a）（2）节中决定的年利率时，根据周期利率乘以一年内周期数得到的名义利率。

（6）若一个月或更长账单周期内总信贷费用超过 50 美分，或按比例在不足

一个月的账单周期内的信贷费用为50美分时，则该声明应包含以本编第1606（a）（2）节中决定的年利率表示的总信贷费用；若信贷费用为两个或更多（费率乘以一部分结余的）产品费用总和，则债权人可披露以年利率表示的费率以及计算的部分未偿余额，而无需披露总费用的单一费率。

（7）信贷费用计算所依据的未偿余额，以及未偿余额的计算方式的声明。若决定未偿余额时未事先扣除该时期的贷款额，则此事实与支付数额均应予以披露。

（8）在周期末，账户中的未偿余额。

（9）为避免支付额外信贷费用所规定的必须提前还款的日期或限期（若有）。但是，债权人不作事先披露并自行决定，即使在规定日期或限期期满后收到应付款项仍不收取信贷费用除外。

（10）债权人用于受理债务人账单咨询的地址。

（c）信用卡和签账卡的申请及兜售信息披露

（1）直邮申请及兜售

（A）表格信息　根据本编（e）分节以及本编第1632（c）节规定，所有邮寄给消费者的开放式消费者信贷计划下的信用卡账户的申请信息或无需申请开立账户的兜售信息应该披露以下内容：

（i）年利率

（I）此信贷计划下适用于信贷的年利率。

（II）当授信受费率变动影响时，费率变动的事实，邮寄时的实际年利率以及费率的决定方式。

（III）使用多个费率时，各费率对应的未偿余额范围。

（ii）年费及其他费用

（I）信用卡发放或经营中收取的所有年费、其他定期费用以及会员费，包括账单周期内的账户维护费或对正常账户与睡眠账户收取的其他费用。

（II）对于受信贷费用影响的贷款发放而言，在贷款未偿付的各期限内所收取的最低信贷费用。

（III）使用卡购买商品或服务而产生的交易费用。

（iii）宽限期

（I）为商品或服务的消费贷款而偿付的截止日期或期限（若有），在此宽限期内无需支付信贷费用。若无此类期限，应当予以说明。

（II）若“宽限期”期限发生变化，发卡机构可根据具体要求披露宽限期天数、宽限期最少天数或宽限期平均天数。

（iv）未偿余额计算方法

（I）由委员会指定、用于计算信贷费用的未偿余额计算方法，以及委员会未指定时的详细的未偿余额计算说明。

（II）为执行本条款而制定的规则中，委员会应指定不多于五种的最常用未偿余额计算方法。

（B）其他信息　除（A）条规定披露的信息，根据本节（e）分节、（f）分节规定，各申请或兜售信息还应清楚、显著地披露以下内容：

（i）现金垫款费　以现金形式授信而收取的费用。

（ii）滞纳金　对延期还款征收的费用。

（iii）超限费　对超出账户信用额度的贷款所征收的费用。

（2）电话兜售

（A）通则　对于开放式消费者信用计划下开立信用卡账户的电话兜售，兜售人应当口头披露第（1）款（A）中的信息。

（B）例外　在以下情况中，（A）条规定不适用于此类电话兜售：

（i）信用卡发卡机构——

（I）不收取第（1）款下（A）（ii）（I）中所述的任何费用；或

（II）对电话兜售不收取任何费用，消费者通过使用信用卡表示接受该费用除外；

（ii）发卡机构在消费者提出申请起30日内并绝不迟于卡交付之日，以书面形式清楚显著地披露[①]的（1）款所述的信息。

（iii）发卡机构以清楚且显著的方式披露：消费者没有义务接受该卡或账户，也没有义务支付任何披露的费用；但是，消费者使用信用卡表示接受该卡或账户的情况除外。

（3）其他申请或兜售方式

（A）总则　对于公众可从目录册、杂志或其他出版物中获得的开放式客户信用计划下信用卡账户申请信息以及无需申请的账户开立兜售信息，应当符合以下第（B）、（C）或（D）条中的信息披露要求。

（B）特殊信息　若第（A）条所述的所有申请或兜售信息包含以下内容，则符合本条规定：

（i）该信息为——

（I）依据本节第（e）分节规定，以本编第1632（c）节要求的形式披露的第（1）款第（A）条中所述的信息，以及

（II）依据本节第（e）、（f）分节规定，以清楚且显著的形式披露的第（1）款第（B）条中所述的信息。

（ii）在申请或兜售信息的突出明显位置上出现的声明，其中声明——

① “清楚显著地披露”与隐约含糊的提示相反，是维护消费者权益所必需的。

（I）申请书或兜售信息自其印刷之日起即为准确；

（II）自上述印刷日起，该申请书或兜售的信息以变更后的内容为准；

（III）自申请或兜售信息印刷之日起，申请人应向债权人索取申请或兜售信息的所有变更。

（iii）申请或兜售日期以清楚、显著的形式披露并印刷；

（iv）自申请或兜售信息印刷之日起，在申请书或兜售的突出位置披露的免费长途电话号码或邮政地址信息，以便申请人向债权人索取变更信息。

（C）非术语表达的一般信息　在以下情况下，第（A）条所述的申请或兜售信息符合本条规定，该申请或兜售——

（i）包含在申请或兜售信息的突出位置出现的声明，其中声明——

（I）信用卡的使用需要收费；以及

（II）申请人可通过申请书内写明的免费长途电话或邮件方式联系债权人，以要求披露有关该费用的信息；

（ii）在申请书的突出显著位置，包含免费长途电话号码或邮政地址，以便申请人向债权人索取该费用信息；以及

（iii）不包含第（1）款中的任何内容。

（D）包含第（a）分节披露信息的申请书或兜售　若申请书或兜售包含或随附以下内容，则符合本条规定——

（i）本编第（a）分节（1）至（6）款要求披露的信息；

（ii）本编第（1）款第（A）、（B）条规定的以清楚、显著形式披露的信息（本编第1632（c）节规定不适用的情况除外）；

（iii）申请人用以联系债权人以索取变更信息①的免费长途电话号码或邮政地址。

（E）应对信息索取的即时回应　一旦收到第（B）、（C）或（D）条所述的任何信息索取要求，发卡机构或其代理人应及时披露第（1）款所述的信息。

（4）签账卡申请与兜售

（A）总则　根据本节第（e）分节规定，任何开立签账卡账户的申请或兜售应当以本编下第1632（c）节的形式披露以下信息：

（i）签账卡发行或获取而收取的所有年费、其他定期费用以及会员费，包括账单周期内的账户维护费或对正常账户与休眠账户收取的其他费用。

（ii）用签账卡购买商品或服务所收取的交易费。

（iii）载明收到签账卡账户定期对账单后应当支付的签账卡到期消费金额的声明。

---

① 现在看来，商业机构一些习惯性做法、普遍性做法都应该规范、统一，上升为法规要求。

(B) 其他信息　除第（A）条要求披露的信息外，依据本节第（e）、（f）分节规定，本条适用的所有书面申请或兜售应以清楚、显著的方式披露以下信息：

(i) 现金垫款费　以现金形式授信而收取的费用。

(ii) 滞纳金　对延期还款征收的费用。

(iii) 超限费　对超出账户信用额度的贷款所征收的费用。

(C) 其他申请或兜售方式　对于公众可从目录册、杂志或其他出版物中获得的签账卡账户申请信息和无需申请的账户开立兜售信息，应当包含以下信息——

(i) 该信息为——

(I) 依据本节第（e）分节规定，以本编第1632（c）节要求披露的第（A）条中所述的信息，以及

(II) 依据本节第（e）、(f) 分节规定，以清晰且显著的形式披露的第（B）条所述的信息。

(ii) 在申请或兜售信息的突出明显位置出现的声明，其中声明——

(I) 申请或兜售信息自其印刷之日起即为准确；

(II) 自上述印刷日起，该申请或兜售的信息以变更后的内容为准；

(III) 自申请或兜售信息印刷之日起，申请人应向债权人索取申请或兜售信息的所有变更。

(iii) 申请或兜售日期以清楚、显著的形式披露并印刷。

(iv) 自申请或兜售信息印刷之日起，在申请书或兜售的突出位置披露的免费长途电话号码或邮政地址信息，以便申请人向债权人索取变更信息。

(D) 提供开放式消费者信用计划的签账卡发卡机构　若签账卡允许持卡人接受签账卡发卡机构尚未支持的开放式消费者信贷计划下发放的贷款，则签账卡发卡机构可以第（A）、（B）条规定的形式披露其中所述的信息，以代替第(1)、(2) 或（3）款中要求披露的信息。前提是，签账卡发卡机构在申请书或兜售信息中清楚且显著地向消费者披露以下信息——

(i) 签账卡发卡机构有权决定是否发行签账卡；

(ii) 在作出是否发放开放式消费者信贷计划下贷款的决定前，签账卡可能提前交付；

(iii) 签账卡发卡机构的许可并不构成其对贷款发放的许可。在开放式消费者信贷计划下第一期贷款发放之前，支持该计划的债权人应向签账卡持有人提供第（1）款中要求披露的信息。

(E) 签账卡定义　为本节之目的，术语“签账卡”指可随时取钱的卡片、面板或其他信用工具，这种卡无信贷费用的限制。

（5）委员会管理权限　委员会可按照规定，要求在开放式客户信用计划下所有开立信用卡/签账卡账户的申请书中，或在无需申请即可开立上述账户的兜售信息中，披露本节或本节（d）分节要求以外的信息，并修改本节或本节（d）分节要求披露的所有信息。前提是，委员会认为在执行本节下所有条款时，有必要采取上述行为。

（d）更新前的信息披露

（1）总则　除第（2）款规定外，征收本节第（c）（1）（A）（ii）（I）和（c）（4）（A）（i）分节中所述费用的发卡机构，应当提前消费者信用卡或签账卡的预定更新日至少 30 天，向消费者发出以清晰且显著形式披露的信息，包括——

（A）未更新的情况下，账户期满终止的日期、月份，或期末终止的账单期。

（B）根据本节第（e）分节规定，在已更新的情况下，将适用本节第（c）（1）（A）或（c）（4）（A）分节中所述的信息。

（C）消费者终止延续账户信贷的方法。

（2）特定信息披露的特殊规则

（A）总则　按照本节规定，信息披露可——

（i）先于对本节第（c）（1）（A）（ii）（I）和（c）（4）（A）（i）分节中所述的账户费用的账目登记；

（ii）与首次披露费用已计入账户的定期对账单的寄送同时进行。

（B）特殊规则的使用限制　仅在以下情况，可按照第（A）条规定披露信息——

（i）消费者欲停止享用贷款时，消费者有 30 天的期限以避免费用支付或费用重新计入账户；

（ii）在此期间，消费者获准使用卡，而无需支付该费用。

（3）短期更新　若账户的更新时限不足 6 个月，则委员会可按照规定披露少于第（1）款规定的信息量。

（e）（c）、（d）分节下其他信息披露的规则

（1）以百分比计算的费用　若按本节第（c）或（d）分节规定披露的费用额以另一金额的百分比计算，则该费用额的披露应由此百分比及此金额的披露代替。

（2）仅披露征收的费用信息　若信用卡或签账卡发卡机构未征收本节第（c）或（d）分节规定披露的费用，则此规定不适用于发卡机构。

（f）各州特定费用额度范围的披露　若按照本节第（c）分节第（1）（B）、（3）（B）（i）（II）、（4）（B）或（4）（C）（i）（II）条款规定，由信用卡或签账卡发卡机构披露的费用在各州有不同的额度规定，则为本节第（c）分节之

目的，发卡机构可披露该费用的额度范围以代替各州适用的费用金额，且该披露必须包括一个说明各州费用存在不同的声明。

（g）开放式信用卡计划的保险

（1）承保人的变更　在发卡机构为所有或部分未付未偿余额提供任何形式担保或保险的开放式信用卡计划中，若发卡机构建议更换提供保险服务的承保人，则发卡机构应当至少提前30天以书面形式通知保险人变更建议，包括由此引发的任何费率增加或保险范围和服务的大幅减少。

此通知可于变更建议生效当月前以月对账单或随附形式向消费者提供。

（2）保险范围的更新通知　若发生第（1）款所述变更，应向受保消费者提供新承保人姓名、地址以及保单或相关组织证明的副本，其中应载明包括保险费率在内的基本条款和条件。

（3）担保或保险的终止权利　第（1）或（2）款所述的通知应包含一个说明消费者有权终止保险的声明。

（4）州法律无优先解释权限　对本节任何条款的解释不得代替适用于保险的州法律。

（5）保险范围和服务大幅减少的委员会定义　为第（1）款之目的，委员会应当在规则中为“保险范围和服务大幅减少”定义。

第1642节　信用卡发放

信用卡必须应事先请求或申请方可发放。

本禁令不适用于已发放信用卡的更新或更换。

第1643节　信用卡持卡人责任①

（a）责任限制

（1）在以下情况中，持卡人应对信用卡的非授权使用负责：

（A）信用卡已为持卡人所接受；

（B）负债不超过50美元；

（C）发卡机构已告知持卡人其潜在的责任；

（D）发卡机构已向持卡人提供通知发卡机构信用卡遗失或失窃的方式，该方式可载于本编第1637（b）节规定的声明正面或背面，或在声明上另附一个单独通知；

（E）非授权使用发生于发卡机构获知因卡的遗失、失窃或其他原因而已经或可能发生的此类使用前；以及

① 对发卡机构、收单机构、持卡人责任的界定极其重要，这是处置银行卡犯罪及纠纷的法律基础。

（F）发卡机构已提供证明信用卡的使用者为授权使用人的方法。

（2）为本节之目的，当商务过程中已为发卡机构提供相关信息而采取了该措施时，发卡机构已获知是否有政府官员、雇员或发卡机构代理机构已得知此信息。

（b）举证责任

信用卡发卡机构为信用卡的使用而履行责任时，有责任举证信用卡的使用为授权使用；若为非授权使用，则发卡机构有责任举证信用卡的非授权使用履行了本节（a）分节对其规定的责任①。

（c）其他法律规定的责任或与发卡机构的协议规定的责任

除其他适用法律或与发卡机构签订的协议中规定的责任外，本节未规定信用卡持卡人的非授权使用责任。

（d）责任的排他性

除本节规定外，持卡人将不对任何其他非授权信用卡使用负责。

第1644节　信用卡的骗用；惩罚②

（a）使用、企图或共谋通过信用卡交易影响州际贸易或国际贸易

任何人明知交易将影响州际贸易或国际贸易，仍然使用、企图使用或共谋使用假冒、虚构、变造、伪造、遗失、盗取或欺诈方式获得信用卡以获取金钱、物品、服务或其他在任何一年期内总价值不低于1000美元的物品；或

（b）在州际贸易运输（Transport）、企图或共谋运输信用卡

任何人明知信用卡为假冒、虚构、变造、伪造、遗失、盗取或欺诈方式获得，仍然在州际贸易或国际贸易中运输、企图运输或共谋运输该信用卡，以达到其非法或诈骗的目的；或

（c）利用州际贸易贩卖或运输信用卡

任何人明知信用卡为假冒、虚构、变造、伪造、遗失、盗取或欺诈方式获得，仍然利用州际贸易或国际贸易的手段贩卖或运输该信用卡；或

（d）对通过信用卡获取的物品的接受、隐瞒等

任何人明知其接受、隐瞒、使用或运输的金钱、物品、服务或任何其他物品（除州际运输或国际运输的票证外）

（1）在任何一年期内的总价值不低于1000美元；

（2）已成为或仅构成州际贸易或国际贸易的一部分，并且

（3）为通过假冒、虚构、变造、遗失、盗取或欺诈的借记工具而获得。

---

① 要求发卡机构举证，比要求持卡人举证更合理、更好操作，也更有利于保护持卡人权益。

② 非现金支付工具犯罪，如同现金犯罪，损害公众利益，涉及人民切身利益，必须严惩。

（e）对于通过信用卡为州际贸易或国际贸易获取的票证的接受、隐瞒等

在州际贸易或国际贸易中，任何人明知其为州际或国际运输而接受、隐瞒、使用、贩卖或运输的一个或多个票证

（1）在任何一年期内的总价值不低于500美元，并且

（2）是通过一个或多个假冒、虚构、变造、伪造、遗失、盗取或欺诈方式获得的信用卡购买或获得；或

（f）通过信用卡提供金钱等

在州际贸易或国际贸易中，若任何人明知信用卡为假冒、虚构、变造、伪造、遗失、盗取或欺诈方式获得，仍然使用该卡提供金钱、物品、服务或任何其他在任何一年期内总价值不低于1000美元的物品，应当对其处以最高10000美元的罚款或判以最长10年的监禁，或二者并罚。

第1645节　商务信用卡；雇员的有限责任

本编第1603（1）节规定的豁免权不适用于本编第1642、1643和1644节中的条款。但以下情况除外：若发卡机构、企业或其他组织向其十个或十个以上的雇员提供信用卡（该信用卡由同一个发卡机构发放），则该发卡机构、企业或其他组织可通过缔结合同的方式协定其对于信用卡非授权使用的责任，不必参照本编下第1643节的条款。除根据本编第1643节规定的限制外，企业、其他组织或发卡机构不得将向其雇员追究信用卡非授权使用的责任。

第1646节　年利率公布；年利率的实行等

（a）年利率

委员会应当事先决定数个标准城市统计区域，并通过对这些区域的实证研究收集、发布、公开并实行债权人在上述区域内用于计算各类非销售贷款的年利率。为本节之目的，委员会获准要求上述区域的债权人为委员会的收集、发布及公开提供必要的信息。

（b）信用卡价格与信用卡发放信息

（1）信息收集需求　委员会应以半年为基准，从提供信用卡服务各金融机构中收集信用卡价格或信用卡发放信息，包括本编第1637（c）节要求披露的信息。

（2）取样要求　第（1）款中要求的各金融机构应包括——

（A）25个最大的信用卡发卡机构；

（B）至少125个由委员会选择的（除上述25个发卡机构外）金融机构，选择标准是——

（i）确保选取的金融机构在地理上分布平均；

（ii）确保选取的金融机构为各类型金融机构的代表。

（3）来自样例的报告　第（2）款所述的各金融机构应当根据委员会的规则或指令向委员会汇报信息。

（4）公众对搜集信息的接近权；向国会报告委员会应当——

（A）在公众要求时，使公众具有接近根据本节规定所搜集信息的权利；

（B）每半年一次向国会汇报所搜集的信息。

（c）执行

委员会获准与适当的法人、组织或国家机构签订合同或协议，以行使其在本节第（a）、（b）分节下的职能，并为之提供财政支持。

第 1666 节 e　卖方将债务人的货物退换等消息通知信用卡发卡机构；计入债务人账户的贷款

若在卖方为发卡机构以外法人的销售交易中使用信用卡以获取贷款，且卖方接受或允许退换交易货物或豁免交易中服务的债务，则卖方应当及时向信用卡发卡机构递送一份附有上述事实的信贷对账单，且信用卡发卡机构应当将交易所产生的费用计入债权人账户。

第 1666 节 f　卖方以现金折扣诱使持卡人进行现金、支票或其他类似方式的支付；有现金折扣的销售交易中的信贷费用

（a）现金折扣①

在卖方为发卡机构以外的法人且可使用信用卡进行贷款的销售交易中，发卡机构不得通过缔结合同或其他方式禁止卖方向持卡人提供现金折扣，使其通过非信用卡的现金、支票或其他类似方式进行支付。

（b）信贷费用

在任何交易中，若卖方为诱使买方以现金、支票或其他不涉及开放式信贷计划或信用卡的方式进行支付，而向所有潜在买方提供低于原价的折扣，并以清楚、显著的方式披露该信息，则该折扣不应构成根据本编第 1605 节规定所决定的信贷费用。

第 1666 节 g　禁止信用卡发放的捆绑式服务②

信用卡发卡机构不得要求卖方开立关于发卡机构、其子公司或其代理商处提供的信用卡以外服务的账户，或要求卖方获取该服务，以作为加入信用卡计划的

---

① 还是应该引导、鼓励公众使用非现金支付工具，因为这样更节约社会成本、更方便支付。

② 所有捆绑式服务都应该禁止，以确保消费者“自由选择权”。

条件（无论双方协议是否与此相悖）。

第 1666 节 h　信用卡发卡机构以持卡人的账户存款进行持卡人的债务偿付；州法律范畴下债权人救济不受影响

（a）消费者资金偿付[①]

发卡机构不得用持卡人在其账户的存款对持卡人在相关信用卡计划下信贷交易产生的债务进行偿付，以下情况除外——

（1）根据信用计划，持卡人事先书面授权该行为，同意发卡机构定期从其开放式信用账户下拨全款或部分款项用以支付持卡人发生的费用，并且

（2）对于有争议的未付金额，发卡机构应持卡人的要求未采取该行为。

对于在本节生效之日时存在的信用卡账户，第（1）条所述的书面授权应于该账户更新之日（生效日）后的一年内发出。若根据发卡机构与持卡人订立的协议条款，发卡机构事先告知持卡人，持卡人使用其信用卡账户将导致持卡人的账户存款被用于偿付持卡人信用卡账户下到期未付的金额，则应视此书面授权存在。

（b）附加费与附加费征收

若宪法规定债权人可获得救济，则本节将不改变或影响州法律下发卡机构向持卡人的存款所征收附加费或其他形式费用的权利。

第 1666 节 i　持卡人向发卡机构发出交易过程出现的索赔与抗辩主张；先决条件；索赔或辩护的金额限制

（a）索赔与抗辩主张

根据本节（b）分节的限制规定，在下列情况中，按开放式信贷计划向持卡人发放信用卡的发卡机构应当受因使用信用卡支付或贷款的交易而引起的索赔（非侵权索赔）及抗辩的约束：

（1）债务人本着善意原则就交易过程中产生的分歧或问题向信用卡受理（Honor）人寻求满意的解决方案；

（2）首笔交易额超过 50 美元；以及

（3）首笔交易发生地与持卡人提供的邮政地址在同一个州，或在上述地址 100 英里范围内。但是，在下列情况中，第（2）、（3）条中对债务人向发卡机构主张索赔与抗辩的权利的限制将不适用于一切交易：

（A）信用卡受理人与发卡机构为同一法人；

---

① 法律总是兼顾原则性和灵活性。原则上，信用卡账户扣款业务极其谨慎，未经持卡人授权，不得开办，体现对持卡人合法权益的保护意识，同时又列明了例外。

（B）信用卡受理人受发卡机构控制；

（C）信用卡受理人直接或间接地受发卡机构的控制；

（D）信用卡受理人为发卡机构产品或服务的特约经销商；或

（E）信用卡受理人已通过由发卡机构发出或发卡机构参与发出的邮件请求获得了交易订单，该交易订单中要求持卡人使用发卡机构发行的信用卡进行交易。

（b）索赔或抗辩金额的主张

在持卡人首次将索赔或抗辩告知发卡机构或信用卡受理人的交易中，持卡人主张的索赔或抗辩金额不得超过信用账户交易中未付未偿余额。[①] 为决定上述信用账户未付未偿余额，持卡人账户中的款项及贷款应当视为已被用于支付上述订单中：

（1）计入账户的滞纳金；

（2）计入账户的信贷费用；

（3）账户里的借方款项（而非上述款项），每笔借方款项都计入账户。

委员会应以半年为基准，从提供信用卡服务各金融机构中收集信用卡价格或信用卡发放信息，包括本编第 1637（c）节要求披露的信息。

（2）取样要求　第（1）款中要求的各金融机构应包括——

（A）25 个最大的信用卡发卡机构；

（B）至少 125 个由委员会选择的（除上述 25 个发卡机构外）金融机构，选择标准是——

（i）确保选取的金融机构在地理上分布平均；

（ii）确保选取的金融机构为各类型金融机构的代表。

（3）来自样例的报告　第（2）款所述的各金融机构应当根据委员会的规则或指令向委员会汇报信息。

（4）公众对搜集信息的接近权；向国会报告

委员会应当——

（A）在公众要求时，使公众具有接近根据本节规定所搜集信息的权利；

（B）每半年一次向国会汇报所搜集的信息。

（c）执行

委员会获准与适当的法人、组织或国家机构签订合同或协议，以行使其在本节第（a）、（b）分节下的职能，并为之提供财政支持。

（A）规定的表格形式　依照本节第（1）（A）款规定，委员会应当要求信

① 近年来，在中国，索赔问题已成为持卡人与发卡机构之间的主要纠纷。应该认真总结此类案件，以便明确责任、依法处置。

息按以下委员会认为可行且合适的表格形式进行披露——

（i）表格中的各项信息应当设有清晰准确的标题；以及

（ii）具有清晰准确的表格，用以填写各项标题下的披露信息。

（B）委员会规定表格的顺序和措辞　规定（A）条下表格的形式时，委员会可以——

（i）以不同于本编第 1637（c）节第（1）（A）款或第（1）（A）款规定的顺序列出需要填入的表格项目；

（ii）根据（C）条规定，若术语能完全表达相同语义，可使用不同于本编第 1637（c）节中的术语。

（C）宽限期　表格标题下，任何关于本编第 1637（c）（1）（A）（iii）节中时间期限的副标题或陈述均应包含术语“宽限期”。

若披露的信息为交易完成时债权人已经获知的准备披露的内容，依照本分章规定，任何关于利息额信息的披露均应视为准确。

（d）数字信息披露的允许偏差

委员会应当为数字信息的披露决定是否需要规定（除年利率外的）允许偏差，以使更多披露行为符合本分章的要求；若委员会决定有必要为此目的规定一个允许偏差，则委员会应当规定允许偏差范围内的信息披露。委员会应当动用其权限允许数字信息披露的偏差范围（而非年利率），该范围应完全可以避免误导性的披露或规避本分章目的披露。

二、《信用卡发行法》

《信用卡发行法》于1970年10月生效，主要对信用卡发卡机构的发行行为提出了法律要求，同时也涉及对受理商户的规范要求。

《信用卡发行法》确定的信用卡发行原则一直适用至今。重要的原则包括：一是信用卡发行机构不得向没有提出书面申请的人发卡，不包括到期更换新卡的情况。这是为了防止发卡单位未经消费者个人提出申请就将信用卡寄出。二是发卡机构在发放信用卡时，必须充分考虑申请人个人的财务状况以便决定是否对其发卡。三是对于有关收费标准和计息规则，发卡机构应通过信用卡申请表、宣传册、发行邀约书、定期账单中等各种可能途径进行公开、清晰地披露。四是未经不满18岁的未成年人的父母或法定监护人书面批准，任何发卡机构不得以任何方式以及任何人的名义向不满18岁的未成年人发行、提供、转让或者交付信用卡。

第1节

本法案中，(a)“信用卡”的含义详见伊利诺伊州信用卡和借记卡法第2.03节相关规定，但“信用卡”的含义既不包含该法第2.15节所指的“借记卡”，此处的“借记卡”也可通过信贷方式获取金钱、货物、服务和其他有价物品，也不包括现在或将来不时修订的《统一商法典》定义的可转让票据；(b)“商户信用卡协议”是指一份由提供商品或服务或者两者兼有的商户与信用卡发卡机构共同签署的书面协议，依据此协议，商户有义务接受信用卡；并且(c)“信用卡交易”指商品、服务或二者的购买或销售行为。根据商户信用卡协议，在“信用卡交易”中，商户有义务接受信用卡并且必须接受与此类购买或销售行为相关的信用卡。

第1.a节

根据《伊利诺伊州人权法案》第4－103节明确禁止仅仅因非法歧视而拒绝提出合理申请的申请人。除申请联名账户外，信用卡申请表上不得出现询问被申请人婚姻状况的任何问题[①]。

① 对发卡机构搜集信用卡申请人的信息应该限制，只能搜集与偿还债务能力有关的信息。金融机构不应该成为情报机构。

第 1. b 节

信用卡申请表应包括所有如下文字：

a. 禁止因种族、肤色、宗教、国籍、血统、年龄（40 至 70 岁）、性别、婚姻状况、无关支付偿还能力的身体或精神障碍，或者因不良事件解除兵役的原因拒绝信用卡申请人。

b. 申请人可以要求发卡机构告知他或她信用卡申请被拒绝的理由。

c. 除非婚姻状况的变化造成财务状况恶化，任何人无需仅因婚姻状况改变而重新申请信用卡。

d. 只要没有欺诈意图，任何人可以以法律允许的、常用并广为人知的任何名字持有信用卡①。

第 1. c 节

尽管有第 1. a 和 1. b 节的规定，信用卡申请符合《联邦平等信用机会法案》及其修正案以及任何依据或者可能依据《联邦平等信用机会法案》及其修正案颁布的规章的要求的，均应被视为也符合本法案。

第 2 节②

除商户信用卡协议规定条款外，商户只要完全履行了其在商户信用卡协议下的义务，并且在信用卡交易中没有违反其对买方的义务，就对因持卡人或者使用人无法偿还信用卡交易债务，而给发卡机构或商户信用卡协议中的任何其他方及其代理人或代表造成的损失或损害，概不负责。

第 3 节

经信用卡申请人要求，发卡机构必须告知其被拒绝的理由。否则将违反《伊利诺伊州人权法案》第 4 – 103 节关于公民权利的规定。

第 4 节

发卡机构应该考虑已婚夫妇的财务状况再决定是否对其发卡。

经信用卡申请人的要求，发卡机构应该考虑申请人个人的财务状况以便决定是否对其发卡。

① 事实证明，实名开卡有利于防范信贷风险和欺诈风险，要坚持账户实名制。

② 此为商户免责条款，前提是商户需完全履行其在商户信用卡协议下的义务。

第5节

信用卡发卡机构不得仅因个人婚姻状态改变而要求其重新申请信用卡。本条款并不妨碍信用卡发卡机构要求申请人提供更名文件。

第6节　向申请人披露

（a）除《零售分期付款销售法》第25节规定外，当涉及零售收费协议以及第（c）小节的商户或持卡人时，发卡机构应通过信用卡申请表或在申请表所附的宣传册或在信用卡发行邀约书或所附宣传册或邮寄给持卡人的每份定期账单中披露如下内容①：

（1）适用于该账户的年利率或者利率，若利率可变，需告知利率可变这一事实，以及用来确定利率的指定日期或者指标；

（2）年度会费和/或参与费或者其他费用（如有）；

（3）宽限期，宽限期是指一个期限，在此期限中必须偿还任何按信贷计划授予的信用贷款，以避免产生按年利率收取的利息费用，若未提供宽限期，也应清楚告知无宽限期这一事实；

（4）交易费用如果被征收，则其指的是使用信用卡账户的费用，包括但不限于逾期还款费、最低财务费用和超过限额收费。

“邀约书”指邮寄的书面材料或者构成申请表的其他书面形式的邀约书，或者一个允许个人未经完成申请就可开立信用卡账户的书面要约。本节第（a）小节第（2）项要求披露的信息，可在定期账单所附的宣传册上披露。

（b）（空白）

（c）由签账卡发卡机构或签账卡发卡机构的代表向本州居民寄出的，有关签账卡的申请表、申请表所附的宣传册、账户邀约书、定期账单、定期账单所附的宣传册无需列出本节第（a）小节第（1）和（3）项规定的信息。在本小节中，“签账卡”指的是任何卡片、金属板或其他信贷设备，通过这种设备，签账卡的发行方扩大了存款额度，并且不易遭受信贷损失，而签账卡持卡人无法自动获取可部分还款的信贷额度。

第7节　废　止

第7.1节　信用卡交易表样的特定要求

（a）除非信用卡表样被用于特殊日的的偶然事件，但该事件关系到真实的

① “申请表”、“邀约书”、“定期账单”等必须披露哪些内容应该明确。信息披露工作做得越好，消费者权益就越能得到保护。

购买或销售协议，包括但不限于运输、交付或者安装购买商品或特殊订货，任何发行用于持卡人和商户间的信用卡交易的信用卡表样的个人、商行、合伙企业、协会或公司，应只发行如下的信用卡表样：

（1）无碳复写纸；或者

（2）碳化支持表格，用于保留商户、商户的代理人或者商户的分包商以及发行方或者消费者记录；或者

（3）交易完成之后，除商户、商户的代理人或分包商、持卡人及发行方完成信用卡交易之必需外，不单独开出显示全名或者账户号码以识别持卡人的复写纸或者是其他纸；或者

（4）有穿孔或者分割的可供双方各持一半的复写纸，在交易完成之后，可撕下的部分仅仅显示持卡人姓名以及账户号码的一半[①]。

（b）除非信用卡表样被用于非主要但关系到真实购买销售协议的特殊目的，包括但不限于运输、交付或者安装购买商品或特殊订货，任何在持卡人和商户间的信用卡交易中接受信用卡的个人、商行、合伙企业、协会或公司，仅可使用如下的信用卡表样：

（1）无碳的；或者

（2）背面碳化的表样，用于自动记录商户、商户的代理人或者商户的分包商以及发行方或者消费者记录；或者

（3）交易完成之后，除商户、商户的代理人或分包商、信用卡持有人及发行方完成信用卡交易之必需外，不单独开出显示全名或者账户号码以识别持卡人的普通纸、复写纸或者是其他纸；或者

（4）有穿孔或者可分割的且其中一半是一次性的复写纸，在交易完成之后，一次性部分仅仅显示持卡人姓名以及账户号码的一半。如果商业交易中接受信用卡的个人、商行、合伙企业、协会或公司，出示充分证据证明对本项规定的违反不是出于故意而是因为善意的错误，并且已采取了合理的程序以避免这种错误的发生，那么该等在商业交易中接受信用卡的个人、商行、合伙企业、协会或公司，不应被视为违反本项的规定。

（c）违反本节第（a）小节的构成商业违规，处以750至1000美元的罚金。违反本节第（b）小节的构成商业违规，如果个人是初犯，处以501美元的罚金，若是第二次或者多次犯，则处以501至1000美元的罚金。

第7.2节[②]

未经不满18岁的未成年人的父母或法定监护人书面批准，任何发卡机构不

---

① 保护持卡人信息安全，防止信用卡信息泄露，如同甚至比纸币防伪技术还重要。

② 对未成年人发卡的限制，关键还在对偿付能力的担心。换句话说，防止信贷风险和欺诈风险，是信用卡产业的重中之重。

得以任何方式以及任何人的名义向不满 18 岁的未成年人发行、提供、转让或者交付信用卡。

在向不满 18 岁的未成年人交付其以本人名义申请的信用卡时，发卡机构应随赠一本小册子，明示对信用卡负责任的用法，对可用信用额度的解释，对还款要求以及对滥用和欺诈使用信用卡的罚则。

如果一个年满 18 岁的成年人同意成为不满 18 岁的未成年人的信用卡联名账户持有人，并承担与信用卡相关的任何债务或支出的责任，那么不满 18 岁的未成年人无需其父母或者法定监护人的书面批准，可以以已满 18 岁的成年人的名义申请信用卡。

本款不适用于发给不满 18 岁的未成年人的附属卡，如果满 18 岁的成年人口头或者书面要求给不满 18 岁的未成年人发附属卡，则附属卡可以让不满 18 岁的未成年人使用以此满 18 岁的成年人的名义开设的信用卡账户。

第 8 节

州总检察长可以以州的名义对个人提起诉讼，以便遏制和防止违反本法规定，以及强制收取本法规定的罚金。在执行本法的过程中，总检察长可以接受对于任何正在或者曾经从事被视为违反本法的行为或做法的人作出的停止此行为或做法的保证。不履行该保证则构成违反本法规定的初步证据。

第 9 节　罚　则

（a）任何发卡机构故意违反本法，构成 A 级轻罪。

（b）除非是意外或者真正的计算误差，违反本法的发卡机构不能追回任何与已发信用卡相关的利息、年度会员费和/或参与费或者费用、逾期还款费、最低财务费用和超限费。

（c）若发卡机构遵守《诚实信贷法》或豁免《诚实信贷法》中适用的披露要求的，那么应被视为遵守或者被豁免本法第 6 节第（a）小节所有条款的规定。

三、《公平信用卡和签账卡信息披露法》

《公平信用卡和签账卡信息披露法》于1988年11月4日由美国国会通过。该法案强调了发行信用卡和签账卡时，必须对持卡人履行的信息披露义务，特别是关于利息和收费的信息。作为该法核心的第二节规定，不论是信用卡和签账卡经持卡人主动申请而发，还是发卡机构通过交叉销售、主动邀请而发，都必须详细和统一地披露如下内容：一是年利率。包括延期付款时适用的可变利率。二是年费以及其他费用。包括账户维持费、银行卡交易手续费。三是宽限期。包括宽限期的日期范围、最短日期、平均日期等。四是计息余额计算方法。如使用联邦储备委员会定义过的计算方法计算余额，应当披露该计算方法的名称；如果运用没有被定义过的计算方法，应当对该等余额计算方法进行详细的解释。五是其他费用。包括信用卡提现费、滞纳金、超限费等。

在电话邀请办理信用卡的条件下，发卡机构还需口头清楚、明确地表示：用户没有义务必须接受该卡或者账户，或者客户没有义务支付任何已经披露的费用和支出。在通过其他方式申请或者营销信用卡的情况下，发卡机构除了必须公开相关收费标准外，还需在申请或邀请书的显著位置标明免费电话号码或者邮寄地址，以便申请者联系债权人获取申请或邀请书印刷后发生变化的信息。

第一节　简　称

本法案可被引称为“1988年公平信用卡和签账卡披露法”

第二节　信用卡和签账卡的信息披露要求

(a) 与信用卡和签账卡的申请和邀请有关的信息披露——《诚实信贷法》第127节（美国法典第15条第1637款）末尾新增下列小节：

(c) 与信用卡和签账卡申请与邀请有关的信息披露：——

(1) 直接邮寄申请和邀请——

(A) 表格形式中的信息——根据第(e)小节和第122(c)节的规定，在开放式消费信贷计划下，为任何人申请开立任何信用卡账户，或者在不需要申请的情况下主动邀请客户开立信用卡账户，而邮寄给用户的资料必须披露以下信息[①]：

(i) 年利率——

(I) 在该等信贷计划下适用于信用展期的所有年利率。

(II) 在信用展期适用可变利率的情况下，利率浮动的事实情况、邮寄时的有效年利率以及该利率是如何确定的。

(III) 如果有不止一个利率可适用，应当披露不同的余额范围所分别适用的利率。

(ii) 年费以及其他费用——

(I) 因信用卡的发行或开通所需的任何年费、其他周期性费用或者会员费，包括所有账户维持费用或其他基于账单周期内账户活动或不活动所产生的其他费用。

(II) 对于可能产生财务费用的未清偿的信用展期，在每个周期内需要承担的最低财务费用。

(III) 由于使用卡购买商品或者服务所产生的任何交易费用。

(iii) 宽限期[②]——

(I) 在该等信贷计划下，为避免产生财务费用，应当清偿用于购买商品或服务的贷款的最后日期；如果没有上述宽限期，应当在信息披露中明确表明。

(II) 如果“宽限期”的时间期限发生变化，卡发行者应当依据能够确定的信息，披露宽限期的日期范围，宽限期的最短日期，或者宽限期的平均日期。

(iv) 余额计算方法

(I) 如果运用联邦储备委员会定义过的计算方法，计算作为财务费用计算基础的余额，应当披露该等计算方法的名称；如果运用没有被定义过的计算方法，应当对该等余额计算方法进行详细的解释。

(II) 为执行本条款，联邦储备委员会应当定义并命名不多于五种的余额计算方法作为最常用的计算方法。

(B) 其他信息——根据第（e）小节和第（f）小节的规定，除了按照第（A）分段应当披露的信息外，任何适用第（A）分段中的卡申请和邀请还应当清楚明确地披露以下信息：

(i) 现金垫款费——以现金形式授信而收取的费用。

(ii) 滞纳金——因延迟还款而产生的费用。

---

① 利率、费用及其计算方法，是发卡机构和客户关注的核心内容，发卡机构应该以清晰、明确的方式向客户披露。

② 由于“宽限期”的含糊表达、宣传甚至有意误导，许多持卡人利益受到损害。因此明确规定、诚实放贷很必要。

(iii) 超限费——对超出账户信用额度的贷款所征收的费用。

(2) 电话邀请——

(A) 总则——在开放式消费信用计划下，通过电话邀请他人开办信用卡账户时，通过电话发出邀请之人应当口头披露第（IXA）段规定的信息。

(B) 例外——在下列情况下，第（A）分段不适用于电话邀请

(i) 信用卡发行者——

(I) 没有收取第（I）（A）（ii）（I）段中所规定的任何费用；或

(II) 不收取与电话邀请有关的任何的费用，除非用户明示承诺使用该卡；

(ii) 在用户申请卡之后30日内卡发行者清楚明确地以书面形式对第（1）段中规定的信息进行披露，且该等披露不晚于卡寄送的日期；并且

(iii) 卡发行者清楚明确地表示用户没有义务必须接受该卡或者账户，同时客户没有义务支付任何已经披露的费用和支出，除非用户以使用该卡的方式选择接受该卡或者账户。

(3) 通过其他方式申请或者营销——

(A) 一般条款——任何使公众可获得的，或包含在产品目录、杂志或者其他出版物中的有关在开放式消费信贷计划下为任何人申请开卡或开立账户，以及任何无需申请主动邀请用户开立该等账户的，应当按照第（B）分段、第（C）分段或者第（D）分段的规定进行信息披露。

(B) 特定信息——如果第（A）分段中规定的申请或者邀请包含以下内容，则该申请或邀请符合本分段的要求：

(i) 以下信息——

(I) 根据第（e）小节的规定，第（1）（A）段中包含的信息以第122节第（c）小节规定的形式描述，以及

(II) 根据第（e）小节和第（f）小节的规定，第（1）（B）段中包含的信息以清楚明确的方式描述；

(ii) 以下陈述，应置于申请或邀请书的显著位置——

(I) 申请和邀请印刷日期精确无误；

(II) 印刷日期后，申请和邀请书所载信息可能会发生变化；并且

(III) 申请人应当与债权人联系以获得申请或邀请书印刷后发生变化的信息。

(i) 清楚明确地披露申请和邀请的印刷日期；并且

(ii) 在申请或邀请书的显著位置标明免费电话号码或者邮寄地址，以便申请者联系债权人获取申请或者邀请书印刷后发生变化的信息。

(C) 不含特殊条款的一般信息——第（A）分段中所规定的申请或邀请书

符合本分段的规定，如果该申请或邀请书[①]——

（i）包含置于申请或邀请书显著位置的以下陈述——

（I）使用信用卡将产生费用；和

（II）申请者可以根据申请书上载明的免费电话号码或地址通过拨打免费电话或写信要求债权人披露有关该等收费的特定信息；

（III）在申请或邀请书的显著位置标明免费拨打的电话号码或者邮寄地址，以使申请者可以联系债权人或获取该等信息；并且

（ii）不包含第（1）段中所列举的各项信息。

（D）申请或邀请书中包含第（a）小节中规定的信息披露——如果申请或邀请书包含或者伴随有下列信息，则其符合本分段要求——

（i）根据第（a）小节第（1）至第（6）段的规定需要披露的信息；

（ii）清楚明确包含本小节第（1）段第（A）分段和第（B）分段需要披露的信息［第122（c）节中规定的条款不适用的情况除外］；并且

（iii）在申请或邀请的显著突出位置标明免费拨打的电话号码或者邮寄地址，以使申请者可以联系债权人获取发生变化的信息。

（E）及时回复信息请求——一经收到涉及第（B）分段、第（C）分段或者第（D）分段的信息披露请求，卡发行方或者其代理人应当及时披露第（1）段中规定的全部信息。

（4）签账卡的申请和邀请——

（A）一般条款——根据第（e）小节的规定，任何申请或主动邀请开立签账卡账户的申请或邀请书应当按照本章第122（c）节的形式清楚明确地披露以下信息：

（i）因签账卡的发行或开通所需的任何年费、其他周期性费用或者会员费，包括所有账户维持费用或其他基于账单周期内活动或不活动账户所产生的其他费用。

（ii）使用签账卡购买货物或者服务所产生的任何交易费用。

（iii）在收到定期账单后应偿付使用签账卡所产生的费用的声明。

（B）其他信息——根据第（e）小节和第（f）小节的规定，除根据第（A）分段应当进行披露的信息外，任何适用第（A）分段的书面申请或书面邀请应当清楚明确地披露以下信息：

（i）现金垫款费——以现金形式授信而收取的费用。

（ii）滞纳金——因延迟还款而产生的费用。

---

① 银行或其他金融机构在销售金融产品时，往往会反复宣传甚至夸大该产品给消费者带来的好处，而缩小甚至隐瞒消费者必须承担的义务及需缴纳的利息、费用、罚款等。这种状况应该改变。

(iii) 超限费——对超出账户信用额度的贷款所征收的费用。

(C) 通过其他方式申请或者邀请——任何使公众可获得的或包含在产品目录、杂志或者其他出版物中的有关开立签账卡账户的申请，以及任何无需申请主动为用户开立该等账户的邀请，应当包含——

(i) 以下信息——

(I) 根据第 (e) 小节的规定，第 (A) 分段中包含的信息以第 122 节第 (c) 小节规定的形式描述。以及

(II) 根据第 (e) 小节第 (f) 小节的规定，第 (B) 分段中包含的信息应以清楚明确的方式描述。

(ii) 以下陈述，应显著而突出地存在于申请或邀请上——

(I) 申请和邀请印刷日期精确无误。

(II) 印刷日期后，申请和邀请书所载信息可能会发生变化。并且

(III) 申请人应当与债权人联系以获得申请或邀请书印刷后发生变化的信息。

(iii) 清楚明确地对申请和邀请的印刷日期进行披露；并且

(iv) 在申请或邀请书的显著位置标明免费电话号码或者邮寄地址，以便申请者联系债权人获取申请或者邀请书印刷后发生变化的信息。

(D) 签账卡发卡方提供参与开放式消费信贷计划途径的情况——如果签账卡允许持卡人获得不属于发卡方维护的开放式消费信贷计划下的授信，发卡方可以按照第 (A) 分段和第 (B) 分段规定的形式提供该等分段中包含的信息，以替代根据第 (1) 段、第 (2) 段或者第 (3) 段应当提供的在该等信贷计划下与授信有关的信息，该等情况下签账卡发行方应当在申请或邀请书中清楚明确地向用户披露下列信息——

(i) 签账卡发卡方将独立决定是否发行签账卡；

(ii) 在决定能否获得开放式消费信贷计划下的授信之前，签账卡可能已经到达用户手中；并且

(iii) 签账卡发行方的审批不构成授信发行方的审批。

第 (1) 段中规定的应当提供给签账卡持卡人的信息由维护该等开放式消费信贷计划的债权人在第一次授信之前向签账卡持卡人披露。

(E) 签账卡的定义：为本小节之目的，“签账卡”一词是指为随时取得无需收取财务费用的信贷而使用的卡、金属板或其他单项信用工具。

(5) 委员会的法定权限——为实现本小节各段之目的，或者为避免规避本小节各段的规定，如委员会认为有必要，可以在任何人申请开立开放式消费信贷计划的信用卡账户时，或者任何人申请开立签账卡账户时，或者邀请开立此类无需申请的账户时，通过依法要求披露本小节或 (d) 小节要求之外的其他信息，

并修改本小节或（d）小节要求的信息披露。

（d）续期前的披露。

（1）一般规定。除第（2）段规定的以外，收取（c）（I）（A）（ii）（I）或（c）（4）（A）（i）小节所述之费用的发卡方应在消费者信用卡或签账卡既定的续期日前至少30日将下列信息清楚明确地披露给消费者：

（A）在某日、某月或账单期限到期日前，如果不续期，该账号将到期；

（B）根据第（e）小节规定，如果账户被续期，在（c）（I）（A）或（c）（4）（A）小节中所述的信息将适用；且

（C）消费者终止账户中持续的可贷信用额度的方式；

（2）特定披露的特殊规则：

（A）一般规则：本小节要求的披露前提为：

（i）在对该账户列明收取（c）（I）（A）（ii）（I）或（c）（4）（A）（i）小节中所述的费用之前；或

（ii）通过定期对账单事先列明对该账户收取的费用。

（B）适用特殊规则的限制。——仅在下列情况下，可以根据分段（A）进行披露——

（i）在消费者不希望继续信贷额度时，可获得30天期限不付费或继续贷款；和

（ii）消费者可以在上述期限内免费使用该卡。

（3）短期续期——对于续期不足6个月的账户，委员会可以通过制定法规要求披露少于第（1）段中要求的信息。

（e）第（c）和（d）小节下披露的其他规则——

（1）按比例收取的费用。——如果根据（c）和（d）小节披露的某一费用按另一笔金额的一定比例进行计收，则应当披露用于计收该费用的比例及金额，而非上述费用的金额。

（2）仅披露实际收取的费用。——如果一笔信贷的信用卡或签账卡发卡人未收取（c）和（d）小节要求披露的费用，则该小节的规定不适用于该发卡人。

（f）披露允许根据各州规定进行变动的费用的范围。——如果各州根据第（c）小节第（1）（B）、（3）（B）（i）（II）、（4）（B）或（4）（C）（i）（II）段要求信用卡或签账卡发卡人披露的任何费用不同，发卡人可以为（c）小节之目的披露该费用范围而非适用于每个州的具体金额，如果该披露包含该笔费用在各州之间变动的声明。

（b）要求以表格形式披露某些信息。——《诚实信贷法》第122节（15U. S. C. 1632）作出如下修改：

（1）（a）小节的第三句，通过删除“法规”并插入“除（c）小节另有规

定外，法规”；和

（2）通过在后面新增如下小节：

（c）第127（c）小节下某些披露需要填写的表格形式——

（1）一般规定。——第127（c）节第（I）（A）、（3）（B）（i）（I）、（4）（A）和（4）（C）（i）（I）应为：

（A）根据委员会制定的法规规定的形式披露；和

（B）应当将要求披露的内容置于书面申请、邀请或其他材料或文件的显著位置。

（2）表格形式。——

（A）需要规定的表格。——在本小节第（I）（A）段规定的法规中，委员会应当要求上述信息需在委员会认为可行和适当的情况下，以表格形式披露——

（i）上述信息的每一项均应有一个清楚准确的标题[①]；且

（ii）在每项上述标题下要求披露的信息均应采用清楚准确的形式。

（B）委员会在表格制定和措辞中的权力。——在制定（A）分段的表格形式的过程中，委员会可以——

（i）按照与第127（c）节（I）（A）或（4）（A）段中所列的各项不同的顺序，列出表格需要填写的各项内容；且

（ii）如果分段（C）使用与第127（c）节不同的术语，且上述术语实质上表达了同一含义，则以分段（C）为准。

（C）宽限期。——无论是与第127（c）（I）（A）（iii）节中所提及的期限有关的标题抑或是标题下的内容均应包含“宽限期”一词。

第三节　民事责任

《诚实信贷法》（15U. S. C. 1640）第130（a）节作出如下修改——

（1）第三句删除“在127节中”，加入“在第127节（a）（b）小节中”；且

（2）在第三句后加入如下内容：“当与第127节（c）或（d）小节提及的披露有关时，发卡人应仅对根据第127（c）（1）（A）（ii）（I）节或第127（c）（4）（A）（i）节支付所述费用的持卡人或信用卡或签账卡的使用人承担本节规定的义务。”

① 严格要求和规范发卡机构信息披露，是银行卡业务、市场管理、监督工作的重点，也是保护消费者利益的关键之一。

第四节　与其他法律的协调

《诚实信贷法》(15U. S. C. 1610) 第 111 节作出如下修改——

(1) 在 (a) (1) 小节中，删除“第 1、2 和 3 章”并新增“除第 1、2 和 3 章第 (e) 小节外；和

(2) 在本节末尾新增如下小节：

(e) 申请和邀请申请信用卡和签账卡的披露规定——第 122 节第 (c) 小节、第 127 节第 (c)、(d)、(e) 和 (f) 小节的规定应取代与第 127 (c) 节规定的与申请或邀请申请信用卡或签账卡的信息披露有关的各州的规定，或者第 127 (d) 节要求的任何续期通知，除非该州为执行该节规定实施或颁布新的州法。

第五节　向联邦储备委员会报告

《诚实信贷法》(15U. S. C. 1646) 第 136 节作出如下修改：——

(1) 将小节 (b) 指定为小节 (c)；

(2) 在小节 (a) 后新增如下小节：

(b) 信用卡收费和信用额度信息。——

(1) 信息收集要求。——委员会将每半年一次从提供信用卡服务的金融机构中随机收集信用卡收费及其他有用信息，包括本章第 127 (c) 节要求披露的信息。

(2) 抽样要求。——第 (1) 段要求的金融机构的抽样应包括——

(A) 前 25 家最大的信用卡发卡机构；和

(B) 不少于 125 家的其他金融机构，以确保——

(i) 抽样在地理位置上平均分配；和

(ii) 抽样代表了更广范围的机构。

(3) 抽样信息报告。——根据第 (2) 段抽中的每个金融机构应根据委员会制定的规定或指令向委员会报送信息。

(4) 向公众披露信息受保护程度，向国会报告。——委员会应——

(A) 一经要求，根据本小节将收集的信息向公众披露；且

(B) 每半年向国会报告上述信息；且

(3) 在小节 (c) 中删除“小节 (a)”，并加入“小节 (a) 和 (b)”。

第六节　为某些开放式信用卡计划提供的保险

《诚实信贷法》(15U. S. C. 1637) 的第 127 节通过在小节 (f) (如本法案第 2 (a) 节增加的内容) 后新增下列小节：

“（g）与特定开放式信用卡计划有关的保险”——

（1）变更承保人。——如果就开放式信用卡计划的全部或部分应付余额提供担保或保险的发卡人，提出要更换担保人或保险人，发卡人应于不迟于变更前30日向每位被保险的消费者发送书面通知，包括费率的任何增加和因上述变更导致的保险范围和服务的实质性减少。上述通知可以包含在向消费者提交上述变更生效前1个月的月度明细中。

（2）有关保险范围更新的通知——在任何情况下，如果发生第（1）段所述之变更，应将新的担保人或保险人的名称和地址以及保险单副本或包含基本条款条件的凭证，包括交纳的保险费率提供给被保险的消费者。

（3）停止担保或保险的权利。——第（1）和第（2）段要求的通知中应注明消费者有权中断保险或担保。

（4）不取代州法。——本小节的任何条款均不应被理解为取代州法有关保险法律法规的规定。

（5）委员会对保险范围或服务的实质性减少的定义——委员会应为第（1）段之目的在法规中明确何为“保险范围或服务的实质性减少”。

第七节　生效日

根据第2节修正案，要求委员会规定的任何法规应——

（1）最迟于本法案制定日后150天生效；且

（2）仅适用于第（1）段所指的期限后的第150天后发出的申请、邀请和其他材料，但以下内容除外：

（A）如果是《诚实信贷法》（第2节内容有所增加）第127（c）节第（3）段下或者第（4）（C）项下的申请和邀请，则该期限为240天；且

（B）发卡人可以自主决定在本法案修正内容生效前遵守本法案，在该情况下，则本法案作出的修正应完全适用于该发卡人。

第八节　向国会报告

最迟于本法案第7节规定的法规生效后1年以及此后每一年，联邦储备委员会应向国会递交一份由委员会制作的有关储蓄机构信用卡经营盈利情况的评估报告，包括本法案所作的修正对该盈利情况的影响分析。

四、《2009年信用卡问责责任和信息披露法》

美国《2009年信用卡问责责任和信息披露法》主要涉及信用卡透支利息、信用卡费用、发卡对象的限制、礼品卡、信息披露、美联储等机构的监管职责等内容，对《诚实信贷法》、《公平信贷报告法》、《电子资金转账法》的多个条款进行了补充、修订，如限制发卡机构随意上调利率、提高费用、扩张性发卡，强化了发卡机构的信息披露义务，加大了金融主管部门的监管权限等。该法旨在降低信用卡行业风险、限制发卡机构的各种隐藏行为、保障持卡人权益，其颁布实施打破了美国信用卡产业的多项所谓惯例，对信用卡产业发展产生深远影响。

本书节选了美国《2009年信用卡问责责任和信息披露法》中关于对持卡人的保护、发卡机构的信息披露义务、限制向年轻消费者发行信用卡以及礼品卡的发行等主要条款。

本法可援引为"2009年信用卡问责责任和信息披露法"或"2009年信用卡法"。

本法旨在通过修订《诚实信贷法》，为开放式消费信贷计划下的信用卡账户的授信确立公平透明的行为准则。

本法由美利坚合众国参议院和众议院制定。

联邦储备委员会（在本法中称为"委员会"）为实施本法可在必要时颁布实施细则。

除非本法另有规定，本法自颁布之日起9个月后生效。

目录

第 1 章　消费者保护

第 101 节　对信用卡持卡人的保护

（a）提高利率和其他如下规定变更需提前通知：

（1）《诚实信贷法》的修订——《诚实信贷法》第 127 条现予以修订，在其结尾增补如下条款：

“（i）提高利率和作出其他如下规定变更需提前通知：

（1）提高利率和作出其他变更需提前通知。对任何开放式消费信贷计划下的信用卡账户，债权人应在年利率提高生效之前的至少 45 天书面通知持卡人

（第171条（b）款（1），（2），（3）段另有规定除外）。

（2）其他重要变更需提前通知。对于任何开放式消费信贷计划下的信用卡账户，根据委员会对债权人和债务人协议书中的条款（包括提高手续费用或财务，但段（1）所述的情况除外）的相关规定，债权人应在任何重大变更生效前提前45天书面通知持卡人。[①]

（3）销户权利的通知。按段（1）、段（2）规定发出的通知应清晰明确。通知还应简短说明，根据委员会规则，在利率提高和其他变更生效日之前，债务人拥有销户权利。[②]

（4）条款解释。持卡人关闭或注销账户不应构成对已有持卡人协议的违约，也不应导致持卡人立即足额或者其他与第171条（c）款段（2）所述的还款方式相比对债务人更不利的方式还款，持卡人也不应（因此而）承担任何额外的罚金与费用。"

（2）生效日期。虽然有第3条，《诚实信贷法》第127条（i）款的新增内容应在本法颁布日起90天后生效。

（b）禁止追加（利率）和整体违约。《诚实信贷法》第4章（15U. S. C. 1666 et seq）修订如下：

（1）第171条重编作为173条；并且

（2）在第170条后插入如下条款：

"第171条　限制对未偿余额提高适用的年利率、手续费用和财务费用[③]

（a）总则——对任何开放式消费信贷计划下的信用卡账户，债权人不得对未偿余额提高信用卡透支年利率、手续费用和财务费用，但（b）款所列除外。

（b）例外——（a）款的禁止规定不适用于如下情形——

（1）特定期终止后提高年利率。债权人在特定期终止后提高年利率，如果[④]：

（A）在特定期开始之前，债权人明确向消费者披露该特定期的长度和在该特定期结束后将适用的年利率；

（B）提高后的年利率水平不得高于（A）段所述的向消费者披露的利率水

---

① （1）段和（2）段表明政府要始终代表最广大人民的利益，在信用卡产业，就是要代表最广大持卡人利益。保护持卡人合法权益，是监管部门的首要职责，也是《2009年信用卡问责责任和信息披露法》的宗旨。

② （3）段表明只有保护持卡人的知情权（提前45天书面通知），才能维护持卡人的选择权，即避免损害自身利益的行为发生。

③ 利率、价格、费率市场化，绝不意味着政府不作为、不干预，绝不意味着商业机构为所欲为，单方面说了算。

④ 丑话说在前面，事情会变得更加简单，纠纷会更少。

平；以及

（C）提高后的年利率不适用利率提高之前发生的交易。

（2）根据信用卡协议的规定提高可变利率。该协议规定了利率可以根据指标的变动而变动，该指标不受债权人控制，并适用所有人。

（3）因债务人完成还款计划或债务重组协议，或者债务人未能遵守还款计划或债务重组协议条款而提高利率、手续费和财务费。这种情况需满足以下条件[①]：

（A）由以上因素提高后的年利率、手续费和财务费用不得超过还款计划和重组协议开始前的水平；

（B）在还款计划和重组协议开始之前，债权人应清楚明确地向债务人披露相关协议条款（包括任何因协议完成或未能履行协议条款引发利率和费用的提高）。

（4）仅仅因为发卡机构未在还款日到期前60日内收到持卡人应支付的最低还款额而调高（年利率）。这种情况必须满足以下条件：

（A）债权人不但应提供第127条（i）款规定的关于利息和费用提高的书面通知，还应提供一个清晰明确的书面陈述，解释利息和费用提高的原因，并说明如果债权人在此期间如约收到约定的最低还款额，增加的利息和费用将在提高日后的6个月内停止；

（B）如果债权人在此期间按约收到最低还款额，增加的利息和费用将在其提高日后6个月之内停止收取。

（C）偿付未偿余额

（1）总则——除非债权人向债务人提供段（2）所述的任一种偿还方式，或者其他更有利于债务人的偿还方式，债权人不应改变任何未偿余额的还款的条件。

（2）偿还方式——本段所述的偿还方式如：

（A）从根据第127条（i）款规定提高利率的生效日算起，提供不少于5年的分期付款方式；或

（B）规定的最低还款额，即一定比例的未偿余额，不得超过第127条（i）款预先通知中明确的利率追加执行日之前应付金额的两倍。

（D）未偿余额的定义——这一条所指的未偿余额是指截止到债权人根据第127条（i）款要求发出年利率或费用通知之日后的第14天，开放式信贷消费计划下信用卡账户内的金额。”

---

① 清楚而明确地披露，是“诚实信贷”的关键之一。那些貌似慷慨大方而实则暗设陷阱的协议条款必须废除。

（c）开放消费信贷计划下利率的降低——《诚实信贷法》（15U. S. C. 1661 et seq.）第3章结尾增订如下：

“第148条　开放消费信贷计划下利率的降低

（a）总则——如果债权人基于债务人信用风险、市场条件或者其他因素提高适用于开放消费信贷计划下某一信用卡账户的年利率，那么债权人在接下来决定是否降低此债权人的年利率时，也应考虑这些因素的变化。[①]

（b）要求——对开放式消费信贷计划下的任何信用卡账户，债权人应该：

（1）保持以合理方式评估（a）款所述的各种因素；

（2）对自2009年1月1日开始执行提高的年利率的账户，应至少每6个月审查一次，以评估（a）款描述的各种因素是否发生变化（包括风险是否减小）；

（3）如审查发现风险减小，应降低先前调高的年利率；和

（4）如提高年利率，应在按第127条（i）款要求的书面通知中说明年利率提高的原因。

（c）法条理解——本款不应被理解为对所有账户降低年利率。

（d）规则制定——委员会将在本条（规定）颁布后9个月内发布最终规定，提出补充要求和评估本条款的遵循情况，并且（a）（b）（c）款也将在本条（规定）颁布之日后15个月生效。”

（d）前期优惠利率——《诚实信贷法》第4章由本法修订，在第171条后插入如下条款：

“第172条　提高利率的额外限制

（a）开户首年提高利率的限制性要求——除第171条（b）款第（1）（2）（3）（4）段所述的情形以外，对任何开放消费信贷计划下的信用卡账户，债权人不得在其自开户日起1年内提高年利率、费用和利息。

（b）优惠利率的最短时间——开放式消费信贷计划下的信用卡账户适用优惠利率（具体定义由委员会决定）的情形下，自该优惠利率生效之日起6个月内，债权人不得提高该利率。委员会另有规定的除外。”

（e）格式修订——《诚实信贷法》第4章目录表现予以修改，突出与第171条相关的条款，并插入如下条款：

“第171条　对提高适用于未偿余额的利率、手续费和财务费用的限制。

第172条　利率的额外限制性要求。

第173条　州法的适用性。”

---

① 风险大小是利率变化的参考因素。风险大，商业银行容易想到提高利率；相反，很难主动调低利率。

第 102 节 费用和利息的限制性要求

（a）总则——《诚实信贷法》第 127 条现予以修订，在其结尾增订如下条款：

“（j）禁止重复计息和对按时还款收取罚金。——

（1）禁止重复计息和对按时还款收取罚金。除第（2）段规定情况外，对于开放式消费信贷计划下的信用卡账户，若债权人规定持卡人可在某一时期内偿还任意比例的未偿余额且不向其收取费用，那么，债权人不得在上述约定期间之后就下列情形向持卡人收取费用：

（A）在最近一个账单周期[①]之前形成的账单余额；或

（B）当前账单周期形成的余额，但在上述约定期间全部或部分偿还的金额。

（2）例外——段（1）规定不适用于——

（A）因解决争议而对财务费用作出的调整；

（B）因债务人资金不足导致还款退回而对财务费用作出的调整。

（k）对超限交易收费需经消费者同意。[②]——

（1）总则——对开放式消费信贷计划下的信用卡账户，除非消费者明确选择同意债权人授权超限额交易，否则债权人不应对超限额交易收取超限费。

（2）信息披露——除非消费者在作出选择之前收到债权人按委员会规定方式、途径、时间发出的关于超限费的书面通知，否则消费者根据段（1）作出的选择是无效的。如果消费者对段（1）所述选择作出决定，债权人应在每期账单中按照委员会规定的方式告知消费者有权取消此项选择，同时账单还告知当期应收取的超限费。

（3）选择的方式——根据委员会规定，消费者可以口头方式、电子方式或书面方式作出同意或取消（1）段所述选择的决定。委员会应该制定规则，保证消费者以相同的方式作出同意或取消选择的决定。

（4）选择的时间——消费者可以在任何时间作出段（1）所述的选择，此选择在按段（3）规定的方式取消之前视为有效。

（5）相关规则——委员会应制定如下规则：

（A）本款所要求信息披露的监管规则；

（B）防止出现借操控授信额度以提高超限费或其他罚款金额的不公平的、

---

① 在“账单周期”问题上，债权人常常误导债务人，以达到获取高额罚息的目的。

② 除非债权人故意设置陷阱，现在的软、硬件是可以防止“超限”现象发生的。

欺骗性行为的规则。①

(6) 条款解释——在消费者没有对段（1）所述选择作出有效决定，同时债权人也没有对其超限交易收取超限费的情况下，本款内容不应理解为禁止债权人完成超限交易。

(7) 对超限交易收费的限制性要求。对开放式消费信贷计划下的信用卡账户，如果发生超限额交易，除非债务人在后续账单周期获得了更高的授信额度或在账单周期结束前使未偿余额降低至授信额度内，否则，机构只能在一个账单周期内收取一次超限费；如果债务人连续两个账单周期发生超限额交易，债权人只能在这两个账单周期中各收取一次超限费。

(l) 对还款方式收费的限制——对消费者以邮件、电子转账或电话的方式偿还信用额度和利息的，债权人均不可区别性收费，除非债权人为消费者提供了加急还款服务（Expedited Service）。"

（b）开放式消费信贷计划的合理罚金

（1）总则——《诚实信贷法》（15 U. S. C. 1661 et seq）第 3 章根据本法修订，在结尾增订如下条款：

"第 149 条　开放式消费信贷计划的合理罚金

（a）总则——发卡银行对开放式消费信贷计划下存在疏忽或违反持卡人协议行为的信用卡账户收取的罚金（包括滞纳金、超限费和任何其他罚金），应根据疏忽或违约的程度保持合理和恰当的水平。

（b）规则制定——委员会应征询美国货币监理署、联邦存款保险公司董事会、储蓄管理局、全国信贷联合管理委员会意见，在本法条颁布之日起 9 个月内发布最终规则，建立标准用以评估（a）款所述罚金金额是否合理恰当。（a）款内容在本法条颁布之日起 15 个月后生效。

（c）规则关注点——委员会在制定本法条要求的规则时，应考虑以下几个因素：

（1）债权人因持卡人疏忽或违约而产生的成本；

（2）对持卡人忽略或者违约行为的防范作用；

（3）持卡人的行为准则；

（4）委员会认为必要或合适的其他因素。

（d）允许差别标准——委员会在制定本法条要求的规则时，可根据恰当性原则，分别针对不同种类的罚金制定不同的标准。

（e）安全庇护条款——委员会在征询美国货币监理署、联邦存款保险公司

---

① 商业机构具有自我保护意识和能力，政府部门不能亦无需成为商业机构的利益代表，维护持卡人的合法权益是信用卡立法的出发点和落脚点。

董事会、储蓄管理局、全国信贷联合管理委员会意见后，可以制定规则提供（a）款所述罚金的金额标准，此金额标准应与疏忽或违约程度保持一致。”①

第 103 节　条款解释

《诚实信贷法》第 127 条（15U. S. C. 1637）现予以修订，结尾增订如下：

（m）术语“固定利率”的使用——对于开放式消费信贷计划下的信用卡账户的各种术语，当术语“固定”和这类账户的“年利率”一起出现的时候，只能用来指在此账户一个清晰明确的特定期间内不因任何原因而变化的利率。

第 104 节　信用卡还款

《诚实信贷法》第 164 条（15U. S. C. 1666c）修订如下②：

（1）直接用“还款”替代此条标题及其后的内容，并插入以下内容：

“第 164 条　即期公平偿还信贷款

（a）总则——还款

（2）在‘以非常清楚的形式’后面插入，‘在还款到期日下午 5 点为止’；

（3）删除‘方式、地点和时间’，插入‘方式和地点’；同时

（4）在结尾增加以下内容：

（b）还款条款的应用——

（1）总则——当持卡人偿付信用卡投资额度时，发卡机构应在持卡人偿清最低还款额度之后，允许其优先偿还利率最高的透支项目，进而偿还利率第二高的透支项目，以此类推，直至偿清所有的投资额度。

（2）对某些延期利息安排的澄清——债务人偿还信用卡透支额度时，债权人应在偿清最低还款额度后，立即优先偿还在刚刚过去两个账单周期内连续产生利息的账单余额，进而偿还刚结束账单周期的账单余额。

（c）发卡机构信息变更——如果发卡机构的邮寄地址、办公场所或处理持卡人还款的流程发生重大变化，导致持卡人自变更发生之日起 60 日内出现还款延迟，那么发卡机构不得对逾期的信用卡账户征收任何滞纳金或利息。”

第 105 节　首次发行次级或“暴利”信用卡的规定

《诚实信贷法》第 127 条（15 U. S. C. 1637）按本法予以修改，在结尾增订

---

① 信用卡既是支付工具，也是信贷工具，还是社会管理工具。规范和促进信用卡产业，需要多部门的合作。

② 还款，亦须按有利于持卡人的方式方法进行。

如下新内容[①]：

“（n）首次发行次级或‘暴利’信用卡的规定——

（1）总则——如果开放式消费信贷计划下的信用卡账户条款规定消费者在账户开立的第一年被收取的各种费用（除滞纳金、超限费和因账户余额不足退回还款的费用除外）总计超过授信额度的25%，则不应再向该账户收取其他任何费用（除滞纳金、超限费和因账户余额不足退回还款的费用除外）。

（2）法条理解——本款不应被理解为允许强制收取或预先收取任何被其他法规禁止的费用。”

第106节 关于对账单的规定

（a）总则——《诚实信贷法》第127条（15 U. S. C. 1637）现予以修订，在结尾增订以下内容：

“（o）信用卡账户的到期还款日[②]——

（1）总则——开放式消费信贷计划下的信用卡账户的到期还款日应是每月的同一天。

（2）到期还款日遇到周末及节假日的情况——如果开放式消费信贷计划下的信用卡账户的到期还款日是债权人无法通过邮寄接收还款的日子（包括周末或节假日），则债权人不应将下一个工作日收到的还款作为延迟还款。”

（b）账单周期

（1）总则——《诚实信贷法》第163条（15 U. S. C. 1666b）修订如下：

“第163条 还款时间[③]

（a）还款时间——除非债权人采取合理的措施确保包含第127条（b）款内容的每期账单在还款到期日前21天到达消费者手中，否则不能将开放式消费信贷计划下的还款作延迟处理。

（b）宽限期——如果开放式消费信贷计划设置了一个宽限期间，在这个期间内债务人可以偿还任意比例的透支额，而且不会产生额外的财务费用，那么发卡机构不得在这个宽限期间所属的账单周期就该部分投资额度收取费用，除非发卡机构在上述费用计入账单合计数之前至少21日内已向持卡人邮寄或送达了对账单，明确了上述费用的计费时间并将相应的费用列入账单合计数的情形。

（2）生效日——尽管有第3条的规定，根据本条内容修改的《诚实信贷法》第163条（15 U. S. C. 1666b）应自本法颁布日起90日后生效。

---

① 收费必须节制：总量控制或比例控制。

② 法不嫌烦。持卡人遇到任何问题，都要有一个明确的规定和可操作的具体办法。

③ 还款人、还款时间、延迟、宽限期，这些很具体的问题越明确、越清晰，越好操作。

（c）格式修订——《诚实信贷法》第 4 章的目录表修订如下——

（1）删除与第 163 条相关的条款，并插入如下内容：‘第 163 条还款时间’，以及

（2）删除第 171 条，并插入如下内容 ：

171. 禁止全面违约。

172. 禁止单方面修改信用卡协议。

173. 州法的适用。”

第 107 节　加重罚金

《诚实信贷法》第 130（a）（2）（A）款（15 U. S. C. 1640（a）（2）（A））现予修订，删除“或者（ⅲ）其中”，同时插入如下内容：“（ⅲ）与无不动产或房屋担保的开放式消费信贷计划有关的个人交易行为，按和交易相关的财务费用的两倍（最少 500 美元、最多不超过 5000 美元），或者根据已有的处理此类损失的模式或实践做法中较高者收取罚款。”

第 108 节　格式修订

《诚实信贷法》第 103 节（i）款（15. U. S. C. 1602（i））修订如下——

（1）用“方式”替代“术语”以及其后内容，并插入如下内容：“术语‘开放式信贷计划’以及‘开放式消费信贷计划’是指”；以及

（2）在第二句，每次术语“信贷计划”出现时，在其后面插入“或开放式消费信贷计划”。

第 109 节　偿还能力的考虑[①]

（a）总则——《诚实信贷法》（15 U. S. C. 1666 et seq. ）第 3 章，如题所述进行修订，在结尾增订如下内容：

“第 150 条　偿还能力的考虑

基于对消费者还款能力的考虑，发卡机构可以拒绝为其开立开放式消费信贷计划下的信用卡账户或调高持卡人的授信额度。”

（b）格式修订——《诚实信贷法》（15 U. S. C. 1666 et seq. ）第 3 章的目录表因本章修改，在结尾增加以下内容：

“150. 偿还能力的考虑。”

① 只有了解消费者偿还能力，才能决定是否发卡以及授信额度多少。滥发和随意授信，会带来欺诈风险和信用风险。消费者“偿还能力考量”应该成为各发卡机构日常工作的重要内容。

第 2 章　加强信息披露

第 201 节　披露还款时间

（a）总则——《诚实信贷法》第 127 条（b）（11）款（15 U. S. C. 1637（b）（11））修订如下[①]：

“（11）（A）如下形式的书面声明：‘最低还款警告：按最低还款额还款将会导致阁下利息支出的增加和还款时间的延长。’或诸如此类委员会根据消费者测试规定的披露声明。

（B）适用于信贷计划下消费者未偿余额的还款信息——

（i）消费者如果选择每月最低还款方式且不提前还款的，从次月开始计算还清所有借款所需的月份数；

（ii）消费者如果选择每月最低还款额方式且不提前还款的，所承担的所有成本，包括利息和本金；

（iii）消费者如果选择 36 个月按月还款方式且不提前还款的，所承担的所有成本，包括利息和本金以及超出 36 个月还款需支出的所有成本；

（iv）提供免费电话，为消费者提供信贷咨询和借款管理服务。

（C）（i）根据 B（ii），贷款人披露的适用利率应自披露日开始直到贷款完全还清日为止都是有效的。

（ii）如果披露发布之日执行的利率是临时利率，按照合同规定将会依据某种指数或计算方法对其进行调整，那么只要该临时利率符合合同规定就应保持适用，合同到期之后再按照指数或计算方法调整对应账单周期适用的利率。

（D）（B）条款项下的所有信息应满足如下要求——

（i）按照委员会规则要求的形式和方式进行披露，并避免重复；

（ii）在对账单的显著位置进行标注。

（E）根据（D）条款，委员会要求信息以表格的方式进行披露，该表格应满足如下条件：

（i）明确而简洁的标题；

（ii）每个标题下的内容明确而简洁。

（F）根据（E）条款对表格进行说明时，委员会要求如下：

（i）本节规定表格中的所有信息都应在对账单中进行披露，而不能仅提供表

---

① 本金、利息、利率、最低还款额、还款时间、滞纳金、罚金等关键信息的披露，既是诚实信贷的要求，也是信用卡成为循环、小额、消费信贷工具的条件。

格索引。

（ii）表格所包括的项目应按照（B）条款中的顺序列示。

（G）根据（D）条款对表格进行说明时，如果一些专业术语与（B）条款所使用的不同，但更容易理解且传递相同的信息，委员会应使用此类术语。”

（b）民事责任——

《诚实信贷法》第130（a）款（15 U.S.C.1640（a））予以修订，在（4）段第2句插入“对于第127款（a）（b）规定的披露要求，债权人没有遵守该法第125款第2段、第127（a）款、第127（b）（4）—（13）款或州法中任何关于披露要求的条款以及由委员会认定实质相同的第111（a）（2）款要求的，应承担法律责任。”

（c）指引

（1）总则——在本法颁布后6个月内，为履行本法新增的内容，即《诚实信贷法》第127（b）（11）（B）（iv）条款的规定，美联储应与财政部磋商后发布指引，旨在帮助贷款人建立和运营为消费者提供信贷咨询和贷款管理服务的免费电话系统。

（2）认可机构——根据本法颁布的指引应确保上文所提及的免费电话的提供者应是（1）根据美国法典第11编第111（a）条“美国破产受托人”成立的非营利的预算和信贷咨询机构。

第202节　延迟还款期限与罚金规定

《诚实信贷法》第127（b）（12）做如下修改：

（12）延迟还款期限和罚金——

（A）延迟还款期限应予以披露——对于开放式消费信贷计划下的信用卡账户，因信用卡持卡人未能在到期日或到期日之前按时还款而收取费用的，发卡机构应该在其按（B）款要求提供的对账单的显著位置披露到期日或者费用计提日，以及相应收取的费用金额。

（B）延迟还款透支利率提高的披露——对于开放式消费信贷计划下的信用卡账户，因持卡人一次或多次延迟还款而导致其信用卡账户适用年利率增加的，发卡机构应在其按（B）条款要求提供的对账单的显著位置披露这一事实、该信用卡账户适用的惩罚性年利率以及与（A）条款要求的披露日期最接近的到期还款日。

（C）向分支机构还款——对于（A）条款中信用卡账户，如果信用卡的发卡机构是一家设有受理个人还款的分支机构或办事处的金融机构，那么持卡人还款给该分支机构或办事处的日期视为还款日，该日期也是用来判断借款人是否按时还款以及是否要处以罚金的时点。[①]

第203节 披露更新

《诚实信贷法》中第127（d）条修改如下：

（1）删除第（2）节；

（2）重新编号第（3）节为第（2）节；

（3）在第（1）节中，删除“除了第（2）节提供的，发卡机构”内容，同时增加如下内容“自上次更新以来，发卡机构改变或修订任何尚未公布的账户条款或者”。

第204节 网站公示信用卡协议

（a）《诚实信贷法》（15 U. S. C. 1632）总则的第122条增加如下内容：

“（d）附加电子版公告[②]

（1）公示协议——每个债权人应建立并维护一个因特网网站，用来公布消费信贷计划下各卡种的书面发卡协议。

（2）债权人向委员会提供协议——每个债权人都要向委员会提供其网站上公布的信用卡协议的电子版。

（3）资料存储——委员会要在其现有网站上建立并维护一个网页用以汇总债权人提供的电子版信用卡协议，以方便公众随时查询。

（4）例外——以上规定不适用于个别谈判对合同的变更，如个别修改方案或消费者通过重新谈判获得消费信贷额度。

（5）相关规定——委员会征求联邦贸易委员会及在第603条中定义的联邦银行业监管机构意见后可颁布本条款的实施细则，包括规定债权人在网站公告协议的格式。在某种信用卡的持卡人很少的情况下，若监管成本大于披露所带来的增加透明度的好处，委员会就（1）、（2）段相关规定的例外情形进行明确。”[③]

第205节 防止利用信用记录进行欺诈营销

（a）防止欺诈性营销——《公平信用报告法》（15 U. S. C. 168lj）第612条

---

① 分支机构行为应视为法人行为。

② 发卡机构、收单机构、转接清算机构要不要建立自己的网站，在网站上必须披露什么信息，这些在法律中也必须予以明确。

③ 两害相权取其轻，两利相权取其重。即使为了加强监管，也必须从商业机构成本、收益角度考虑监管的灵活性和适度的必要性。不能做不惜一切代价的事情。

增补如下①：

“（g）防止利用信用报告进行欺诈性营销

（1）总则——根据本法第 205 节（b），任何媒体上关于免费获取信用记录广告必须明确提示：依据联邦法，公众可以免费通过 AnnualCreditReport. com 获取信用报告（或联邦法律可能授权的其他途径）。

（2）电视和广播广告——电视广告中必须以声音和图像两种方式实现（1）中规定。电视或广播广告中需包括‘这不是根据联邦法所提供的免费信用报告。’”

（b）制定细则

（1）总则——本法颁布之日起 9 个月之内，联邦贸易委员会应按本款要求制定实施细则。

（2）关于细则的内容：

（A）应该包含与本条款要求相应的准确的广告用语；

（B）对于在因特网所作广告，细则应该包含《公平信用报告法案》612（g）（1）所规定的披露是否应该出现在广告或免费提供信用记录的网站上。

第 3 章　对年轻消费者的保护

第 301 节　向未成年消费者授信

《诚实信贷法》第 127（c）条结尾增订如下内容：

（8）未成年消费者的申请②

（A）禁止发卡——不得对未满 21 周岁的消费者发放信用卡或开立开放式信贷计划下的信用卡账户，除非该消费者向发卡人提供满足（B）条款规定的书面申请。

（B）申请条件——签字之日未满 21 周岁的消费者的信用卡书面申请要包括：

（i）担保人的签字，该消费者的父母、法定监护人、配偶或其他年满 21 周岁并有能力偿还该信用额度的人书面声明愿意共同承担偿还责任；或

（ii）消费者提交的包括申请书在内的财务信息表明其有独立能力偿还由于

① （a）款和（b）款表明防止欺诈性营销活动，关键是依法管理广告和虚假的、暗设陷阱的协议。误导消费者、引诱和欺诈消费者行为必须制止。

② 不得对未满 21 周岁的消费者发卡、授信，除非有担保人（承担连带还款责任人）签字，这一规定既是对年轻消费者的保护，防止债台高筑引发社会问题，也是发卡机构防控信贷风险所必须。

信用账户透支额度延期产生的债务。

（C）安全港（Safe Harbor）——委员会要颁布满足（B）（ii）款的材料标准。

第 302 节　禁止对未成年消费者进行预筛授信

《公平信用报告法案》第 604（c）（1）（B）条修正如下：

（1）删除第（ii）条结尾的“和”；

（2）在第（iii）条中，删除末尾的句号，同时增加如下内容：

；和“（iv）消费者报告不应包括表明消费者未满 21 周岁的生日信息，或者，如果消费者报告上的生日信息显示消费者不满 21 周岁，那么提供消费者报告的机构应经消费者本人同意后才能在报告中显示上述信息”。

第 303 节　向特定大学生发行信用卡

《诚实信贷法》第 127 条结尾增加：

“（p）对父母与大学生子女共同承担连带还款责任的账户，发卡机构在提高信用额度时需征得父母同意——持卡人持有的信用卡账户由其父母、法定监护人、配偶或其他人承担连带还款责任的，除非上述连带责任人书面同意调高信用卡账户额度并承担相应连带责任，否则，在持卡人年满 21 周岁前，不得提高该信用卡账户的信贷额度。”

第 304 节　大学生隐私保护

《诚实信贷法》第 104 节增加如下内容：

“（f）大学生信贷保护

（1）披露要求——高校应公开所有与发卡机构签订的有关发行信用卡或提供消费信贷的合同或协议。

（2）禁止引诱——发卡机构不得在以下场所向高校学生提供任何奖励以诱使他们申请或参加开放式消费信贷计划。

（A）高校校园内；

（B）高校附近（具体范围由委员会定义）；

（C）在高校赞助或参与的活动中。

（3）国会目标——国会目标是要敦促高校考虑采用以下关于信用卡的规定：

（A）任何发卡机构在学校进行信用卡营销都应告知校方其具体营销网点；

（B）限制高校内信用卡营销网点的数量；

（C）高校应为新生提供信用卡及贷款业务的教育及咨询服务并将其作为新生入学教育项目的常规组成部分。”

第 305 节　校园信用卡协议

（a）总则——《诚实信贷法》第 127 条结尾增加：

“（r）校园卡协议

（1）定义——

（A）校园认同卡[①]——指在开放式信贷计划下，发卡机构与高校或校友会或与之关联的基金会签订协议，旨在面向与上述机构有密切关系的大学生发行的信用卡，其满足以下条件：

（i）债权人同意把一部分信用卡业务收益捐赠给上述机构（包括一次性付清的校园进驻费用）。

（ii）债权人同意向消费者提供优惠。

（iii）信用卡上印有高校、组织或基金会的名称、徽章、吉祥物、格言、照片等。

（B）校园信用卡账户——是指消费信贷计划下为任何大学生开立和管理的信用卡账户。

（C）大学生——是指全日制或非全日制参加高等教育的人。

（D）高校——定义参见《高等教育法案 1965》（20 U.S.C. 1001 AND 1002）第 101、102 节。

（2）债权人报告

（A）总则——每个债权人必须向委员会递交年报，说明其所有业务的规章制度、营销及促销活动协议，以及与高校及其校友会、基金会签订的向在校大学生发行信用卡的校园认同卡协议。

（B）报告内容——根据条款（A），如下内容必须报告：

（i）债权人与高校、校友会及其紧密相关的基金会达成的关于认同卡项目的谅解协议。

（ii）债权人在报告时段内向高校、校友会及基金会提供的资金数目，以及上述机构之间的有关资金提供的协议条款。

（iii）该报告时段内属于该协议卡种的新增发卡数量及报告期末发卡总量。

（C）信息归集——（A）段所需信息应按高校及其校友会、基金会分项归集。

（D）首次报告——根据（A）段要求，须在本法颁布之日起 9 个月内向委员会提交报告。

---

① 持卡人为特殊人群或行业应用卡，在经营和管理上，应具特色和特殊规定。在中国，军人保障卡、农民工卡、中职学生卡等都属于这类性质的卡种。

(3) 委员会报告——委员会要向国会递交并向公众公布按高校、校友会及基金会分项归集的关于信用卡协议相关信息的年度报告。”

(b) 总审计长的调研及报告

(1) 调研——总审计长要经常审查债权人根据本条增补的《诚实信贷法》第127 (r) 条递交的报告及债权人的销售活动，由此确定大学生卡和认同卡协议对信用卡债务的影响。

(2) 报告——完成 (1) 段的调研后，总审计长要定期向国会提交调查研究报告并向行政及立法机关提出合理化建议。

第4章 礼品卡

第401节 通用预付卡、礼品券以及商店礼品卡①

《电子资金转移法》(U. S. C. 1693 et seq.) 修订如下：

(1) 将915条至921条分别调整为916条至922条；

(2) 在914条之后增加如下条款：

“第915条：通用预付卡、礼品券及商店礼品卡

(a) 定义——本条中的各项术语定义如下：

(1) 睡眠费、非活跃卡费用——‘睡眠费’、‘非活跃卡费用’是指礼品券、商店礼品卡或通用预付卡在未被使用或使用不活跃时，发行机构征收的费用或罚款。

(2) 通用预付卡、礼品券及商店礼品卡②

‘(A) 通用预付卡——通用预付卡是指任何人发行的卡片或其他支付工具，且具有如下特征：

(i) 可为多家不具有关联关系的商户、服务提供商或ATM所受理；

(ii) 发行之初的余额由持卡人确定，发卡机构可自主决定是否按照持卡人的要求重复充值；

(iii) 具有预付性质；及

(iv) 商户或自助设备凭卡受理，不受理无卡交易。

(B) 礼品券——礼品券是指具备如下特征的电子凭证：

---

① 在中国，“通用预付卡”之类的卡品牌繁多，发票管理和财务报销问题严重，购卡环节实名登记工作也没有做好，非法发行、交易没有得到有效控制，以此行贿受贿更是败坏社会风气，必须加强管理，认真对待。

② “通用预付卡”、“礼品券”、“商店礼品卡”这类概念和定义，在制定中国的预付卡业务管理等办法时，都可以很好地借鉴和汲取。

（i）只能在一家商户使用或拥有相同名称、标记或标识的具有关联关系的商户集团受理；

（ii）不可重复充值；

（iii）只支持预付交易；及

（iv）凭券受理。

（C）商店礼品卡——商店礼品卡是指具有如下特征的电子凭证、塑料卡片或其他支付编码或工具：

（i）只能在一家商户或拥有相同名称、标记或标识的具有关联关系的商户集团兑取现金；

（ii）发行面值已经确定，持卡人可要求发卡机构重复充值；

（iii）只支持预付交易；及

（iv）商户或具有关联关系的商户集团凭卡承兑货物或服务。

（D）例外条款——通用预付卡、礼品券及商店礼品卡不包括具有如下特征之一的电子凭证、塑料卡片或其他工具[①]：

（i）仅具有电话服务；

（ii）可反复充值且未被标明或以‘礼品卡’或‘礼品券’名义进行营销；

（iii）委员会界定的‘忠诚礼品卡’（Loyalty Gift Card）、‘回馈礼品卡’（Reward Gift Card）或‘优惠礼品卡’（Promotional Gift Card）；

（iv）非公开发行；

（v）仅以纸张形式（包括票券及票品）发行；或

（vi）仅充当参加某活动或进入某场所（或一系列场所）的凭证，且在活动中或场所内能按如下条件之一获得服务或货物：

（I）在准许参加活动或进入场所后；

（II）与准许参加某活动或进入某场所有关的、隶属于或毗邻于该活动场所的特定场所。’

（3）服务费——

（A）总则——‘服务费’是指因持有或使用礼品券、商店礼品卡或通用预付卡而定期缴纳的费用或罚款。

（B）例外条款——如果是通用预付卡，‘服务费’不包括一次性的卡片发行费。

---

① 预付卡定义中，排除电话充值卡、优惠券、奖券等，是极为必要的。虽然某些卡、券内含预付价值，但不大可能影响公众利益和金融稳定，即无须纳入监管范围。

（b）禁止收取的费用[①]——

（1）总则——除非第（2）、（3）、（4）段另有规定，任何人都不得对礼品券、商店礼品卡或通用预付卡征收睡眠费、不活跃费或服务费。

（2）除外条款——满足下述条件的，可以对礼品券、商店礼品卡或通用预付卡征收睡眠费、不活跃费或服务费：

（A）截止到收费日，持卡人连续12个月未使用礼品卡；

（B）发卡机构已经按第（3）段的规定披露了相关事项；

（C）在任意一个月份内最多只能收取一种费用；及

（D）符合委员会根据（d）款制定的其他规则。

（3）披露要求——如果满足如下所有条件，即视为已满足本段中的披露要求：

（A）礼品券、商店礼品卡或通用预付卡明确地写明如下所有事项：

（i）发卡机构可能收取睡眠费、不活跃费或服务费；

（ii）收费金额；

（iii）收费的频率；及

（iv）持卡人不使用卡片将可能被征收费用。

（B）在礼品券或卡片被购买之前，无论持卡人是亲自前往购卡点购买还是通过网络或电话购买，发卡机构或礼品券、卡片的提供商都应告知持卡人，持有、使用该卡种可能被收费。

（4）例外条款——第（1）段中的禁止性规定不应适用于任何符合如下所有条件的礼品券：

（A）根据客户忠诚项目、客户奖励项目或促销项目发行的，且该三个项目的设置符合委员会的规定；及

（B）在该礼品券项下，没有发生任何钱款或价值交换。

（c）禁止发售设定有效期的礼品卡[②]——

（1）总则——除非第（2）段另有规定，任何人都不得销售或发行设定有效期的礼品券、商店礼品卡或通用预付卡。

（2）例外条款——如果满足如下所有条件，礼品券、商店礼品卡或通用预付卡可以设定有效期：

（A）发卡机构设置的有效期终止日离礼品券发行之日或商店礼品卡、通用

---

① “通用预付卡”等发行机构收取的各项费用（项目和费率）应有强制性规定或自律性要求，不得设置“霸王条款”。

② 理论上，货币以纸质、金属、电子等形式出现，都不改变货币的性质。货币没有“有效期”，所以，原则上“禁止发售设定有效期的礼品卡”是完全正确的。

预付卡持卡人最后充值之日满 5 年；及

（B）发卡机构对有效期限的说明足够明确。

（d）委员会制定实施细则——

（1）总则——委员会应该：

（A）制定规则以实施本条及本章的各项规定，包括适当设定睡眠费、不活跃费或服务费的数额以及储值券、商店礼品卡或通用预付卡可被收费时的卡内最低余额；及

（B）确定《电子资金转移法》及《规则 E》中的哪些条款可以适用于通用预付卡、礼品券及商店礼品卡。

（2）征询义务——委员会制定实施细则时，应该征询联邦贸易委员会的意见。

（3）生效日——本法颁布之日起 9 个月内，委员会应颁布最终版本的实施细则。"

第 402 节　与联邦法的关系

《电子资金转移法》第 920 条作如下修订：在"电子资金转移，"之后增加"睡眠费、不活跃费、服务费，或礼品券、商店储值卡或通用预付卡的有效期"。

第 403 节　生效日

本章在本法颁布 15 个月后正式生效。

第 5 章　其他规定

第 501 节　对交换费的调研和报告[①]

（a）调研——联邦总审计长（本条将简称为总审计长）应该调研消费者的贷款使用行为、交换费机制以及这些行为、机制对消费者、商户的影响。

（b）审查事项——为了履行本条所规定的调研义务，总审计长应该审查如下事项：

（1）向消费者、商户披露交换费内容的详尽程度、商户是否被限制披露交换费或商户扣率以及联邦银行业监管机构等监管主体如何监管；

（2）交换费机制如何影响不同规模的商户与卡组织及银行的价格谈判能力；

（3）设定交换费时依照的各项成本、因素，如广告成本、里程积分成本及

① 这一条对我们加强转接组织和收单机构管理有参考价值。

奖励成本等，不同卡种的这些成本、因素有何不同；

（4）未披露交换费对商户、消费者所造成的商品或服务价格的影响；

（5）商户自主运营信贷网络或卡片时可能遭受的信贷损失及其他成本支出同商户扣率的关系；

（6）支付卡网络的规则及其有关交换费的各项政策向商户披露的程度；

（7）对交换费进行监管的国家、地区，以及这些监管对当地的消费零售价格的影响；

（8）是否允许商户对持现金消费的顾客推出折扣，折扣的幅度如何；及

（9）交换费机制在何种程度上允许小型金融机构、信贷社发行支付卡并和大型金融机构竞争。

（c）报告——本法颁布后 180 天内，总审计长应向国会参议院银行、住房及城市事务委员会和众议院金融服务委员会详细报告调研中发现的问题及结论，并在报告中提出适当的立法建议或行政措施。

第 502 节　委员会审查消费信贷计划及制定规则的义务

（a）审查——除非（c）款（2）段另有规定，本法生效的 2 年内，委员会应根据所掌握的材料，每两年审查一次信用卡市场，包括如下事项：

（1）信用卡发卡协议条款及发卡机构的业务操作实务；

（2）发卡机构所披露信息中的条款、费用及其他支出项目的效力；

（3）信用卡业务操作实务中防止不公平或欺诈行为的力度；

（4）本法案是否能够产生或在多大程度上对下列事项造成影响：

（A）消费者获得信贷的成本和机会，尤其是次级贷款人的信贷成本和机会；

（B）信用卡发卡机构业务安全性和良好的声誉；

（C）基于业务风险的定价方法；或

（D）信用卡产品的创新。

（b）征询公众意见——委员会按照（a）款进行审查时，应该征询持卡人、信用卡发卡机构及其他利益相关方的意见，征询方式不限于举行听证会、接受书面意见等。

（c）制定规则。

（1）公告——委员会按照（a）款完成审查任务后，应在《联邦公报》（*Federal Register*）公告如下事项：

（A）对审查结果、公众反馈的意见及其他委员会收集的证据材料（如通过消费者测评等研究途径获得的材料）进行总结；及

（B）如下事项之一：

（i）对有关消费者信用卡的披露要求及保护措施，提出适当的新规则或修订

性规则；或

(ii) 对委员会认为没有必要制定新规则及修订原规则的原因进行解释。

(2) 对规则进行实质性修订后，对审查期间的修订——委员会对信用卡规则进行实质性修订生效后两年内，委员会可以不进行审查，但修订后的规则生效满两年后，委员会应按（a）款的规定履行每两年审查一次的义务。

(d) 委员会向国会报告的义务—— 除非满足（c）款（2）段的特别规定，委员会向国会报告的频率不应低于每两年一次①，报告事项应包括最近一次审查的结果、如何解决审查过程中所发现的问题以及有关规则制定、修订的建议。

(e) 补充报告的义务——联邦银行业监管机构（指《联邦存款保险法》第3条所定义的机构）以及联邦贸易委员会应向委员会提供如下材料（委员会按《美联储法》第10条的规定向国会报告时也应报告该等材料）：1）银行业监管机构审查信用卡发卡机构的合规状况时所采取的监管措施及执法行为；2）银行业监管机构进行审查需要遵照相关的联邦消费者保护法律、规则，包括：

(1) 本法以及根据本法制定的规则；及

(2)《联邦贸易委员会法》第5条以及委员会根据《联邦贸易委员会法》制定的《联邦规则》第12编第227条（简称为《规则AA》）。

第503节　储值

(a) 总则——本法颁布后的270天内，经与国土安全部长协商，财政部长应颁布为实施《银行保密法》而制定的最终版本的规则，且该规则应包括储值卡的销售、发行、回购或国际转移②。

(b) 对储存卡国际转移的规制——财政部按（a）款颁发的有关储值卡国际转移的规则可以制定如下内容：按照《美国法典》第31编第5316条的规定履行报告义务。

(c) 电子化转移或储存的方法——财政部按（a）款制定规则时，应考虑储值卡电子化转移或储存的现有需求、未来需求及方法。

第504节　已故债务人遗产偿还贷款程序

(a)《诚实信贷法》第2章（U. S. C. 1631 et seq.）的结尾增订如下：

“第140A条　已故债务人遗产偿还贷款程序

委员会在征询联邦贸易委员会及第108（a）条中所涉及的其他机构的意见后应制定相关规则，要求所有发卡机构必须设立程序，确保已故债务人的遗产管

---

① 监管不是抽象的，而是力求标准化、程序化。

② 在本法中，“储值卡”与“预付卡”是有区别的。

理人能及时偿还信用卡的未偿余额。”①

（b）目录的修订——《诚实信贷法》的目录应在第140条后增加如下条目：

“140A. 已故债务人遗产偿还贷款程序”

第505节 向国会提交关于基于消费者的经历、交易行为等信息而调低消费者信贷额度的报告

（a）债权人业务报告义务——本法颁布后1年内，委员会征询货币监理署、储蓄管理局、联邦存款保险公司、美国信用社管理局以及联邦贸易委员会的意见后，向国会众议院金融服务委员会和参议院银行、住房及城市事务委员会报告如下内容：

本法颁布日之前的3年内，债权人降低信用卡信贷额度或提高利率的情况。如债权人降低信贷额度或提高利率的②，则需要进一步报告如下信息：

（1）消费者信用卡交易发生地点或商户类型；

（2）消费者信用卡交易类型、购买商品的种类、价格及其变更信息，以及消费者使用信用卡的其他数据；及

（3）消费者抵押主要住房而获得贷款的，抵押贷款提供方的身份信息。

（b）其他信息——（a）款所要求的报告还应包括如下信息：

（1）（a）款所述债权人数量；

（2）（a）款所述业务情况对少数民族或低收入消费者造成不利影响的程度；

（3）与（a）款所述业务情况相关的任何信息；及

（4）向国会提出的为限制或防止（a）款所述业务情况所必需的立法建议。

---

① 死了也要还债！

② 维护持卡人的合法权益，是监管工作的出发点和落脚点。尊重市场和商业活动，绝不意味着政府不作为。

第二篇　欧盟银行卡法规

欧盟银行卡市场非常发达，在全球银行卡市场份额中占25%①。银行卡在零售消费领域的使用仅次于现金。由于欧洲具有厌恶负债的文化传统，各国政府长期以来都坚持不鼓励举债消费的政策，欧盟银行卡形成了以借记卡（含 ATM 卡）为绝对主导的产品结构，银行卡市场较为发达的英国、德国、法国、意大利等国家，借记卡发卡量占比都在90%以上，与此相适应，借记卡的交易规模也远高于信用卡。

欧盟大部分国家至少有一个借记卡网络，提供国内的借记卡转接清算等服务，而借记卡跨境交易和信用卡交易大多数通过维萨、万事达完成。欧盟将银行卡支付系统作为整个支付体系尤其是零售支付体系的重要组成部分进行统一监管，同时根据银行卡的支付特点和消费信贷特点等实行专项监管。

依据《欧盟条约》，欧盟立法主要分为条例和指引两种。其中条例在成员国直接生效，而无须成员国转化为国内法。由于各成员国的法律相差较大，如果只能取得最低限度的协调，欧盟一般采取指引形式，成员国必须在规定的期限内将欧盟的指引转化为国内法，这样可以使得各成员国的法律维持一定的共性，同时又得以保留一定的差异性。

在欧盟层面，银行卡管理的相关条例和指引包括：《欧盟条约》（*Treaty on European Union*）、《欧洲央行系统条例》（*Statute of the European System of Central Banks*）、《信贷机构从业指引》（*Directive* 2006/48/*EC*）、《投资公司和信贷机构资本充足率要求指引》（*Directive* 2006/49/*EC*）、《关于结算终局效力的指引》（*Directive* 1998/26/*EC on Settlement Finality in Payment and Securities Systems*）、《关于金融担保安排的指引》　（*Directive* 2002/47/*EC on Financial Collateral Arrangement*）、《关于欧元零售支付系统的监管标准》（*Oversight Framework for Retail Payment Systems Operating in Euro*, *ECB* 2003*b*）、《关于跨境转账的指引》（*Directive* 97/5/*EC on cross - border credit transfers*）、《关于欧元区境内支付和跨境支付相同定价的条例》（*Regulation EC No.* 2560/2001 *on Cross - border Payments in Euro*）、《关于电子货币的启动、推进与审慎监管的指引》（*Directive* 2000/46/*EC on the Taking up*, *Pursuit of and Prudential Supervision of the Business of Electronic Money In-*

---

① 数据来源于 Nilson Report.

stitutions)、《关于电子货币系统的安全目标》（*E – Money Systems Security Objectives*, *ECB* 2003*a*）、《反洗钱指引》（*Directive* 2005/60/*EC on the Prevention of the Use of the Financial System for the Purpose of Money Laundering and Terrorist Financing*）、《关于付款人信息追踪条例》（*Regulation EC No*. 1781/2006）等。上述法案与规章构成了欧盟支付卡产业正常运转的法律环境。

为打通国别分割的零售支付市场，实现欧元区各国境内交易与跨境交易的一体化，推动核心技术标准和经营规则的统一，促进全方位的竞争与创新，实现规模经济，欧盟委员会、欧洲央行和欧洲支付理事会分别通过立法、监管政策和行业自律三个层面推动"单一欧洲支付区"（*The Single Euro Payments Area*, *SEPA*）建设，同时欧盟于2006年3月出台了《SEPA支付框架》（*SEPA Cards Framework*, *SCF*）。SEPA包括三类支付工具，分别是贷记转账（SCTs）、直接借记（SDDs）和银行卡支付。SEPA框架下形成的法律，如《支付服务指引》（*Directive* 2007/64/*EC on Payment Services in the Internal Market*）、《银行卡支付网络监管框架——标准》（*Oversight Framework For Card Payment Schemes – Standards*）、《消费信贷指引》（*Directive on creditagreements for consumers*），也对欧盟银行卡产业的监管发挥了重要作用。

本书编译了欧洲央行于2008年1月4日审议通过的《银行卡支付网络监管框架——标准》。

《银行卡支付网络监管框架——标准》适用于所有的封闭式或开放式借记卡和信用卡支付网络，但不包括为电子货币提供交易清算的支付网络。另外对于：(1）过去三年中，平均年发卡总量不到100万张的；或（2）过去三年中，年交易量少于一亿英镑的，是否适用卡支付标准取决于该国的中央银行对风险因素和卡支付系统对该国重要性的判断。

《银行卡支付网络监管框架——标准》将支付卡网络的风险类型划分为法律风险、财务风险、管理风险、操作风险和信誉风险。法律风险指因法律的不确定性导致卡支付系统参与各方面临的权利义务的不确定性，具体而言指法律适用风险以及合同风险。财务风险主要指金融交易中产生的风险，包括流动性风险和信贷风险，另外还包括因支付系统操作风险导致的潜在的损失，如欺诈风险。再如，因清算代理机构（或服务提供商）破产导致的损失，发卡机构不及时清算将会导致收单机构面临流动性或信贷风险。管理风险通常是指因为卡支付系统缺乏政策、监管或管理手段导致的风险。如果卡支付系统的角色或职责定位不清晰或错误将导致这种风险。管理风险往往导致其他风险（运营风险、法律风险）的发生，管理风险主要是因为卡支付系统参与各方的潜在利益冲突造成的，造成参与各方没有能力或不愿意对卡支付系统进行改革，保持竞争力。如果市场准入政策不透明和不公平将会对市场竞争力产生负面影响。操作风险主要来自于系统处理失败、人为过错等，还包括欺诈风险，典型的欺诈风险就是未授权的借记卡持卡人账户交易。信誉风险主要指公众对商业机构经营行为的质疑，与之有关的是品牌管理。

针对上述风险，《银行卡支付网络监管框架——标准》提出了五项标准：一是产业各方应具有完善的法律基础，符合相关法律规范。二是银行卡支付网络应确保信息全面、准确传递给各参与方。三是银行卡支付网络应确保足够安全、操作可靠、业务连续。四是银行卡支付网络应具有可靠、透明和有效的监管安排。五是银行卡支付网络应防控与清算过程相关的财务风险。

《银行卡支付网络监管框架——标准》

目录

1. 背景

在许多欧洲国家，绝大多数跨境零售交易均通过银行卡进行支付，且银行卡支付为最常见的网上付款方式。欧元区的统计数据表明：过去五年借记卡与信用卡的使用量几乎增长一倍，且借记卡使用量超过贷记卡[①]。欧元区是二十多家银行卡支付网络的发源地，但由于多数银行卡支付网络是由国内的借记卡支付网络组成，所以市场仍然很分散。银行卡使用量的不断增长使得各国央行与市场均更加关注银行卡安全与基础设施问题。

根据《欧洲共同体条约》第105（2）款与《欧洲中央银行体系及欧洲中央银行章程》第3条、第22条规定：欧元体系的一大基本目标即为促进支付系统的平稳运行。为此，欧洲央行在2000年度政策声明[②]中阐明了欧元体系在支付结算体系监管领域的角色，并特别指出："欧元体系也可能就支付方式的安全性制定政策，以维护用户对支付结算体系的信心。"

根据上述授权，欧元体系决定实施一项通用的监管政策，以提高欧元区内银行卡支付网络（*CPSs*）运行的可靠性，增强公众对银行卡支付的信心，并促进欧元区内形成公平竞争的统一市场。银行卡支付网络监管框架建立在"积木原理"与风险导向的基础上，以确保该框架建立在充分认识银行卡支付市场的运行方式的基础上，并能妥善处理银行卡网络所面临的风险。本文结构如下：第2章回顾了监管标准实施的框架的主要特征。第3章与第4章分别阐述了框架的范围与实施对象。第5章列出了免除政策的纲要，第6章解释该纲要的方法，第7章详细说明了标准可能涉及的内容。此外，附件Ⅰ中的模型为银行卡支付网络运行模式，附件Ⅱ为词汇表。词汇表包含的术语在本文中以斜体显示。

2. 框架特征

大多数欧盟国家的中央银行已经对银行卡支付网络有了专门的监管政策。就安全问题而言，几乎所有中央银行均对银行卡支付网络实行直接监管，以维持公众对该支付方式并最终对货币的信任[③]。四分之三以上的欧洲国家的中央银行认为保证银行卡支付网络的效率是其职责的一部分。但有些央行没有遵循共同的标准或评估方法。银行卡支付网络接受一系列标准的评估，如《重要支付系统的核心原则》[④]，安全管理和其他领域的行业最佳惯例，或接受以风险为导向的方法的评估。就银行卡支付网络的信息收集而言，绝大多数中央银行从银行卡支付

---

① 借记卡份额较大是自然的。因为收入而不是信贷决定消费。贷款必须偿还，所以只能用于周转需要。

② 《欧元体系在支付系统监管领域的角色》，欧洲央行，法兰克福，2000年6月。

③ 银行卡支付网络具有笔数多、金额少、频率高等特点，是典型的零售支付网络。它直接面向成千上万的持卡人，满足其日常支付需要。欧盟对其重要性的认识是到位的。

④ 《重要支付系统的核心原则》（又名《核心原则报告》），国际清算银行（www. bis. org），巴塞尔，2001年1月。

网络或发卡机构中收集统计数据和常规信息，在部分情况下，监管者还互相交换国际银行卡支付网络的信息。

从这一角度来说，现有分析的目的是基于已有经验，为银行卡支付网络制定一套最低限度的监管标准。上述标准的基本原理与欧元零售支付系统[①]的监管标准在很大程度上是一致的，但在安全与效率方面也适应了银行卡支付网络的需要。上述监管标准独立于任何适用于银行卡支付网络的法律或专业规定。

3. 框架范围

框架适用于所有银行卡支付网络，包括提供借记卡和/或信用卡支付服务的三方及四方银行卡支付网络。银行卡支付网络监管框架包含借记预付卡及专门账户。但是，资金直接以电子方式存储在卡上的预付卡不受本框架的监督，而受欧元体系电子货币监管框架的监督。

4. 框架实施对象

原则上，银行卡支付网络监管机构制定并确保各方遵守框架标准。但是，与其他相关政府部门协商一致后，监管机构可以任命其他特定人员和机构负责监督特定的银行卡支付网络运行。该等情形下，上述参与人的职责界限必须明确区分、予以公开并记录在案。

5. 豁免政策

为避免遏制创新和小型银行卡支付网络负担过重，及避免依据网络产生的风险按比例分配监管力度，应当采用豁免政策。制定豁免政策充分考虑到：以未来单一欧元支付区（SEPA）为设想的欧洲支付方案的规模、目前跨境使用银行卡的情况、支付网络失效对公众信心的影响以及将造成资金损失的风险。

在欧元区内，银行卡支付网络符合下列标准的，可以不适用监管标准：

a. 过去三年，银行卡的年均发卡量少于 100 万张每年；或

b. 过去三年，银行卡支付网络的年均交易额少于 10 亿欧元。

对于各国国内适用豁免政策的银行卡支付网络，基于对风险与该网络在国民经济中的重要性的考虑，该国央行可对其采取更为严格的措施。

---

① 《欧元零售支付系统监管标准》，ECB，法兰克福，2003 年 6 月。

6. 方法论

监管的标准基于风险预测而定（见下）。虽然用于欧元零售支付系统的监管标准是一个逻辑模型，但其已经适应银行卡支付网络的具体情况，尤其是在安全性与操作性方面。在一份关于银行卡支付网络具体情况的注释备忘录中，对与各个标准相关的关键问题做了探讨与说明。

6.1 风险预测

实施风险分析的目的是确定需要保护的资产，以维护银行卡支付网络的平稳运行。上述资产可能遭受不同风险。风险可能是直接出现（例如伪造银行卡）或从其他风险（因伪造银行卡而丧失声誉）派生的，且并非所有风险的影响都相同。但是，由于各种风险都可能对银行卡支付网络的安全性与效率造成直接或间接的影响，因此应对各种风险都予以关注。

每一个支付系统均有法律、操作及金融方面的风险。[①] 系统的性质决定了上述风险的重要程度及其对支付系统平稳运行的影响大小。例如，在“具有系统重要性支付系统”中，突发的金融风险可能会严重破坏金融市场的稳定性，而若发生在零售支付系统中，其影响力或许就没有那么大。在银行卡支付网络中，上述风险也或多或少存在。虽然突发风险可能不会导致在系统性重要支付系统情形下可能造成的系统性金融破坏，但它们仍然具有所谓的系统性影响，即因为风险爆发导致经济主体对支付卡及可替代支付工具的信心丧失和/或减弱，这将严重削弱经济主体履行义务的能力，最终扰乱至少是暂时性地扰乱实体经济的正常运行。当然，实践中，影响程度取决于支付服务的市场结构，以及银行卡和其他替代性支付工具在市场中的重要程度。

此外，银行卡支付网络风险防范应贯穿于整个支付周期，而不能仅覆盖清算与结算阶段，这意味着采用有效及有力的监管方式至关重要。低效率的监管方式可能引发其他所有类型的风险，而监管不可能一直通过估量其他类型风险（如操作风险）的方式来实现。为排除低效率监管方式导致的风险，已引入“统筹管理”的风险预测机制。

此外，由于银行卡支付网络的性质，相比其他类型的支付系统，声誉的风险比其他类型的支付系统都大。声誉风险可能严重影响社会公众对银行卡支付的信任，这也解释了要识别声誉风险的原因。更常见的是，声誉风险产生于其他风险

---

① 银行卡法律风险、操作风险、声誉风险等，都应该得到有效控制，目的是维护公众对银行卡的信心。

(例如法律与操作风险)，但不排除突发声誉风险的可能（例如虚假信息的传播）。

银行卡支付网络监管标准高度关注操作风险，原因有二：首先，银行卡支付网络平稳运行的关键在于降低操作风险。若银行卡支付网络缺乏安全性、操作可靠性和业务连续性，可能导致公众对银行卡信心的丧失，进而导致市场混乱。其次，操作风险的管理应考虑银行卡支付网络的独特性、多样性及复杂性，尤其是技术方面与业务外包服务，需要对银行卡支付网络的基础结构有深入的理解。

6.2　风险预测定义

法律风险是指由于难以预测的法律法规的颁布实施造成损失的风险，或由于合同未予执行而导致损失的风险。如果银行卡支付网络涉及的各方的权利和义务具有法律上的不确定性，则法律风险随即产生。由于银行卡支付网络具有复杂性和多样性，使得在银行卡体系中分析法律风险显得很困难，因涉及多个步骤和众多利益相关人（例如运营方、发卡机构、收单机构、持卡人及信用卡受理人)。若进行跨国支付，银行卡支付网络的法律结构将更为复杂，需要考虑多个监管框架以确保在所有司法管辖区域内均可执行。

财务风险是指金融交易中产生的一系列风险，包括流动性风险和信用风险。监管标准也以降低银行卡支付网络的金融风险为目标，包括操作风险（如欺诈）导致的潜在损失。银行卡支付网络的清算与结算阶段可能导致清算与结算代理人或服务提供者违约或无偿付能力的财务风险。特别是如果发卡机构无力清偿债务，则收单机构可能面临流动性或信用风险。

综合管理风险通常是指对银行卡支付网络缺乏充分的监督与管理而产生的风险。如果参与者职责与角色不清，并且关于目标与业绩的决定未得到所有参与者的认可，通常会产生综合管理风险。由于与银行卡支付网络的核心监管功能有关联，综合管理风险常常产生于其他风险（操作风险、法律风险等)。该风险的主要后果为参与人之间存在潜在的利益冲突，以及不能或不愿保持市场活力与创新、不能积极应对危机。如果准入政策不透明且不合理，则该风险可能会导致激烈竞争。若发生危机，对职责缺乏明确的界定，可能妨碍银行卡支付网络的及时反应。

操作风险产生于不适当的或无效的内部运营与体系、人为错误或与银行卡支付网络的构成元素相关的外部事件。未遵守或完成支付过程中的一个或多个步骤均可能导致操作风险。操作风险包括欺诈风险，因为它可以被界定为非法或刑事欺诈；欺诈风险可能导致相关方蒙受财产损失，并反映出安全措施不充分。典型的欺诈风险是未经授权转移持卡人账户中的资金。

声誉风险可以定义为：某机构的商业行为导致公众对其产生负面评价的可能

性。不论负面评价是否基于事实，都可能导致客户基础削弱、诉讼费用上升、收益减少、资金流动性受阻或市值大幅缩水。由于客户倾向于针对银行卡支付网络的声誉和成本作出选择，所以声誉风险显得非常重要。声誉风险主要和品牌管理有关。声誉风险难以量化和/或确定，它既是实质风险，也是派生风险，即源于其他领域的风险和弱点。声誉风险可能来源于操作失误或提供给终端用户错误或不充分的信息。换言之，就银行经营而言，声誉风险一般产生于其他风险领域的漏洞；然而，一旦声誉风险爆发，由于其自身的关联性，需要采取具体的应对措施。

7. 监管标准

基于上述规定，可以确定五项监管标准：法律问题、透明度、操作可靠性、有效监管和高效的清算与结算程序。简言之，每一个银行卡支付网络均应：

（1）在所有司法管辖区域内均有正当法律依据；

（2）确保所有参与人均可接触全面的信息，包括财务风险的相关信息；

（3）确保充分的安全性、操作可靠性及业务持续性；

（4）实施有效、负责和公开的监管安排；和

（5）管理并控制与清算和结算过程相关的财务风险。

标准1　银行卡支付网络应在所有司法管辖区域内均有正当法律依据[①]

关键问题

1.1　管辖银行卡支付网络的建立与运行的，以及银行卡支付网络与其发卡机构、收单机构、客户及服务提供人之间的关系的法律框架，应当是完整的、明确的、最新的、可执行的且符合相关法律。

1.2　银行卡支付网络受不同地区法律管辖的，应分析上述法律以确定可能存在的任何冲突。如存在冲突的，应作出合理措施以减轻该冲突带来的后果。

注释备忘录

缺乏正确的法律依据，可能导致监管银行卡支付网络及其与相关参与人关系的所有规则与合同协议非法。

如果规则和/或合同协议不遵守相关法律，则其（或其特定部分）将会无效，并可能导致不确定性。因此，从一开始就关注合法性十分重要。银行卡支付网络未来良好运行的基础是在网络建立阶段奠定的。

如果银行卡支付网络的法律框架合理，且其规则与合同协议明确，则所有参与人将明确了解各自的权利与义务。这就使其面临因法律表述不清晰而引起意外

① 标准1体现了“依法经营、依法监管”的核心原则。

风险和成本的可能性降至最低。

由于法律不时变更，缺乏对法律环境的定期监测以及银行卡支付网络规则与合同的及时修订，可能引起银行卡支付网络规则与现行法律之间的冲突，并导致银行卡支付网络存在不确定性。例如，鉴于其业务性质，银行卡支付网络可能面临反垄断部门或数据保护部门的审查风险。该风险的具体化最终可能为银行卡支付网络带来严重后果。

银行卡支付网络可能在跨国环境下运行。该环境使确保其具有法律确定性的任务更趋复杂。此外，在该环境下，规则与合同协议明确规定管辖法律与相关管辖权就十分重要。如果未作出上述规定的，则在发生争议时，银行卡支付网络规则和合同协议的可执行性可能受到质疑。

标准2　银行卡支付网络应确保所有参与人均可接触全面的信息，包括财务风险的相关信息①

关键问题

2.1　所有约束银行卡支付网络的规则与合同协议应予以充分记录并及时更新。所有参与人和潜在参与人应能够在数据保护法律准许的范围内方便获得与协议相关的信息，从而可以在任何情形下采取恰当的措施。敏感信息应仅向需要了解者披露。

2.2　发卡机构、收单机构、持卡人和银行卡受理人应有权接触相关信息以评估对其有影响的财务风险。

注释备忘录

缺乏关于所有参与人职责的正式文件（如合同）或对参与人之间的交流缺乏合适的管理，可能产生统筹管理风险。由于操作风险，包括欺诈，可能导致一方或多方的财务损失，这在银行卡支付网络中尤为重要。例如，对如何减少欺诈（如识别读卡器测录器和保护个人身份代码的信息）缺乏连续与最新的信息可能导致财务风险并削弱对付款凭证的信任度。但是，敏感信息的披露可能危及银行卡支付网络的安全。

潜在参与人也有权接触有关加入银行卡支付网络可能存在风险的评估文件。

如果发卡行、收单行、持卡人和银行卡受理人加入网络时无法接触关于其面临风险的信息，则其可能面临源于清算结算、欺诈和/或拒付的风险。由于银行卡支付网络的复杂性，他们可能无法确定并评估可能对其有影响的风险。

标准3　银行卡支付网络应确保充分的安全性、操作可靠性及业务持续性

关键问题

① 标准2强调了信息透明的重要性，同时没有忽略“敏感信息”保密问题。

3.1 *安全管理*[①]

3.1.1 应定期分析操作和安全风险，以确定可容忍的风险度、选择充分的安全政策和适当的程序，从而防止、发现、抑制和纠正违规行为。应定期评估是否遵守该等安全政策。

3.1.2 管理层与员工应值得信赖且完全称职（技能、培训和员工数量方面），以作出合理决策来支持安全政策并履行与银行卡支付网络相关的职责。

3.1.3 操作与事故管理应明确界定，并有效实施。

3.1.4 操作、存储和交换信息时，银行卡支付网络安全政策应保证数据的隐私性、完整性和真实性以及秘密信息（如个人身份代码）的机密性。如果秘密信息被泄露，应实施有效的应变计划以保护银行卡支付网络。

3.2 银行卡的制造与发行

3.2.1 银行卡受理设备及其他技术设备的设计与制造，应确保有足够的安全性，符合银行卡支付网络安全政策的要求。

3.2.2 向持卡人交付银行卡和向银行卡受理人交付*受理设备*时的初始化、个性化，以及密码等秘密信息的产生和传递均须制定安全有效的程序。

3.3 交易

3.3.1 根据银行卡支付网络安全政策，交易开始时应有充分的安全标准发挥效力。应保护银行卡支付网络的各个组成部分免受未授权行为的侵害。在无需在线授权或仅需少量安全认证措施（如远程支付）的情况下，银行卡支付网络应有能力减轻使用银行卡产生的风险。[②]

3.3.2 应对持卡人与银行卡受理人的行为进行长期监测，从而能够对欺诈以及该等行为造成的任何风险作出及时反应。采取合理的措施。[③] 降低欺诈的影响。

3.3.3 应作出合理安排，以保证即使在高峰时间和高峰日仍能处理银行卡交易。

3.3.4 应提供充分的证据，使得参与者之间的争端公开透明、容易澄清。

3.4 清算与结算

3.4.1 清算与结算安排应保证充足的安全性、操作可靠性和可用性，并考虑银行卡支付网络规定的最后清算与结算期限。

3.5 业务持续性

---

① 安全包括系统、网络和数据的安全。安全是支付的生命。

② 发卡机构和转接清算机构比持卡人更应该，也更有能力实施安全措施，以维护银行卡支付的安全性和可靠性。

③ 对持卡人和受理人长期、有效、准确、及时监测，的确可防范和处置各类欺诈行为。

3.5.1 业务影响分析应明确识别对银行卡支付网络的平稳运行至关重要的组成部分。如果发生任何危害银行卡支付网络可用性的灾难或事故，应制订全面有效的应对计划。应定期检测审查该等计划的充分性和效率性①。

3.6 外包

3.6.1 产生于外包的具体风险应通过全面有效的合同条款予以明示及恰当管理。上述条款应涵盖银行卡支付网络中将其业务外包的参与人应负责的所有相关事项。

3.6.2 应对外包合作者予以适当监控。外包其业务的系统参与者应能够提供证据，证明其外包合作者遵守其本身在银行卡支付网络中应遵守的标准。

注释备忘录

操作风险，包括欺诈，可能对银行卡支付网络有严重影响，并危及其财务稳定性，导致一方或多方的财务损失。它同时可能逐渐削弱用户对银行卡支付网络的信任。减轻上述风险意味着需采取适当的措施：

○ 有效的安全管理；

○ 银行卡制造及发行期间对敏感信息或设备的保护；

○ 交易的安全发起与运行；

○ 安全可靠的清算与结算；

○ 业务持续性；和

○ 外包控制。

有效的安全管理

如果银行卡支付网络不使用公认与最新的方法对操作和安全风险作定期分析，则其不可能为支付网络确定合适和全面的安全政策。缺乏有效的安全管理，可能带来一系列安全问题，导致风险无法在可接受的成本下最小化或被消除。如果不能证明风险管理是对安全政策支持和履行的结果，风险就可能得不到充分处理。

如果员工不具资质或员工数量不足以处理所涉安全挑战，可能会阻碍银行卡支付网络的平稳运行。管理层对风险管理程序以及信息安全相关方面了解不够，可能导致其作出不恰当的决定。②

即使已采取所有预防措施，安全事故仍可能发生。由于限制危害的应变计划被遗漏或不完善，有可能导致无法发现事故的原因或确定缺陷的类型。此外，如果没有对资产明确而全面的了解和定义，则很难确定安全性违规的影响。如果未向相关接受人传递警报，致使其不能对缺陷和欺诈作出合理的反应，也可能产生

---

① 7×24 小时运行、备份、足够的容量、灾难恢复能力等，都属于对银行卡网络管理的基本要求。

② 负责安全工作的人，必须在品质上是可靠的，在技术上是专家级的。

安全事故。

银行卡支付网络组成部分的失窃、伪造、运转故障、毁损、改造、欺诈和/或非法使用可能在保密性、完整性和可行性方面对网络的安全运行造成严重后果。该等损害可能危害与银行卡支付网络的运行相关的软件、硬件或数据（如秘密信息、技术参数及交易属性）。尤其当银行卡支付网络的设计和制造不依赖于完善和最新的安全标准，或当其不受根据银行卡支付网络监管部门确定的规则所制定的认可程序的管理时，上述问题就会发生。此外，银行卡支付网络的有效性和运行可能受其他应用网络、支付网络或银行卡支付网络的影响。例如，当特定的银行卡支付网络组成部分囊括了多种用途或对其未进行严格区分（逻辑设计和技术安全特征方面）时。秘密信息（如密码）如不予以妥善管理，且机密性没有受到保护，则其可能被泄露并用于复制网络组成部分以虚假付款。[①]

银行卡制造及发行期间对敏感信息或设备的保护[②]

对用于银行卡、银行卡受理设备和其他设备设计与制造的特定安全标准，有一个清晰和全面的认识，对抵制欺诈以及滥用敏感信息十分重要。安全标准基于并遵守银行卡支付网络的安全政策是十分重要的，否则可能会采取错误或不当的安全措施。

如果银行卡支付网络组成部分的初始化或个性化程序被遗漏，或不充分，则个人信息、秘密信息（如个人身份代码）、银行卡或代表银行卡的数据可能失窃（如网上窃取卡号）或被泄露并用于虚假付款。当向持卡人交付银行卡及向受理人交付受理设备时，如保护其免受偷窃或滥用的措施不适当，就会有欺诈风险。

交易的安全开始与运行

如果认证方法等安全措施被遗漏或其行使不充分，则很容易以欺诈手段开始交易。当个人信息、秘密信息（如个人身份代码）、银行卡或代表银行卡的数据失窃（如网上窃取卡号）或泄露时，就可能发生上述情况。被窃信息也可以用做伪造文件、开立银行账户或获取其他支付卡。如果未授权人员能够实施上述行为，数据或秘密的机密性、隐私性、可行性及完整性可能面临风险。此外，如果未经授权成功侵入需保护区域（如秘密存储地）或敏感应用设备（如认证服务器），则由故意或无意的错误行为引发的风险就此产生。如果银行卡支付网络允许交易未经安全性在线认证（如卡不在场）即开始，则当未制定合理的安全措施时，行骗人可以轻易利用该等情形[③]。

---

① 保护持卡人的敏感信息，一定程度上就是保护持卡人的资金安全。

② 对 POS、ATM 等设备及其制造商适当的管理，有利于增进银行卡安全性。

③ 银行卡交易是依托计算机技术和通信技术进行的。技术措施及认证方法在防范欺诈等风险方面极其重要。

如果没有适当的安全措施和设施以监控持卡人和银行卡受理人的行为，很难限制欺诈的影响。因此，可以实施银行卡撤销列表、及时变更秘密、交易限制等措施以减轻该等风险，并在总体上与安全政策一致。

每一银行卡支付网络的组成部分只能处理或存储特定数量的数据。如果达到了这一限制，则在高峰时间或高峰日网络的有效性与完成性可能出现问题。

如果公开透明且存取方便的信息与证据遗失，则参与人之间的争议将无法解决。如该等情形发生过于频繁，则可能危及对银行卡支付网络的信任及接受。

安全可靠的清算与结算

结算与清算程序中的问题可能导致财务损失，尤其是对收单机构和/或受理人而言。上述问题可能由于缺乏足够的操作可靠性、安全性及业务连续性而发生。风险水平及合同义务（如最后结算期限）与充分的安全性、操作可靠性与可行性保持一致，对确保结算与清算程序中交换数据的完整性十分重要。

业务持续性

影响关键业务流程的灾难或重大事件可能导致网络长时间的不可用。如果遗漏业务持续性计划或其不充分，可能在可行性、机密性及完整性方面产生问题，并导致财务损失。

外包控制①

如果银行卡支付网络的部分功能被外包，则服务级别协议的不完整准确和/或对服务条款的监管不充分，可能导致安全性违规。如在欺诈、处理错误或可行性丧失的情况下，详细的服务级别协议以及罚款制度可以有助于有效管理外包业务。

数量减少的外包商之间行为的集中可能在可行性和依赖性方面造成严重问题。

标准 4　银行卡支付网络应履行有效、负责和公开的监管安排

关键问题

4.1　当出现下列情形时，有效力的、高效率且公开透明的程序随即产生，同时还应加以实施：

就经营宗旨及方针，包括发卡机构和收单机构的准入政策作出决策②；

审查银行卡支付网络的运行情况、可用性和便利性；和

确定、减轻并报告对业务的重大风险。

4.2　应存在有效内部控制框架，包括充分及独立的审计功能。

---

①　在拟定新的银行卡业务监管办法时，必须考虑业务连续性、外包控制等近年来出现的新问题。

②　如果放松或放任对收单机构、受理人（商户）的管理，就会出现“套现”、“出租出借 POS”等一系列严重后果，造成信贷风险和金融秩序混乱。

注释备忘录

银行卡支付网络的利益相关人很广泛，包括发卡机构、收单机构、持卡人和受理人。

充分与透明的监管安排对保证银行卡支付网络能够作出合理决策、平衡所有利益相关人的需求至关重要。例如，透明的准入政策有助于参与者和客户认识银行卡支付网络的运行以及其可能面临的风险。它们也有助于确保银行卡支付网络保持市场活力和创新，管理大量利益相关人参与而产生的利益冲突，并及时有效地应对危机。与透明度同等重要的是制定公平的准入/退出标准。尤其是由于市场失灵而导致缺乏可用的备选方案时，这一点显得尤为重要。

从客户角度而言，银行卡支付网络的可行性对银行卡支付网络的平稳运行至关重要。从监管的角度而言，评估并预测交易流量的演变从而保证方案即使在高峰时间和高峰日仍具有可行性十分重要。如果银行卡支付网络监管机构没有收集并监测与消费者相关的信息——银行卡支付网络是否符合监管标准，这些标准是明确的还是暗含——则其可能不能满足客户的需求和期望。这也可能导致参与人之间的争议和/或因履行不力产生的问题。上述方面如处理得当，有助于维持客户对银行卡支付网络的信任。

有效的风险管理程序确保银行卡支付网络能够防止、发现事件并作出合理反应。在技术变革日新月异、客户预期瞬息万变、危机与缺陷迅速扩散的情形下，有效的风险管理应当能合理地处理危机。它们同时确保重大风险能被发现并能定期向银行卡支付网络的高级管理人员报告。

有效的内部控制程序必不可少，以防止并即时突出任何导致对银行卡支付网络丧失信任的破坏行为及欺诈实例。内部审查程序应保证：错误、欺诈和矛盾的原因需迅速确定，并毫不迟延地采取恰当的补救措施。定期的独立审计能特别确保协议的合法有效性。

标准5　银行卡支付网络应管理并控制与清算、结算过程相关的财务风险

关键问题

5.1　银行卡支付网络应确定清算与结算安排中涉及的财务风险，并确定适当的措施处理上述风险。

5.2　银行卡支付网络应确保所有选择的清算与结算提供商有良好的信誉度、操作可靠性和安全性。

5.3 如果在某家发卡机构不能履行支付义务的情况下，已有完成结算的相应安排，则应确保因参与方所导致的结果不应超过某一参与者的财力，进而危害参与者的清偿能力。按照标准2的规定，银行卡支付网络同时必须保证参与人完全认识到其在任何该等安排下的义务。

注释备忘录

如果银行卡支付网络的监管机构不对清算与结算程序中涉及的财务风险予以评估，并适当减轻，银行卡支付网络的结算最终性和银行卡支付网络本身的财务稳定性可能受到损害①。如果结算与清算程序使用中央银行监管范围内的支付系统，银行卡支付网络监管机构可以在其风险评估中使用这一事实。

结算提供商的财务违约或操作性/安全性无法实现可能导致重大损失，尽管不是系统性的损失。如果在该结算过程中银行卡支付网络监管机构或其参与人对结算提供商保持顺差的，尤为重要。因此，银行卡支付网络监管机构定期监测结算与清算提供商的信誉度和操作/安全可靠性，同时确保与其签署的合同包含提前终止条款，就十分重要。

当支付发起机构无法履行其支付义务时，应有相应安排完成结算，以遏制信用风险和流动性风险。这将有助于降低所有参与者的财务风险，以及提高潜在财务风险的透明度和可预见性，特别是在多边净额结算系统、结算可能造成流动性堵塞或意外短缺时。

附件

银行卡支付网络综述

银行卡支付网络体系可以划分为六个主要部分：

银行卡支付网络整体管理；

银行卡发行；

银行卡使用；

交易收单；

*受理*与交易沟通服务；和

清算与结算。

任何银行卡支付网络中不同的子系统标明如下。子系统按照其执行的任务予以说明，而非按物理单元或执行任务的实体。必须阐明的一点是：每一子系统内执行相关任务时可能涉及多个实体。例如，发卡子系统中包含发卡机构之外的实体。

银行卡支付网络整体管理子系统负责监管事宜。例如，其业务功能是对标

① 由于支付系统，包括银行卡支付网络，参与者众多，同时资本实力、经营状况不一，一些风险大、流动性短缺的参与者可能损害结算的最终性和网络本身的财务稳定性。因此，支付系统管理必须关注参与者的基本状况和趋势。

准、规则和规范的确定，或对现有规范及有关准入、竞争、定价、欺诈防范和监管等政策的选择和应用。

银行卡发行子系统涉及持卡人与银行卡管理、银行卡制造与个性化、数据处理、认证与授权请求的回复。与银行卡发行有关的行为由发卡机构和受委托的第三方服务提供商实施。

银行卡使用子系统反映了持卡人使用银行卡向银行卡受理人支付一定数额货币的过程。它包括交易受理程序的所有必需功能（银行卡和/或持卡人认证与授权请求）。

交易收单子系统涉及银行卡受理人的管理、认证与授权请求以及受理交易信息的转发，终端机的管理，包括制造。与银行卡收单相关的行为由银行卡收单人和受委托的第三方服务提供商实施。

受理与交易信息服务子系统由技术要素组成，这些技术要素用于启动受理程序以及用于子系统间的银行卡交易信息的交换。

清算与结算子系统涉及银行卡交易的双边或多边清算与结算所需的所有行为和基础结构。

术语词汇表

受理：检查交易是否遵守银行卡支付网络规则的过程（如银行卡未到期或撤销，银行卡及其持卡人身份信息真实正确，未超过持卡人的财务限额）。

受理设备：银行卡与持卡人在场时，任何处理支付卡交易的设备。

银行卡支付网络参与人：监管机构、服务提供商、卖方与客户（即银行卡受理人与持卡人）。

认证：用以验证信息来源或系统相关参与人身份的方法。

真实性：保证主体或资源的特征符合要求的属性。真实性适用于实体，如用户、程序、系统和信息。

授权：由销售点或自动柜员机发起的程序，通过这一程序，为银行卡受理人的利益而转移资金并最终由持卡人支付的请求被核准或拒绝。通常，核准或拒绝交易的决定由发卡行或发卡行的第三方代理人作出。

银行卡受理人：与收单行签订协议，受理支付卡（需正式出示）作为商品或服务的付款方式（包括提取现金）并导致其受益的资金转移的零售商或其他任何实体、公司或企业。

银行卡收单机构：信贷机构、支付服务指引中所指的支付服务供应商或其他企业以及为受理与处理银行卡交易，通过银行卡支付网络与银行卡受理人及银行卡发行方缔结合同的信贷机构、支付服务供应商或其他企业。在一些情况下，银行卡收单机构本身可作为受理人。

持卡人：与发卡机构签订合同以获得支付卡的自然人或实体。该协议授权持卡人为其预期目的使用银行卡（如付款担保、现金提取、支票担保、认证、多重应用等）。

发卡机构（银行卡发行方）：作为银行卡支付网络成员，并与持卡人签订合同，从而提供银行卡并使持卡人使用该银行卡支付网络的银行卡的信贷机构（在极少数情况下是企业）。

无卡支付：未向交易方实际出示银行卡（即邮购、电话订购、网购），仅基于与银行卡相关信息作出的付款交易。

银行卡支付网络：监管框架所指的银行卡支付网络是指使支付卡持有人可以与银行卡发卡行以外的第三人进行付款和/或现金提取交易的功能、程序、安排、规则及设备的总和。监管框架包含整个支付流程，即交易阶段（包括付款凭证的制作和数据处理）和清算与结算阶段。其内容既涉及零售支付系统，也涉及使用的支付工具。

机密性：须予以保护，使其免受擅自披露的特性。

密码算法：适用于数据，确保机密性、数据完整性和/或真实性的数学函数，密码算法使用键盘，有对称与不对称之分。对称算法加密与解密使用相同密码键。非对称算法加密与解密使用不同密码键。参见密码键。

密码键：用于从纯文本创制密码文本的数学值（反之亦然）。参见加密码算法。

银行卡支付网络客户：使用银行卡支付网络服务的各方，包括持卡人和受理人（卖方）。

凸纹：银行卡正面显著凸出的文字。

监管机构：负责银行卡支付网络总体运行及其连续性的银行卡支付网络参与人；其应担保所有其他参与人遵守规则并采取相关措施。银行卡支付网络监管规则可以准许将部分上述职责委托给其他银行卡支付网络参与人。监管机构应明确规定该等情形并保证其他银行卡支付网络参与人的选择符合银行卡支付网络总体标准。监管机构可以是特定的组织或实体或由共同协作方案的决策机构来代表。

完整性：防止意外或欺诈性变更的特性或表明是否已发生变更的特性。

离线交易：无需直接联系发卡行（或其代理），在银行卡与受理设备通讯的基础上，受理设备处理并核准/拒绝的交易。

在线交易：收单行与发卡行（或其代理）实时对话后受理设备核准或拒绝的交易。这要求受理设备在交易阶段与收单行联网，以发送请求和接收回复。

外包：服务提供商将服务承包给第三人以完成银行卡支付网络规定职责的情形。通常，每个服务提供商对所有外包行为负完全责任。该服务提供商必须保证提供、控制和监测所有外包服务和行为的方式与其自己操作情形下相同。

支付卡：向持卡人提供支付货物或服务款项能力的设备，无论是在受理设备上或远程付款（通过邮购、电话订购或网购，统称为无卡交易）或在自动柜员机上存入现金。

个人身份识别代码：持卡人用于验证身份的秘密编码（银行卡支付网络一般使用四位数的代码）。

银行卡个性化：输入用银行卡付款或存取现金所有必需的信息。

秘密信息：只有经授权用户能够知晓，以执行安全政策的信息。

服务提供商：以内部或外部资源向银行卡支付网络的客户提供服务的参与人。服务提供商包括：发卡机构；银行卡制造商；收单机构；终端机制造商；维修商；转接中心（发出进一步信息的交易收集者）；通信网络服务提供商；清算提供商（支付系统运营商）；以及结算提供商。部分情形下，一个实体可能履行不同的职责：比如三方系统中发卡机构与收单机构为同一实体。鉴于银行卡支付网络中发卡与收单的关联性，文件通常统称“发卡机构”和“收单机构”为“参与机构”。

转接中心：将授权请求、核准与交易信息转达给相关接受人的程序中心。

终端机：一种受理设备。

交易阶段：本阶段包含银行卡的受理与授权以及信息交换，该等信息被输入用于清算和结算的程序。

第三篇 澳大利亚银行卡法规

澳大利亚对银行卡产业的全面监管始于1996年，包含在澳大利亚金融监管框架的构建过程中。1997年，澳大利亚政府根据Wallis银行业调查的结论和建议，建立了金融监管的新框架，主要包括三个监管机构，承担不同方面的监管责任：澳大利亚储备银行（RBA）、澳大利亚审慎监管局（APRA）、澳大利亚公司及金融服务委员会（ACFSC）。新框架并不否定金融市场化趋势，而是提供必要补充，弥补单纯市场手段的不足。

澳大利亚储备银行下设支付系统委员会，以《储备银行法》、《支付系统（监管）法》为依据，控制支付系统风险，促进支付市场竞争，确保支付系统的稳健和效率，其主要职责是：根据澳大利亚储备银行的要求，指定一个特殊支付系统；制定系统准入的规则；制定与系统安全和效率相关的标准；就与系统准入、金融安全、竞争和系统性风险相关事件的争议进行仲裁。

澳大利亚制定了许多与支付卡产业相关的法律，促进产业的规范发展，如《1998年支付系统（监督）法》、《支付系统清算法》、《金融交易报告法》、《电子交易法》、《交易行为法》、《专业信用卡机构审批指引》等。同时，澳大利亚支付清算协会制定的《消费者电子支付清算系统运营规则》（*Regulation for Consumer Electronic Clearing System*）、《消费者电子支付清算系统运营守则》（*Manual for Consumer Electronic Clearing System*，*CECS*），也对银行卡产业参与方具有约束力。澳大利亚的同业协会制定了不少自律性规则，如《银行营运守则》、《信用社及建筑合作社营运守则》（*Mutual Banking Code of Practice*）、《电子基金转移营运守则》、《消费信贷守则》等，各家金融机构均应认真遵守。

本书编译了《1998年支付系统（监督）法》。该法赋予澳大利亚储备银行对支付系统充分监管的权力，允许澳大利亚储备银行将重要的支付清算系统纳入监管范围。依据该法，澳大利亚储备银行于2001年4月将万事达和维萨的信用卡支付系统纳入监管范围；2004年2月将维萨的借记卡支付系统指定为监管对象；2004年9月将本土借记卡网络EFTPOS纳入监管范围。澳大利亚监管部门由此加大了对银行卡支付网络的监管力度，开始对三个品牌的借记卡和信用卡出台相关的业务规则及监管措施，并强制要求其执行。其全面实施监管的第一件事就是介入借记卡和信用卡定价。《1998年支付系统（监督）法》对支付系统和预付式支付工具的管理作出规定，主要分为五章：第1章是序言；第2章介绍了法案所用术语的定义；第3章论述了支付系统的管理，包括支付系统指定，指定支付系统参与者准入制度的设立、应遵循的标准和指令，以及争议的仲裁；第4章论述了对预付工具中储值持有人的管理；第5章论述了其他事项。

《1998年支付系统（监督）法》

目录

本法案旨在就支付系统和预付支付工具的管理以及相关事宜作出规定。

第 1 章 序言

1. 简要标题

本法案可称为《1998 年支付系统（监督）法》。

2. 生效日期

本法案自《1998 年澳大利亚审慎监管局法案》生效之日起生效。

3. 王室受本法案约束

本法案对王室的所有职能具有约束力，但王室不会因违反本法案而被检控。

4. 本法案的域外效力

本法案适用于各外部领地。

5. 刑法的适用性

刑法适用于违反本法案的所有情况。

6. 法案概述

(1) 本法案对支付系统和预付支付工具的管理作出规定。

注释：预付支付工具的监管通过对该等工具的储值持有人的监管得以实现。

(2) 第2章包含本法案中所用术语的定义。

(3) 第3章论述了支付系统的管理。该章规定了：

(a) 支付系统的指定（参见第2节）；以及

(b) 指定支付系统中参与者准入制度的设立（参见第3节）；以及

(c) 指定支付系统中参与者应遵循的标准（参见第4节）；以及

(d) 与指定支付系统相关的争议仲裁（参见第5节）；以及

(e) 指定支付系统中参与者应遵循的指示（参见第6节）。

(4) 第4章论述了对预付支付工具的储值持有人的管理。

(5) 第5章论述了其他事项。

第2章　解释

7. 定义

在本法案中：

支付系统准入是指以商业方式为基础，根据公平、合理的条件，使某一人员作为系统用户成为系统参与者的权力和资格①。

指定支付系统准入制度，是指符合以下条件的准入制度：

(1) 澳大利亚储备银行根据第12条规定的准入制度；

(2) 现行有效的准入制度。

宪制公司（Constitutional Corporation）是指宪法第51条所规定的公司。

指定支付系统是指根据第11条指定的支付系统。

联邦法院是指澳大利亚联邦法院。

预付支付工具储值持有人的含义在第9条（2）款中作出规定。

支付系统的参与者是指：

(1) 根据管理系统运行的规则，作为系统参与者的宪制公司；或者

(2) 作为系统管理者的宪制公司。

支付系统是指促进货币流通的资金转账系统，包括与系统相关的任何工具和程序。

公共利益的含义在第8条中作出规定。

预付支付工具是指第9条（1）款中描述的工具，第9条（3）款声明中所

① 支付系统的运维方式、组织形式决定准入条件。

包含的工具除外。

储备银行是指澳大利亚储备银行。

标准是指第 18 条项下的有效标准。

8. 公共利益的含义

为本法之立法目的，在决定某项措施符合还是违反公共利益时，储备银行将主要考虑支付系统的如下性质：能够确保参与者的资金安全、高效且具有竞争力[①]；不会实质性导致或促使金融体系风险的增加。储备银行也可考虑其他相关事宜。

9. 预付支付工具及储值持有人的含义

（1）预付支付工具是指满足以下条件的工具（现金除外）：

（a）一人从另一人处购买的工具；

（b）在工具适用的条件下，在可用资金额度内可多次使用的支付手段；

（c）由工具提供者或按照与提供者之间达成的协议行事的人员（而非工具使用者）进行该类支付。

为本法之立法目的，第 9 条（3）款的声明中所包含的工具并非预付支付工具（2）预付支付工具的储值持有人，是指第（1）款（c）项中所述的付款人员。

（2）若储备银行注意到相关条款将会限制购买或使用预付支付工具的人数或人群类别，或注意到其他事项，从而认为本法不适用于某设备或某类设备，其可通过在报刊上发布公告的形式，宣布本法不适用于该设备或该类设备。

（3）在本章节中：

（a）涉及的工具包括工具的使用权；

（b）涉及的预付支付工具包括使用预付支付工具支付一定金额。

第 3 章 支付系统管理

第 1 节 概述

10. 主要管理规定概述

（1）在本章节中，储备银行拥有指定某支付系统的权力（参见第 2 节）。

（2）储备银行对指定支付系统拥有以下权力[②]：

（a）可对支付系统参与者设立准入制度（参见第 3 节）；以及

① 如果采用商业方式组织、运维支付系统，必须考虑竞争力问题。

② 离开对系统参与者的严格管理就谈不上对系统的有效管理。

（b）可制定支付系统参与者应遵循的标准（参见第4节）；以及

（c）可对与支付系统相关的争议进行仲裁（参见第5节）；以及

（d）可对支付系统参与者发布指令（参见第6节）。

第2节　支付系统的指定

11. 储备银行可指定支付系统[①]

（1）若储备银行认为指定某支付系统符合公共利益，则可通过在报刊上发布书面通告的形式指定该系统。

（2）指定有效，直至被撤销。

（3）若储备银行认为指定系统不再符合公共利益，则可通过在报刊上发布书面通告的形式撤销指定。

第3节　指定系统的准入

A小节—准入制度

12. 准入制度的设立

（1）储备银行可对指定支付系统中的参与者设立准入制度。

（2）所设立的准入制度必须是储备银行在考虑以下事项后认为适当的制度：

（a）设立准入制度是否符合公共利益；以及

（b）是否符合系统中当前参与者的利益；以及

（c）是否符合未来希望加入系统的实体的利益；以及

（d）储备银行认为相关的其他事项。

（3）除非事先已根据第28条的规定进行了咨询，否则储备银行不得设立准入制度。

（4）设立准入制度的决定应以书面形式作出，并陈述准入制度。

（5）设立准入制度后，一旦可行，储备银行应根据第29条的规定发布通告。

（6）未遵守第（5）款不影响准入制度的有效性。

13. 准入制度的生效

准入制度在作出设立准入制度的决议规定的日期生效，未作规定的，自决议作出的当天生效。准入制度将持续有效，直至根据第15条的规定失效，并可根据第14条的规定对准入制度进行变更。

14. 准入制度的变更

（1）若储备银行在考虑以下事项后认为适当，则可变更准入制度：

（a）变更是否符合公共利益；以及

① 中央银行可根据公众利益指定支付系统，即，支付市场竞争并非完全自由，是可以有限制的。

（b）是否符合系统当前参与者的利益；以及

（c）是否符合未来希望加入系统的实体的利益；以及

（d）储备银行认为相关的其他事项。

（2）除非事先已根据第28条的规定进行了咨询，否则储备银行不得变更准入制度。

（3）若储备银行认为是较小的技术性问题，可不必遵守第（2）款的规定。

（4）变更准入制度的决定应以书面形式作出，且应陈述所作的变更。

（5）若储备银行需变更准入制度，则其应尽快根据第29条的规定发布通告。

（6）未能遵守第（5）款规定不影响准入制度变更的有效性。

（7）准入制度变更自作出变更的决定规定的日期生效，未作规定的，自决定作出之日起生效。

15. 准入制度的失效

（1）准入制度在以下情况下失效：

（a）准入制度已到到期日；或者

（b）储备银行按照相关指定支付系统参与者的申请，撤销准入制度；

（c）储备银行主动撤销准入制度；

（d）相关的支付系统不再存在，或者不再是指定支付系统。

（2）准入制度的撤销申请必须符合根据第27条确定的适用要求。

（3）若储备银行在考虑以下事项后认为适当，则可（根据申请或主动）撤销准入制度：

（a）撤销准入制度是否符合公共利益；以及

（b）是否符合系统当前参与者的利益；以及

（c）是否符合未来希望加入系统的人员利益；以及

（d）储备银行认为相关的其他事项。

（4）撤销准入制度的决定应以书面形式作出。

（5）若储备银行需撤销准入制度，则其必须尽快根据第29条的规定发出通知。

（6）未能遵守第（5）款的规定不影响准入制度撤销的有效性。

（7）准入制度撤销自作出撤销的决定规定的日期生效，未作规定的，自决定作出之日起生效。

B 小节—准入制度的设立

16. 要求储备银行发布指令的权利

若被拒绝加入指定支付系统的机构认为，拒绝加入将构成或造成对参与者准入制度的违反，则该机构可要求储备银行根据第 21 条的规定，利用其权力发布指令以作出补救。

17. 向联邦法院提出申请的权利

(1) 若被拒绝加入指定支付系统的机构认为，拒绝加入将构成或造成对参与者准入制度的违反，则该机构可向联邦法院申请根据第（3）款作出裁定。

(2) 该机构必须将向联邦法院提出的申请报告储备银行。储备银行可向联邦法院申请成为诉讼程序中的一方。

(3) 若联邦法院认定参与者违反了准入制度的规定，则法院将作出以下所有或任一裁定：

(a) 要求参与者遵守准入制度的裁定；

(b) 要求参与者向因违规而遭受损失或损害的其他人作出赔偿的裁定；

(c) 联邦法院认为适当的其他裁定。

(4) 联邦法院可根据本条规定，撤销或变更所作裁定。

第 4 节 指定系统的标准

18. 储备银行可为指定系统制定标准

(1) 若储备银行认为制定标准符合公共利益，则可以书面形式制定指定支付系统参与者应遵守的标准。

注释：未遵守标准不会视做违规，但可根据第 21 条的规定对该等行为发布指令。

(2) 标准自制定标准所规定的日期生效，未作规定的，自制定之日起生效，且将一直有效直至撤销。

(3) 储备银行可以书面形式变更或撤销标准。

(4) 除非事先已根据第 28 条进行了咨询，否则，储备银行不得制定或变更标准。

(5) 在以下情况中，储备银行可制定或变更标准，而不必遵循第（4）款的规定：

(a) 储备银行认为急需制定或变更标准；或者

(b) 储备银行认为是较小的技术性变更的情况。

(6) 储备银行制定、变更或撤销标准，应尽快根据第 29 条发布通告。

(7) 未能遵守第（6）款的规定不影响标准、标准变更或标准撤销的有效性。

18A. 1974 年贸易惯例法中特定标准的行为授权

（1）为 1974 年贸易惯例法第 51 条（1）款（a）项（i）小项之立法目的，参与者与批发费（也称为交换费）设定或收取有关的行为应在本法中予以规定或特别授权进行，该批发费可通过支付系统支付并适用交换费标准或与交换费标准一致。

（2）在本条款中：

交换费标准是指经常修订并生效的以下任何标准：

（a）第 1 号标准——关于批发（“交换”）费设定的标准，于 2002 年 8 月 26 日由储备银行制定的标准；

（b）根据本段立法目的，法规所规定的标准。

第 5 节　与指定系统相关的争议仲裁

19. 适用于本节的争议

本节适用于以下类型的争议：

（a）两名或两名以上指定支付系统参与者之间，因系统或与系统相关的事项而产生的争议；

（b）某实体与两名或两名以上设立准入制度的指定支付系统参与者之间关于是否遵守了准入制度的争议。

20. 争议仲裁[①]

（1）储备银行可根据本条款的规定对适用本章的争议进行仲裁。仅在以下情况中，储备银行才必须安排仲裁：

（a）储备银行认为争议会引起与以下各项相关的问题：

（i）支付系统参与者的资金安全；或者

（ii）支付系统的效率；或者

（iii）支付系统的竞争力；或者

（iv）金融系统的风险；以及

（b）争议双方同意储备银行安排仲裁。

注释：储备银行可主动或应争议一方或多方的请求，安排仲裁。

（2）仲裁由储备银行行长或其书面指定人处理。

（3）负责仲裁的人员应本着诚信原则处理仲裁，不得在关于（一方）作为或不作为上受任何人行动、索赔或要求的制约或倾向于任何人。

（4）必须根据法规进行仲裁。

（5）正在或已经按照本条款对争议进行仲裁，并不妨碍争议一方就争议向

① 仲裁权是法律授予中央银行管理支付系统参与者的一项权力。

法院提起诉讼，除非法院另有规定。

第6节　向指定系统参与者发布的指令

21. 指令

（1）若储备银行认为发生以下事项，则可向指定支付系统参与者发出指令：

（a）参与者未遵守标准；或者

（b）参与者未遵守准入制度。

（2）储备银行在考虑参与者前述未遵守的行为后，将发出其认为适当的指令，要求参与者采取或避免采取所规定的行动。

（3）指令必须符合任何适用的标准和准入制度。

（4）指令中可规定遵守指令的时间或期限。

（5）对参与者的指令应以书面通知形式作出。

（6）若第（1）款中所述的指定支付系统的参与者因其作为或不作为导致违反指令的，即属违法。

罚金：50个罚金单位

注释1：刑法第2章对刑事责任的一般原则作了规定。

注释2：若法人团体触犯本条款项下的条例，则1914年刑法第4B（3）款允许法院实施最高金额为上述罚金5倍的罚款。

（7）若违反指示导致参与者违反第（6）款的规定，则视为参与者在以下日期违反该条款规定：

（a）发生违规行为的当天；

（b）违规行为持续期间的每一天（若有）（包括发生任何该等违规行为的当天或随后的每一天）。

注释：本条款并非意味1914年刑法的第4K条不适用于违反本法案或法规的行为。

（8）指令自发出指令的文书规定的日期生效，未作规定的，自指令发布之日起生效，且持续有效直至撤销。

（9）储备银行认为指令不再需要或适当，可向参与者发出书面通知撤销指令。

第4章　预付支付工具的管理

22. 储值持有人应为合法存款机构，或根据本章节被授权或被豁免

（1）在以下情形下，宪制公司即违反规定：

（a）其为预付支付工具的储值持有人；

（b）其并非1959年银行法中所指的、经授权接受存款的机构；

（c）没有适用于公司和预付支付工具的第23条或第25条规定的有效授权或豁免权。

罚金：200个罚金单位

注释1：刑法第2章对刑事责任的一般原则作了规定。

注释2：若法人团体触犯本条款项下的条例，则1914年刑法案第4B（3）款允许法院实施最高金额为上述罚金5倍的罚款。

（2）若宪制公司为预付支付工具的储值持有人这一事实导致公司违反第（1）款规定，则视为公司在以下日期违反该条款规定：

（a）发生违法行为的当天；

（b）违法行为持续期间的每一天（若有）（包括发生任何该等违规行为的当天或随后的任何一天）。

注释：本条款并非意味1914年刑法案的第4K条不适用于违反本法案或法规的行为。

23. 对储值持有人的授权

（1）宪制公司可向储备银行申请成为某类预付支付工具的储值持有人。申请须符合第27条规定的适用要求。

（2）若储备银行确信该公司将能够履行其作为相关类别预付支付工具的储值持有人所需履行的义务，则储备银行可给予授权。

（3）授权应以书面通知形式向公司发出。

（4）储备银行可随时书面通知公司：

（a）对授权制定条件或额外条件；

（b）变更或撤销授权条件。

前述条件的目的是确保公司能够履行其作为相关类别预付支付工具的储值持有人应履行的义务。

（5）授权自授权文书规定的日期生效，未作规定的，自文书发布之日起生效，且持续有效直至撤销。

（6）在以下情形中，储备银行可向公司发出书面通知撤销授权：

（a）该公司不再符合第（2）款的规定；或者

（b）储备银行认为该公司违反了授权条件；或者

（c）该公司向储备银行申请撤销授权；或者

（d）该公司不再是相关类别预付支付工具的储值持有人。

撤销申请应符合第27条规定的适用要求。

（7）储备银行根据第（2）款的规定授予授权，或根据第（4）款的规定制定、变更或撤销条件，或根据第（6）款的规定撤销授权，应在报刊上予以公告。

（8）未能遵守第（7）款的规定不影响相关行为的有效性。

24. 关于未能遵守条件的指令

（1）对于根据第23条规定被授权的公司，若储备银行认为其未能遵守授权的某项条件，可向该公司发布指令。

（2）储备银行在考虑前述未遵守某条件的情形后，通过发布适当指令，要求参与者采取或避免采取所规定的行动。

（3）指令可规定遵守指令的时间或期限。

（4）向公司发布的指令应以书面通知的形式发出。

（5）作为授权类别内一项或多项预付支付工具的储值持有人的公司，在授权仍有效时，因其作为或不作为而导致违反指令的，即属违法。

罚金：50个罚金单位

注释1：刑法第2章对刑事责任的一般原则作了规定。

注释2：若法人团体触犯本条款项下的条例，则1914年刑法案第4B（3）款允许法院实施最高金额为上述罚金5倍的罚款。

（6）若违反指令导致公司违反第（5）款的规定，则视为公司在以下日期违法：

（a）发生违规行为的当天；

（b）违规行为持续期间的每一天（若有）（包括发生任何该等违规行为的当天或随后的任何一天）。

注释：本条款并非意味1914年刑法案的第4K条不适用于违反本法案或法规的行为。

（7）指令自发出指令的文书规定的日期生效，未作规定的，自指令发布之日起生效，且持续有效直至撤销。

（8）储备银行认为指令不再需要或适当的，可向公司发布书面通知撤销指令。

25. 豁免权

（1）储备银行可向某家公司或某类公司中的公司授予豁免权，允许该公司或该类公司中的公司成为某类预付支付工具的储值持有人，即使公司并非1959年银行法中所指的、经授权接受存款的机构，且不具备根据本法案第23条所作的、涵盖该等工具的授权。

（2）储备银行可主动或根据某公司或某类公司中的公司的申请授予豁免权。豁免权申请必须符合第27条规定的申请要求。

（3）若储备银行确信某公司或某类公司中的公司将能够履行其作为相关类别预付支付工具的储值持有人应履行的义务，则储备银行可授予豁免权。

（4）若豁免权适用于某特定公司，通过书面通知的形式授予；若适用于某类公司，通过在报刊上发布公告的形式授予。

（5）豁免权自授予豁免权的文书规定的日期生效，没有规定的，自豁免权授予之日起生效，且持续有效直至被撤销。

（6）若公司不再满足第（3）款的规定，则储备银行可撤销豁免权。适用于某特定公司的豁免权，应通过书面通知的形式撤销；适用于某类公司的，通过在报刊上发布公告的形式撤销。

（7）储备银行根据第（3）款的规定向特定公司授予豁免权，或根据第（6）款的规定撤销向特定公司授予的豁免权，应在报刊上予以公告。

（8）未能遵守第（7）款的规定不影响相关行为的有效性。

第5章 其他事项

26. 相关人员或机构向储备银行提供信息

（1）储备银行可要求支付系统（无论是否为指定支付系统）参与者向储备银行提供关于支付系统及其参与者的信息。

（2）储备银行可要求根据第23条被授权或根据第25条被豁免的公司向储备银行提供关于授权或豁免的某类预付支付工具的信息。

（3）若公司（包括支付系统参与者）拒绝或未能遵守本条款项下的要求，则视为违法。

罚金：200个罚金单位

注释1：刑法第2章对刑事责任的一般原则作了规定。

注释2：若法人团体触犯本条款项下的条例，则1914年刑法案第4B（3）款允许法院实施最高金额为上述罚金5倍的罚款。

注释3：1959年储备银行法第6章的保密要求适用于本条款规定的信息。

（4）若拒绝或未能遵守本条项下的要求导致公司（包括支付系统参与者）违反第（3）款规定，则视为公司在以下日期违反该条款规定：

（a）拒绝或未能遵守规定的当天；

（b）随后每一天（若有），直至符合要求（包括发生任何该等违规的当天或随后的任何一天）。

注释：本条款并非意味1914年刑法案的第4K条不适用于违反本法案或法规的行为。

27. 确定申请要求的权力

储备银行可以书面形式确定本法案项下申请应满足的要求，包括（但不限于）以下条件：

（a）提出申请的方式；以及

（b）申请中所包含或随申请提交的信息或文件；以及

（c）申请的确认，或申请中所包含或随申请提交的信息或文件的确认。

28. 咨询义务

（1）第（2）款适用于由储备银行提议的以下行为：

（a）提议设立准入制度；

（b）提议变更准入制度，不包括第14条（3）款适用的相关变更；

（c）提议确定标准，不包括第18条（5）款适用的相关确定；

（d）提议变更标准，不包括第18条（5）款适用的相关变更。

（2）若本条款适用于所提议的行动，则储备银行在采取行动前，必须：

（a）在报刊上发布公告；

（i）通告所提议的行动；以及

（ii）总结其目的和影响；以及

（iii）邀请他人在规定时间内就所提议的行动向储备银行提交建议；以及

（b）考虑在规定时间内收到的建议。

29. 通知义务

确定或变更标准的通知或设立或更改准入制度的通知

（1）第（2）款适用于由储备银行采取的以下行动：

（a）设立准入制度；

（b）变更准入制度；

（c）确定标准；

（d）变更标准。

（2）若本条款适用于上述行为，则储备银行必须：

（a）在报刊上发布公告：

（i）通告相关行动；以及

（ii）总结其目的和影响；以及

（b）采取合理的措施，以确保相关支付系统参与者知道该行动；

（c）采取合理的措施，以确保相关人员能够获得标准或准入制度的文本。

撤销标准或准入制度的通知

（3）若储备银行撤销标准或准入制度，则其必须：

（a）在报刊上刊登公告告知撤销事宜；

（b）采取合理的措施，确保相关支付系统参与者知道该消息。

30. 通过其他方式公布的权力

若根据本法案，储备银行被要求或准许在报刊上发布公告，或通过发布公告刊登通知以采取特别行动，储备银行也可以其认为适当的其他任何方式（包括电子方式）公布通知事项，或采取行动。

31. 授权

（1）储备银行可通过书面文书，将其在本法案项下的所有或部分职能、权力授予担任以下职位的相关人员：

（a）储备银行行长；

（b）储备银行副行长；

（c）储备银行行长助理；

（d）储备银行部门负责人；

（e）储备银行其他规定人员。

（2）储备银行行长可通过书面文书，将其在本法案项下的所有或部分职能、权力授予担任以下职位的相关人员：

（a）储备银行副行长；

（b）储备银行行长助理；

（c）储备银行部门总经理；

（d）储备银行其他规定人员。

（3）在行使第（1）款或第（2）款被授予的权力时，被授权人必须遵守授权人员的任何指示。

注释：关于授权的进一步信息，参见1901年法律解释法第34AA至34A条款。

32. 规定

总督可制定不违反本法案的规定，并对以下事项予以规定：

（a）本法案要求或允许作出规定的事项；或者

（b）为实施本法案或履行本法案所需或为其提供便利的事项。

第四篇　韩国银行卡法规

在政府推动下，韩国银行卡产业在亚洲金融危机后发展迅速，并在2001年达到顶峰。然而，由于当时韩国的银行卡风险防范机制不健全，信用卡市场又迅速陷入困局，主要表现在持卡人无力还款，信用卡公司出现严重亏损乃至破产。信用卡危机暴露出韩国在银行卡监管层面存在漏洞，突出表现在行业准入监管缺失，一般的商业企业和IT企业、通信运营商可以随意发行信用卡；对转接清算机构的监管不力，致使15家从事银行卡跨行转接清算业务的公司陷入激烈的恶性竞争；风险监管不到位，征信体系不健全，同时允许信用卡过高的预借现金比例等。

为此，韩国央行通过制定和修改银行卡相关法律、规章，加大了对银行卡产业的规范、整改和监管力度。韩国银行作为韩国的中央银行，积极制定支付系统的运作规则，并监督这些规则的执行，确保支付系统平稳运行。韩国银行还有权监督商业性金融机构，有权要求参与支付系统运营的机构提供任何资料、修改运营规则等。韩国银行下设金融结算院，负责完成韩国所有金融机构、信用卡公司之间的提款、转账、资金清算。亚洲金融危机后，韩国成立了金融监督委员会（Korea Financial Supervisory Service，FSS）及其执行机构——金融监督院。金融监督院主要依据《特定信用金融业务监督条例》监管信用卡的日常业务。

韩国银行卡相关的立法包括《韩国银行法》、《普通银行法》、《防止垄断与公平交易法》和《消费者保护法》等。前两部法律的核心内容包括韩国银行的监管职权、普通银行从事银行卡业务应遵循的规章和标准等。2001年制定并随后多次修订的《支付系统运营与管理条例》是韩国支付系统的主要法规，该规章将银行卡支付纳入监管范围。为加强消费者保护，2006年10月，韩国金融监督委员会修改了《特别信用金融业务法》，为金融监督委员会监督信用卡消费合同提供了法律依据。

本书主要编译了《支付系统运营与管理条例》、《特别信用金融业务法》有关章节。

一、《支付系统运营与管理条例》

《支付系统运营与管理条例》对有关支付系统的运营和管理等事宜作出了规定。《支付系统运营与管理条例》明确韩国银行监管支付系统的主要目标是确保支付系统的安全和高效，并按照清算规模和清算资金的特点，将接受监管的支付系统分为具有系统重要性的支付系统和具有比较重要性的支付系统，两类系统对应不同的监管标准。例如，针对央行对支付系统开展的评估，《支付系统运营与管理条例》规定韩国银行可根据两类系统确定不同的评估标准；在评估时间上，《支付系统运营与管理条例》规定对具有系统重要性的支付系统的评估应当定期进行，且频率由韩国银行确定，对具有比较重要性的支付系统的评估应当在发生影响安全和效率的重大变更或韩国银行认为必要时开展。如果评估结果不符合标准，韩国银行可要求支付系统运营商予以改进，并要求将结果上报。

为确保支付系统的安全运行，通过对净借记限额、担保物质押、损失分担等的规定，《支付系统运营与管理条例》对支付系统的资金清算风险进行了有效管理。《支付系统运营与管理条例》还对韩国银行金融电信网络的运行，以及参与者、使用者的权利和责任也作了相应规定。

目录

第一章　总　则

第一条　目的

根据《韩国银行法》（以下简称为“《银行法》”）第28、62和81条的规定，本条例旨在就有关支付系统的运营和管理等事宜作出规定。

第二条　定义

本条例中所使用的相关术语定义如下：

1. “支付工具”指持有者或使用者可用以转账或提取资金的、除现金之外的所有纸质或电子形式的工具。

2. “支付系统”指由可实现转账的支付工具，由参与者、运行机构、管理和业务流程、计算机系统等组成的制度安排。

3. “支付系统运营商”指为使以上第二款中所述的支付系统能够运行并完成随后的交易清算和结算而交换支付工具或传递支付指令的机构。

4. “银行机构”指《银行法》第十一条意义范围内的金融机构。

5. “持续联结结算系统”（Continuous Linked Settlement System，以下简称为“CLS系统”）指CLS国际银行（以下简称为“CLS银行”）所运营的清算系统，该银行为专门从事外汇清算的机构，旨在通过在外汇交易中实现买卖货币的同时清算以降低外汇结算风险。

第三条　支付系统的运营与管理

（1）韩国银行在运行和管理支付系统时，应当努力确保支付系统的安全和高效。

（2）为实现第（1）款中所规定的目的，韩国银行应当对支付系统进行监管。

（3）为实现第（1）款中所规定的目的，韩国银行应当运行大额支付系统，该系统可实现参与者之间的实时资金转账；必要时，可以设立并运行其他支付系统。

（4）韩国银行制定或变更支付系统监管方面的主要政策时，应当将制定或变更的政策通知相关机构并予以公布。

（5）为实现第（1）款中所规定的目的，必要时，韩国银行应当与相关国内外机构和各国央行开展合作。

（6）支付系统运营商应当以安全高效的方式运营支付系统。

第二章　支付系统的管理

第一节　支付系统监管

第四条　监管业务的范围

以上第三条第（2）款中所规定的韩国银行的监管业务包括以下内容：

1. 选择和区分应接受监管的支付系统；
2. 收集和分析有关支付和清算的资料；
3. 评估应接受监管支付系统的安全和效率；
4. 要求接受监管的支付系统进行改进；以及，
5. 紧急情况下采取的应急措施等。

第五条　接受监管的支付系统

（1）以下为接受韩国银行监管的支付系统：

1. 韩国银行运行的支付系统；
2. 通过在韩国银行开立的往来账户之间进行资金转账完成进行净额结算的支付系统；
3. 与第1项中所列的支付系统相连接的支付系统；以及
4. 第二条第2项中规定的、未包括在第1至第3项中所列的支付系统。

（2）第（1）款各项中所指出的支付系统，根据清算规模和清算资金的特点，分为具有系统重要性支付系统（Systemically Important Payment Systems，以下简称为“SIPS”）、比较重要支付系统（Prominently Important Payment Systems，以下简称为“PIPS”）和其他支付系统。

第六条　SIPS和PIPS

（1）第五条第（2）款中所规定的SIPS是指通过该系统的清算未完成将造成金融市场陷入瘫痪的系统①。属于该类型的支付系统如下：

1. 第二十一条中规定的韩国银行金融结算网络（简称：韩国金融结算网）；
2. 第五条第（1）款第2项所规定之支付系统中的支票清算系统、银行间CD/ ATM系统、银行同业资金转账系统和电子银行系统；以及
3. 第五条第（1）款第3项所规定之支付系统中的场外债券市场支付系统和CLS系统的支付系统。

（2）第五条第（2）款中所规定的PIPS是指，如果未能通过该等系统完成清算，则可能会对经济产生重大影响，并破坏公众对支付系统和货币的信任。属

① 根据重要性对支付系统进行分类，有利于“抓大放小”，维护支付系统的安全与效率。

于该类型的支付系统如下：

1. 第五条第（1）款第2项所规定之支付系统中不属于本条第（1）款第2项的支付系统；和

2. 第五条第（1）款第4项所规定之支付系统中的韩国证券交易所和韩国证券商协会的证券清算系统。

第七条　提交材料的要求

（1）根据《韩国银行法》第28条第11项和第81条第（3）款的规定，银行可以要求第5条第（1）款第2至第4项中所规定的支付系统运营商提交下述材料：

1. 运营其支付系统的规则和业务流程；

2. 用于支付系统评估和统计资料汇编的材料；和

3. 韩国银行行长认为必要的与支付和清算有关的其他材料。

（2）被要求提交第（1）款中所指出之材料的营运商应遵守上述要求。

第八条　评估标准

（1）韩国银行在评估每个受监管的支付系统的安全和效率时，应当考虑以下各项规定：

1. 有关其运营的规则和业务流程是否符合相关法律的规定；

2. 有关其运营的规则和业务流程是否明确界定了清算的风险和该风险对参与者的影响；

3. 是否制定了信用风险管理和流动性风险管理的流程；

4. 是否制订了在起息日结束时完成最终清算的方案；

5. 对净额结算的支付系统进行评估时，是否制订了在负有最大额单笔结算义务的参与者失去结算能力时确保清算及时完成的解决方案；

6. 是否通过在韩国银行开立的往来账户进行最终清算；

7. 是否制定了确保安全性和运营可靠性的制度安排以及确保业务连续性的措施；

8. 是否提供了实用高效的支付工具；

9. 是否公开披露了客观公正的加入标准；以及

10. 是否有透明和负责任的管理体系。

（2）对于按照第五条第（2）款规定进行分类的各类支付系统，韩国银行行长可根据需要，在本条第（1）款中的各项标准的基础上增加或删除某些标准，分别对各类系统进行评估。

第九条　评估时间

（1）接受监管的支付系统的评估时间如下：

1. 对SIPS的评估应当定期进行①。但是，亦可在发生影响安全和效率的重

① 只有定期或不定期评估支付系统，才能发现问题，改正和完善支付清算网络，防患于未然。

大变更或韩国银行行长认为必要时开展评估。

2. 对PIPS的评估应当在发生影响安全和效率的重大变更或韩国银行行长认为必要时开展。

3. 对其他支付系统的评估应在韩国银行行长认为必要时开展。

（2）第（1）款第1项中所规定的对SIPS进行定期评估的频率应当由韩国银行行长加以规定。

第十条　改进要求

（1）根据第八条第（1）款第2项的规定，如果对支付系统的评估结果低于韩国银行行长设定的水平，或者韩国银行行长认为必要时，韩国银行可要求运营商（银行除外，下同）或监管机构改进相关支付系统的运营标准。

（2）在根据第一款作出改进要求之前，应当首先由货币政策委员会通过决议。但是，如果相关要求是技术性的或较为轻微，则本条的规定不适用。

（3）被韩国银行要求按照第一款的规定改进运营标准的支付系统运营商应当采取必要措施，并将结果报告韩国银行。

第十一条　支付系统运营商报告

在出现以下情形时，SIPS和PIPS的运营商应当立即报告韩国银行：

1. 运营商认为发生在支付系统运行、业务流程、参与者和计算机系统方面的规则变更将会影响相关支付系统的安全和效率时；以及

2. 运营商发生诸如电脑系统故障、灾害、罢工、恐怖事件和停业等的紧急情况，可能会导致相关支付系统正常运行中断的情形。

第十二条　应急措施

（1）韩国银行在收到第十一条第2项规定的报告，或认为出现了紧急情况时，可以建议有关的支付系统运营商采取如临时改变业务流程运营时间以及暂时限制有关参与者的参与等措施。

（2）韩国银行行长在其认为有必要履行第一款中所规定的职责时，可派遣韩国银行职员去检查支付系统运营商和参与者的情况并会见有关人员。

第十三条　监督方法的详情说明

韩国银行行长应决定监管的具体细节，例如对接受监管的支付系统的评估等。

第二节　清算风险管理

第十四条　风险管理方案

为确保支付系统的安全性，韩国银行可就支付系统的清算风险管理设计如下解决方案：

1. 第五条第（1）款第1项和第2项中规定的支付系统：韩国银行在与支付

系统运营商和参与者进行协商后，制订并落实相应的清算风险管理解决方案。

2. 第五条第（1）款第3项和第4项中规定的支付系统：韩国银行建议支付系统运营商制订并实施相应的清算风险管理解决方案。

第十五条　净借记限额的设置

（1）加入第五条第（1）款第2项所规定之支付系统的参与机构（以下简称为“净额结算参与者”）应针对净额结算交易中，韩国银行行长指定的、支付指令须实时传送（包括接收支付指令，下同）的交易，设定其最高未结算净债务额（以下简称为“净借记限额”）。

（2）第（1）款中所指的未清算净债务额是指在营业日的任何时间，净额结算参与者向其他参与者发出的付款指令累计额少于其他参与者向其发出的收款指令累计额的数额（如果下一日不是净额结算发生日，则该日所作的交易也应计算在内）。

第十六条　对净借记限额的必要调整

韩国银行行长如认为按照第十五条所设定的净借记限额相对于某个参照值（如参与者过去的净债务）来说过多或不足时，可以要求净额结算参与者对其净借记限额作出调整。

第十七条　担保物质押

（1）净额结算参与者应向银行提供诸如政府债券、政府担保债券，或韩国银行货币稳定债券等债券（以下简称为“MSB”）作为满足其付款义务的担保物，金融规定如下①：

1. 对于设定净借记限额的交易，为净借记限额的百分之三十；及

2. 对于按净额结算但不设净借记限额的交易，为韩国银行行长所规定时期内每个指定净额结算时点平均借记余额的百分之三十。但是，在因参与韩国银行行长规定的净额结算而引起资金调整时，应当为平均资金调整偿还额的百分之七十五。

（2）尽管有第一款的规定，在净额结算交易中，不要求支票清算（不包括实时发送支付指令的交易）提供担保物，且韩国银行行长可以在某个特定时期内，在不可避免的特定情形下，如出现新的净额清算参与者时，推迟要求提供担保物的时间。

（3）韩国银行行长可结合审慎管理的需要，个别调整某净额结算参与者提供的担保物的数额。该等调整可在按照以上第一款计算的担保物价值的百分之十五上下范围内浮动。

第十八条　担保物的使用

（1）如果任何净额结算参与者在其按照第十七条提供了担保物的交易中，

① 净借记限额、担保物质押等均属于轧差清算系统所必需的。

未履行其净额结算方面的义务的，韩国银行行长可处置违约参与者所提供的债券，或将之作为韩国银行的贷款便利的担保物，以对当时进行净额结算的交易所产生的参与者债务进行结算。

（2）对根据第一款进行的担保债券的处置应当以市价进行。韩国银行行长应当结合金融市场的情况，决定处置的方法和时间安排等。

第十九条　损失分担

（1）如果已按照第十八条采取了措施，但仍不能弥补清算资金的不足时，所有其他净额结算参与者应当共同分担该不足额。但是，在进行净额清算的交易中，支票清算（不包括实时发送支付指令的交易）不参加损失分担方案。

（2）为弥补根据第（1）款确定的结算资金不足额，单个净额结算参与者的份额应为根据第十七条在相同的净额结算时间，其就交易清算应质押的担保证券金额的一定比例。

（3）在做必要修改的基础上，第十八条的规定适用于未按第（1）款的规定支付其应交纳份额的净额结算参与者。

（4）如果已按照第（3）款采取了措施，但仍有不足额的，该不足额应由其他净额结算参与者分担。

第二十条　分担额偿还

违反净额结算规定的净额结算参与者应当偿还按照第十九条补足了该不足额的其他参与者所分担的金额，外加按韩国银行贷款和贴现所收取的最高利率计算的利息。

第三章　支付系统的运营

第二十一条　韩国银行金融结算网络的运营

韩国银行应当建立并运营韩国银行金融电信网络（以下简称为“韩国金融结算网”），以通过参与者在韩国银行开立的往来账户（如资金以外币表示，指外币储蓄账户，下同）对资金转账进行实时处理。

第二十二条　服务

（1）韩国银行应当通过韩国金融结算网提供以下服务：

1. 在韩国金融结算网的参与者（以下简称为“参与者”）之间进行本国货币和外币的实时全额结算；

2. 在参与者之间按规定时间进行本币和外币的净额结算；以及

3. 在韩国银行和参与者之间进行本币和外币的资金结算。

（2）除第（1）款中所规定的服务外，必要时，韩国银行还可以通过韩国金融结算网处理 MSB 的发行和赎回、政府和公共债券的买卖、政府债券的发行和赎回、有关银行贷款和贴现等信息的传输、国库资金收支和货币、金融信息的收集等业务。

第二十三条　资格和协议

（1）有资格加入韩国金融结算网的机构只限于在韩国银行开立往来账户、同时符合韩国银行行长规定的加入标准的机构。

（2）任何符合第（1）款的规定且愿意加入韩国金融结算网的机构均应提交加入申请书，并以韩国银行行长规定的形式与韩国银行签订协议。

（3）任何符合第（1）款规定且愿意参加第二十二条第（1）款第2项中所指的净额结算的机构均应当提交参加净额结算的申请书，并以韩国银行行长规定的形式与韩国银行签订净额结算协议。

第二十四条　支付系统对韩国金融结算网的使用

（1）如果支付系统运营商申请运用韩国金融结算网在参与者之间进行最终结算，韩国银行行长在决定是否批准前，应当对有关的支付系统进行安全和效率评估。

（2）根据第（1）款被批准通过韩国金融结算网来进行最终结算的支付系统运营商（以下简称为“使用者”）应当以韩国银行行长规定的形式与韩国银行签订使用协议。

第二十五条　净额结算请求及其处理

（1）已按照第二十四条第（2）款的规定与韩国银行签订了使用协议的使用者可以请求韩国银行在使用者自身的支付系统参与者中执行净额结算（包括随后进行的资金调整）。

（2）韩国银行收到第一款中所规定的进行净额清算的请示后，应当在韩国银行行长规定的时间处理各类交易。但是，如果在指定时间韩国金融结算网中任何相关参与者的往来账户余额不足，则本条规定不适用。

第二十六条　费用

所有参与者和使用者应当支付韩国银行行长可能规定的收费和其他相关费用。

第二十七条　信息交换①

（1）韩国银行、参与者和使用者通过韩国金融结算网发送的任何信息于到达并记录于电磁记录装置或显示于接收者的终端上时视为收到。

（2）韩国银行于收到有关信息后即被视为接受参与者发送的进行资金转账、MSB的发行和赎回、政府和公共债券的买卖、政府债券的发行和赎回的请求。

（3）韩国银行正式收到任何要求进行资金转账、MSB的发行和赎回、政府

---

① 现代支付的基本内涵是资金转移信息的发送和接收，并以此为依据做账户余额变更，所以信息（报文）的安全、及时、准确、标准化极其重要。

和公共债券的买卖、政府债券的发行和赎回的信息后，参与者或使用者即不得撤销该等信息。但是，如果相关往来账户上的余额不足，则本条规定不适用。

（4）韩国银行在确认所收到信息的有效性后发现存在错误的，可以拒绝处理信息，或采取其他适当措施。

（5）韩国银行和参与者及使用者之间交换的信息和电子记录与根据银行规定所作的纸质文件具有相同效力。

第二十八条　信息处理的时间

（1）韩国银行应当在收到要求进行资金转账、MSB 的发行和赎回、政府和公共债券的买卖、政府债券的发行和赎回的信息后立即对信息进行处理。尽管有本项规定，如果相关往来账户上的余额不足，则应当推迟对有关信息的处理。

（2）尽管有第（1）款的规定，对于要求进行资金转账、收取国库资金等需要共同处理的信息，韩国银行行长仍可以指定时间来处理该等信息。

第二十九条　标准化

为便于通过韩国金融结算网安全高效地处理任务，韩国银行可以制定参与者和使用者的设备、通信协议、信息传递和业务程序等的标准。

第三十条　参与者和使用者的职责

（1）所有参与者均应经常检查其在韩国金融结算网上的交易结果，以确保其往来账户中留有进行清算所需的余额。

（2）参与者和使用者应将按第二十二条第（1）款第 2 项以净额进行最终结算，但实际更适合按同条同款第 1 项进行全额结算的资金转账转换为全额结算方式，以此来努力降低净额结算的信用风险。

（3）参与者和使用者应当对硬件和软件进行维护，避免在使用过程中出现任何故障，并采取措施来保证在发生诸如电脑系统故障、灾害、罢工、恐怖事件或停业等紧急状况时的业务连续性。

（4）除非其他法律另有特别规定，参与者或使用者均不得向任何其他方透露其在韩国金融结算网使用过程中所获取的任何信息。

（5）当韩国银行按照第八条第（1）款第 4 项的规定要求参与者提交相关材料时，参与者应当遵循银行的要求。

（6）如果对运营其自身支付系统的规则、业务流程、参与者或计算机系统进行的变更可能会影响韩国金融结算网的运行，使用者应当提前与银行进行协商。

第三十一条　确保业务连续性

（1）韩国银行行长应当制定并执行措施来防止韩国金融结算网业务出现中断，并确保在韩国金融结算网业务因发生计算机系统故障、灾害、罢工或恐怖活动等紧急情况而中断时，能够及时恢复网络的运行。

（2）韩国银行行长还应当指导所有参与者和使用者制定并执行个性化的措

施，来确保其所开展支付业务的连续性。

第三十二条　豁免

（1）韩国银行在不存在故意或重大错误的情况下，不对任何因信息传递故障、业务处理迟延或参与者或使用者所进行的传递操作或提交的错误信息而造成的损失负责。

（2）韩国银行不对因任何参与者或使用者违反本条例的规定、本条例的操作规程或其他有关规定或指示而造成的损失负责。

第三十三条　与国内其他支付系统或国外支付系统的链接[①]

（1）韩国银行行长可决定将韩国金融结算网与其他国内外支付系统相链接。

（2）如果按照第（1）款的规定建立链接，韩国银行行长应当按照第二十四条的规定来处理有关事宜。

（3）根据第（1）款的规定，链接到韩国金融结算网的支付系统运营商应当被视为第二十四条第（2）款中所规定的使用者。

第三十四条　韩国金融结算网的运营时间和休息日

（1）韩国金融结算网的运营时间应当由韩国银行行长结合韩国银行的营业时间来加以确定。

（2）韩国金融结算网不在以下时间运营：

1.《公职假期条例》中规定的公共假期；

2. 劳动节（五月一日）；

3. 星期六。

第三十五条　制裁等

在下述情况下，韩国银行行长可以对参与者或使用者处以如警告、采取纠正措施、限制或暂停使用韩国金融结算网或撤销相关协议等制裁：

1. 参与者或使用者违反本条例、本条例的操作规程或银行的其他相关规定或指示的；或

2. 由于业务暂停、营业执照被吊销、清算、破产、停业等，参与者或使用者完成有关支付系统的操作存在困难或不可能完成的。

第四章　附　则

第三十六条　向货币政策委员会的报告

（1）韩国银行行长应当每年向货币政策委员会提交有关支付系统运行和管

---

① 支付系统相互链接构成支付网络。单个支付系统的安全会影响网络的安全。因此，对链接的管理非常重要。

理的报告。

（2）发生任何下述情形时，韩国银行行长应当立即向货币政策委员会报告：

1. 韩国银行行长根据第十二条第（1）款的规定建议采取应对紧急情况的措施；

2. 韩国银行行长根据第十八条第（1）款的规定，使用或售出净额结算参与者质押的担保证券；

3. 净额结算参与者按照第十九条第（1）款的规定分担结算资金的不足额；

4. 根据第二十二条第（1）款，由于严重的计算机系统故障、灾害、罢工或恐怖活动等紧急情况而不能提供韩国金融结算网服务；

5. 根据第二十四条第（1）款的规定允许使用韩国金融结算网；

6. 根据第三十二条第（1）款的规定，将韩国金融结算网与国内外支付系统相连接；或

7. 根据第三十五条第（1）款的规定，采取如限制或暂停对韩国金融结算网的使用或撤销相关协议等措施。

第三十七条　对 CLS 系统上适用特定规定的例外情况

（1）尽管有本条例第四条、第七至十二条和第十四条的规定，韩国银行行长仍可以按照相关央行之间所约定的原则等规定对 CLS 系统进行监管。

（2）尽管有本条例第二十三、二十四、二十七、二十八和三十至三十二条的规定，韩国银行行长仍可以对 CLS 银行加入和使用韩国金融结算网作出规定。

第三十八条　委托

韩国银行行长应当规定执行本条例所需的详细工作规则。

附录〈2001 年 12 月 27 日〉

第一条　生效日期

本条例应当自 2002 年 2 月 1 日起生效。

第二条　失效

本条例生效后，《韩国银行金融结算网络运营条例》（1994 年 7 月 21 日第 16 次货币委员会决议）应同时废止。

第三条　保留条款

（1）根据《韩国银行金融结算网络运营条例》和本条例生效日期（以下简称为“生效日期”）前所达成的相关协议处理的业务应当视为依照本条例进行处理。

（2）在生效日期前一直使用韩国金融结算网的支付系统运营商和使用与韩国金融结算网相连接的清算系统的运营商视为已被许可使用本条例项下的韩国金融结算网。

二、《特别信用金融业务法》

本书主要编译了《特别信用金融业务法》中与信用卡业务有关的内容。所选内容规定开展信用卡业务、取得执照应具备的资质和执照申请程序，如申请执照的公司应至少具备200亿韩圆股本，并应具有相应业务人员和设施；规定了信用卡的业务范围、发行以及持卡人的权利和义务，特别是规定信用卡持卡人挂失后的损失由发卡机构承担，挂失前的损失由发卡机构对根据《总统令》规定的期限内的信用卡使用承担责任；规定发展信用卡商户应对其现场查看，并确认其业务开展情况；规定了信用卡商户的责任和应遵守的条件，如信用卡商户不得将商户费用转移给信用卡持有人，不得利用信用卡进行未实际销售商品或提供服务等的虚假交易，或使用信用交易金额超过实际销售金额，不得泄露持卡人的有关信息；规定发行预付卡的信用卡公司应按照《总统令》规定数额缴付保证金，保证金数额不超过所发行预付卡总额10%，应当在发行预付卡的信用卡公司的主要办事处或主营业地缴付。规定了信用卡违法、犯罪行为的处罚措施。

第一章　总　则

第1条　目的

本法旨在通过支持信用卡业务、设备租赁业务、分期付款融资业务和风险投资业务的良好积极发展，以期为人民提供金融便利并为国民经济的增长作出贡献。

[本条全部经2009年2月6日的第9459号法令修订]

第2条　定义

本法令中专业术语的定义如下：

〈经2010年3月12日第10062号法令修订〉

1. “特别信用金融业务”指信用卡业务、设备租赁业务、分期付款融资业务和风险投资业务；

2. “信用卡业务”指具备任何下述项目项下的两种或以上功能的业务经营，包括第（b）项中的功能：

（a）发行和管理信用卡；

（b）对与信用卡使用相关的费用进行结算；

（c）建立和维护信用卡商户；

2－2. “信用卡公司”是指根据第三条第一款的规定取得了开展信用卡业务的执照或进行了开展信用卡业务登记的实体：

但是，如果归入第三条第三款第一项下的实体从事第十三条第一款第二和第三项下的业务，则就有关业务而言，其应当被视为一家信用卡公司；

3. “信用卡”是指某家信用卡公司（包括在国外从事信用卡同类业务的实体）发行的卡片，可以通过反复向信用卡商户出示进行结算，但下列事项除外：

（a）偿还货币债务；

（b）《总统令》所规定的金融工具，包括《金融投资服务及资本市场法》第三条第一款项下的金融投资工具等；

（c）就使用《游戏产业促进法》第二条第1－2款项下的投机性游戏而产生的费用和货币支付；但外国人（包括《移民法》第二项下的海外移民）在《旅游业促进法》项下允许开办的赌场中，以在外国从事信用卡同类业务的实体发行的信用卡付款的情况除外；

（d）对根据《总统令》规定不利于优质国民生活和良好公共道德的事项（包括其他投机业务等）而进行的费用和货币支付；

4. “信用卡持有人”是指通过与信用卡公司签订合同而被发予信用卡的人；

5. “信用卡商户”是指归入下述各项中任何一项的实体：

（a）按照与信用卡公司签订的合同通过以信用卡、借记卡或预付卡（以下简称为“信用卡等金融卡”）进行的交易来向信用卡持有人、借记卡持有人或预付卡持有人（以下简称为“信用卡等金融卡持卡人”）销售商品或提供服务的实体；

（b）按照与信用卡公司签订的合同，为向信用卡等金融卡持卡人销售商品或提供服务等的人通过信用卡等的方式代为交易的实体（以下简称为“结算代理”）；

5－2. “收款代理商户”（Acting Merchant for Receipt）指根据与信用卡公司之间单独签署的合同，代理其他信用卡商户根据《总统令》规定需要以信用卡等方式开展交易的事项；

6. “借记卡”指信用卡公司发行的卡（不包括允许取得贷款的卡），该卡可以通过电子或磁条的方式在借记卡持卡人和信用卡商户的银行账户之间进行转账，从而实现结算；

7. “借记卡持有人”指按照与信用卡公司签订的合同被发予借记卡的人；

8. “预付卡”指信用卡公司在收到预先支付的一笔资金后发行的记录（指通过电子或磁条的方式）相应金额的卡，借记卡持有人通过出示该卡并在卡片记录金额范围内进行结算；

15. “特别信用金融业务公司”指根据第三条第一或第二款关于特别金融业

务的规定，从金融服务委员会获得执照或在金融服务委员会进行登记，专门提供第四十六条第一款各项中所指的服务的人；

16. “同期贷款服务提供商”指根据第三条第三款的限制性规定，从金融服务委员会获得执照或在金融服务委员会进行登记，除特别信用金融业务公司之外的公司；

17. “大股东”指归入下述各项中任何一项的股东：

（a）最大股东：本人持有的或根据《总统令》与本人有特别关系的其他人（以下简称为“特别相关人员”）持有的在本人账户下的所有股票数量总和（不论该账户以谁的姓名登记）在一家特别信用金融业务公司已经发行的有表决权股票中数量最多的人；

（b）主要股东：在他/她的账户（不论该账户以谁的姓名登记）上持有一家特别信用金融业务公司全部的有表决权发行股中百分之十或以上数目的人，或通过《总统令》进一步规定的任命和解聘公司管理人员等权利对关系到特别信用金融业务公司管理的重大事项有实质影响的人；

18. “授信”指一家特别信用金融业务公司根据《总统令》提供的并具有一定额度金融风险的贷款、付款担保、贴现、其他直接或间接的交易；

19. “股权资本”指《总统令》规定的实收资本、资本公积和盈余收入。

[本条全部经2009年2月6日的第9459号法令修订]

第二章　执照或登记

第3条　营业执照或登记

（1）希望开展信用卡业务的实体应当从金融服务委员会取得执照；但是，符合第三款第二项规定的实体可以通过向金融服务委员会登记来开展信用卡业务。

（3）只有本身为或希望成为特别信用金融业务公司的实体才有资格按照第一款或第二款规定取得执照或进行登记；但是，本项规定不适用于任何下述实体：

1. 根据其他法律规定设立的金融机构，或根据《总统令》从拥有金融服务委员会授权或执照的金融机构中所指定的金融机构；

2. 《总统令》指定的、就其所开展的业务性质而言，适于将信用卡业务与其他业务结合起来的实体。

（4）金融服务委员会可以对第一款项下的执照附加条件。

[本条全部经2009年2月6日的第9459号法令修订]

第 4 条　执照或登记申请

希望按照第三条第一款或第二款的规定取得执照或进行登记的实体应当向金融服务委员会提交领取执照或进行登记的申请，并在申请中载明以下事项，且申请还应附有《总统令》所规定的文件：

1. 商号和主要办公室所在地；

2. 股本、出资人的姓名或职务及其各自持有的股份（不包括《总统令》中所规定的少数出资人）；

3. 董事或公司管理人员的姓名；

4. 将开展特别信用金融业务的种类；

5. 希望成立特别信用金融业务公司的宗旨；

6. 希望成为同期贷款服务提供商的实体正在开展的业务的详细情况。

[本条全部经 2009 年 2 月 6 日的第 9459 号法令修订]

第 5 条　股本

（1）通过取得特别信用金融业务营业执照或进行所需登记而有资格成为特别信用金融业务公司的实体应当限于拥有不少于任何下述各项所规定之数额股本的股份公司：

1. 欲经营两种或两种以下的特别信用金融业务，应当拥有 200 亿韩圆股本；

2. 欲经营三种或三种以上的特别信用金融业务，应当拥有 400 亿韩圆股本；

（2）根据第三条第三款第二项的规定，有资格进行信用卡业务登记的同期贷款服务提供商应当限于拥有不少于 20 亿韩圆股本和股权资本的股份公司。

[本条全部经 2009 年 2 月 6 日的第 9459 号法令修订]

第 6 条　执照或登记要求

（1）有下列情形之一的，不得根据第三条取得执照或进行登记：

1. 按照第十条或第五十七条第二款或第三款的规定被撤销或吊销执照后未满三年的公司，或在吊销执照或撤销登记时根据《总统令》为该类公司投资人且此后未满三年的实体；

2. 正处在《债务人复原及破产法》下的复原程序的公司以及《总统令》所确定的为该类公司投资人的实体；

3. 商业交易中（如金融交易和《总统令》规定的其他交易）未在约定的时间内偿还其债务的实体；

4. 根据《总统令》确认的、自申请执照或登记之日起最近 3 年内因违反任何金融相关法律和从属法规（以下称为"金融相关法律和从属法规"）而被处以罚金或更重处罚的实体；

5. 达不到《总统令》规定的财务健全标准的实体（仅限于执照事宜）；

6. 《总统令》所确定的、属于第 1 至第 5 任一分项的实体的投资人的公司；

7. 未建立防止风险资本家与投资，以及特定投资者和其他投资者（仅限于第44－2条项下寻求成立公开发行新股的风险投资机构的风险资本家）之间发生利益冲突制度的实体。

（2）根据第三条第一款的主要规定寻求取得信用卡业务执照的实体应当符合以下要求：

1. 持有第五条项下所规定的股本；

2. 配备足以保护交易者和处理预计业务的专家和计算机设备等物理设施；

3. 具有适当良好的经营计划；

4. 其大股东（包括与最大股东特别相关的股东；最大股东是一家公司时，应当包括《总统令》所确定的对该公司的主要管理事务具有重大影响的股东）应当具备足够的投资能力、良好的财务状况和社会信用。

（3）任何有意通过收购股票成为一家特别信用金融业务公司大股东的实体（仅限于在按照第三条第一款的主要规定取得执照后开展信用卡业务的公司）均应当遵守第二款第四项和第六款下对大股东的要求中经《总统令》确定的有关良好管理的规定，然后再取得金融服务委员会的事先批准。

（4）金融服务委员会可命令已收购股票但尚未取得第三款中所规定的事先批准的实体在不超过6个月的时间内处理掉这些股票。

（5）已收购股票但尚未取得第三款中所规定的事先批准的实体不得行使已收购股票的表决权。

（6）第二款至第四款下规定的对执照、批准或处理命令的详细要求应当由《总统令》作出规定。

[本条全部经2009年2月6日的第9459号法令修订]

第6－2条　持有执照的要求

依照第三条第一款的主要规定取得执照后开展信用卡业务的实体即使在取得了开展信用卡业务的执照后，仍应当继续遵守第六条第二款第二项下的要求；但是，如果根据《总统令》规定，为确保有关公司管理的健全和保护交易者等的利益，经金融服务委员会批准，开展信用卡业务的实体可以选择不再遵守第六条第二款第二项下的要求。

[新插入2010年3月12日的第10062号法令]

第7条　执照或登记的管理

（1）金融服务委员会应当自收到根据第四条所提交的执照申请后3个月内，通知申请人其是否批准向其颁发执照。

（2）按照第四条进行登记申请的申请人如符合第五条和第六条中所规定的要求的，金融服务委员会应当立即予以登记，并通知申请人。

（3）若根据第四条提交的文件中部分错误或有缺陷的，金融服务委员会可以自收到文件后10日内，要求对该等文件进行补充。在这种情况下，进行补充所需的必要时间不应包括在第一款中所指的期间内。

[本条全部经2009年2月6日的第9459号法令修订]

删去第8和第9条。

〈1999年2月1日的第5741号法令〉

第10条　撤销登记要求

(1) 已按照第三条第一或第二款的规定进行了登记的实体可以根据《总统令》的规定请求撤销上述登记。

(2) 金融服务委员会在收到以上第一款下的要求后，应当立即撤销相关登记。

[本条全部经2009年2月6日的第9459号法令修订]

第11条　执照等的公示

在下述情况下，金融服务委员会应当及时在政府公报上进行公告，并通过互联网主页等向社会公示：

1. 根据第三条第一款或第二款的规定颁予执照或予以登记；

2. 根据第十条第二款的规定撤销登记；

3. 根据第五十七条第一至三款的规定责令暂停营业或吊销执照或撤销登记。

[本条全部经2009年2月6日的第9459号法令修订]

第三章　特别信用金融业务

第一节　信用卡业务

第12条　适用范围

本节应当适用于信用卡公司按照第十三条的规定开展的信用卡业务和附带业务。

[本条全部经2009年2月6日的第9459号法令修订]

第13条　信用卡公司的附带业务

(1) 信用卡公司可以按照《总统令》所确定的标准，开展以下附带业务：

1. 向信用卡持有人融资；

2. 发行借记卡和进行支付结算；

3. 发行和销售预付卡和进行支付结算①；

(2) 信用卡公司可以根据《总统令》的规定，许可第三方开展第一款中所

① 银行或者信用卡公司可以发行和经营预付卡业务，尽管这类卡在某些地方可能被滥用。

指出的业务。

[本条全部经2009年2月6日的第9459号法令修订]

第14条　信用卡或借记卡的发行

（1）信用卡公司仅可根据申请来发放信用卡或借记卡；但是，本项规定不适用于当信用卡持有人或借记卡持有人已按照《总统令》规定的条件，同意延长已发放信用卡或借记卡的期限或重新发放的情形。

（2）信用卡公司应当审核第一款项下的发放申请是否符合以下每一要求：但是，本款第二项应当仅限于申请发放信用卡的情形；

1. 申请应当由本人作出；

2. 信用卡的限额应当限于信用卡公司根据计算信用额度的标准（包括以下各方面的问题）所设定的个人信用限额①的范围之内：

（a）有关收入和资产的事项；

（b）有关向其他方作付款保证的事宜；

（c）有关使用信用卡结算能力的问题；

（d）有关在发放信用卡的同时通过申请从其他金融机构取得信用额度的问题；

（e）《总统令》规定的计算信用额度的其他事项。

（3）信用卡公司可以向符合以下要求的人发放信用卡：

1. 符合第二款中的各项要求；

2. 申请发放信用卡时大于《总统令》所规定年龄；

3. 符合《总统令》所规定的发行信用卡的其他重要要求。

（4）信用卡公司不得通过以下方法招募任何信用卡会员：

1. 通过《送货上门销售等法》第二条第五款规定下的多级销售招募会员；

2. 通过《总统令》规定的互联网招募会员；

3.《总统令》规定的其他方法。

（5）任何信用卡公司发行信用卡或借记卡时，应当以书面形式向申请人传达保护《总统令》规定的信用卡会员或借记卡会员的权利和利益所需的事宜以及相关信用卡或借记卡的条款和条件；但是，申请人同意时，可以通过传真或电子文件（指《电子商务框架法》第二条第一款规定项下的电子文件）的方式来传达上述内容。

[本条全部经2009年2月6日的第9459号法令修订]

第14-2条　信用卡会员招募

（1）被允许招募成为信用卡会员的人应当满足任何以下条件：

---

① 授信额度多少取决于持卡人偿付能力和诚信状况。

1. 相关信用卡公司的管理人员或员工；

2. 为信用卡公司就签订发行信用卡合同进行招募活动的人（以下简称为“招募人”）；

3. 与信用卡公司就招募信用卡会员（不包括那些将招募信用卡会员作为其主营业务的人）签订了业务合作合同的人，及其管理人员和员工。

（2）招募信用卡会员的人在招募信用卡会员过程中应当遵守的事项和招募方式的必要规定由《总统令》进行规定。

［本条全部经 2009 年 2 月 6 日的第 9459 号法令修订］

第 14－3 条　招募人登记

（1）信用卡公司应当将每个愿意成为其管理下的招募人的人向金融服务委员会进行登记。

〈经 2010 年 3 月 12 日的第 10062 号法令修订〉

（2）禁止任何以下人员担任招募人：

1. 不称职或具有类似情况；

2. 被法院宣告破产且尚未恢复；

3. 被处以本法项下的罚金或更重刑罚后，刑罚执行完毕（包括视为完毕的情形）或被免除后不足两年；

4. 自其被撤销本法项下的招募人登记之日起不足两年；

5. 不具备与业务相称的相应的成年人能力的未成年人，其法定代表人有第一款至第四款所规定情形的；

6. 公司或非公司的社团或组织的管理人员或经理有第一款至第四款所规定情形的。

（3）金融服务委员会应当按照第六十二条第一款的规定，委托特别信用金融业务协会的领导来进行本条第一款规定下的招募人登记。

（4）根据第六十二条设立的特别信用金融业务协会可以成立招募人执行委员会，处理招募人的登记和管理、维持良好的招募秩序、保护信用卡持有人等其他相关事宜。

〈新插入 2010 年 3 月 12 日的第 10062 号法令〉

［本条全部经 2009 年 2 月 6 日的第 9459 号法令修订］

第 14－4 条　登记等的撤销

（1）任何招募人有任何下述情形时，金融服务委员会可以责令其在六个月以内的期间内中止业务或撤销其登记：

1. 违反了本法发布的任何命令或作出的任何安排；

2. 违反了本法有关招募的任何规定。

（2）当任何招募人有任何以下情形时，金融服务委员会应当撤销其登记：

〈经 2010 年 3 月 12 日的第 10062 号法令修订〉

1. 有第 14 - 3 条第二款规定的任一情形；

2. 在登记时有第 14 - 3 条第二款规定的任一情形；

3. 通过弄虚作假或者其他不正当手段进行第 14 - 3 条第一款所规定的登记；

4. 拒绝进行第 14 - 5 条第四款项下所规定的调查。

（3）金融服务委员会有意根据第一款或第二款的规定责令其中止开展业务或撤销登记时，应当向招募人提供发表意见说明的机会。

（4）金融服务委员会已责令中止招募人业务或撤销其登记时，应当立即将上述决定以书面形式通知该招募人，并说明理由。

[本条全部经 2009 年 2 月 6 日的第 9459 号法令修订]

第 14 - 5 条　保持良好的招募秩序

（1）信用卡公司不得允许除第 14 - 2 条第一款任一分款项下的人之外的人招募信用卡会员，亦不得向其支付招募费用、酬金或其他报酬。

（2）招募人不得有任何以下行为：

1. 为招募人所属的信用卡公司之外的人招募信用卡会员；

2. 许可或委托其他人招募信用卡会员；

3. 支付招募费用、酬金或其他报酬。

（3）信用卡会员招募人不得有第十四条第四款每一项所规定的行为和第 24 - 2条的禁止行为（仅限于与信用卡会员招募有关的行为）。

（4）为建立良好的招募秩序，必要时，金融服务委员会可以根据《总统令》的规定，对进行信用卡会员招募的招募人进行调查。

（5）如信用卡公司发现招募人的任何行为违反本法或根据本法所发布的任何命令或采取的任何措施的，应当向金融服务委员会报告。

（6）信用卡公司应当就信用卡会员招募时应当遵守的事项对招募人进行培训。

（7）有关第六款下的培训详情和培训方法的事宜应当由金融服务委员会决定和宣布。

[本条新插入 2010 年 3 月 12 日的第 10062 号法令]

第 15 条　信用卡转让禁止等①

信用卡不得转移、转让或质押。

[本条全部经 2009 年 2 月 6 日的第 9459 号法令修订]

第 16 条　信用卡持有人等的责任

（1）信用卡持有人或借记卡持有人就信用卡丢失或失窃向信用卡公司挂失

① 实名申请和使用有利于保护信用卡资金安全。

后，信用卡公司应当就信用卡或借记卡的使用向信用卡持有人或借记卡持有人负责。

（2）信用卡公司应当对（持卡人）按照第一款的规定发出（挂失）通知前《总统令》所规定的期限内的信用卡使用承担责任。

（3）尽管有第二款的规定，当信用卡公司已签署合同，表明其可以使信用卡会员对全部或部分信用卡丢失或失窃负责时，信用卡公司可以要求由信用卡会员按照该合同的规定承担责任；但是，本条规定不应适用于信用卡会员不存在故意或疏忽的情形，例如，由于对他/她或其亲属的人身造成的不可抗拒的暴力或危险而引起的对秘密数字的泄露等[①]。

（4）信用卡公司收到第一款项下的报告时，应当立即将有关报告接收人、接收序号或其他证明收到报告的事项通知给报告人；

（5）信用卡公司应当就以下项目中规定的信用卡等金融卡的使用向信用卡等金融卡的持有人负责；

1. 使用伪造或变造的信用卡等金融卡；

2. 通过利用包括黑客入侵、计算机错误、内部信息泄露等非法手段取得的信用卡等金融卡中的信息来使用该信用卡；

3. 使用盗用其他人姓名发放的信用卡等金融卡（不包括信用卡等金融卡持有人存在故意或重大疏忽的情形）。

（6）尽管有第五款的规定，当信用卡公司与信用卡等金融卡持有人签订了协议，规定如果上述公司有证据证明该信用卡等金融卡持有人在按照第五款第一项和第二项的规定使用信用卡等金融卡等方面存在故意或重大疏忽的情形的[②]，则可由信用卡等金融卡持有人承担全部或部分责任，上述公司根据合同的详细约定要求上述持卡人承担责任。

（7）第三款和第六款中所指出的协议只有在以书面方式订立时方为有效，且信用卡等金融卡持有人的重大疏忽应当限于协议中明确规定的情形。

（8）信用卡公司应当采取包括购买保险或参加互助组织或维持准备金等措施，以承担第一、二、五款和第十七条下的责任。

〈经 2004 年 1 月 20 日的第 7065 号法令修订〉

（9）第五款第三项和第六款与第七款项下信用卡等金融卡持有人的故意或重大疏忽的范围应当由《总统令》作出规定。

（10）信用卡持有人就其使用信用卡的数额提出书面异议时，信用卡公司应在调查结束后方可从该信用卡持有人处取得有关金额。

---

① 责任界定清楚后，损失赔偿问题就会迎刃而解。

② 持卡人不是在任何情况下都没有责任的。

[本条全部经 2009 年 2 月 6 日的第 9459 号法令修订]

第 16－2 条　招募信用卡商户

信用卡公司在招募信用卡商户时，应当参观有意经营该商户者的营业场所，并确认其业务是否开展①。

[本条全部经 2009 年 2 月 6 日的第 9459 号法令修订]

第 17 条　信用卡商户的责任

（1）信用卡公司不得将本条款中下列交易所造成的损失转移给信用卡商户，除非信用卡公司在与信用卡商户签订的协议中约定，如信用卡公司有证据表明，信用卡商户在任何以下交易方面存在任何故意或重大疏忽，信用卡商户对该等交易的损失承担全部或部分责任：

1. 以丢失或被窃的信用卡进行的交易；
2. 以虚假或伪造信用卡进行的交易；
3. 通过利用以包括黑客入侵、计算机错误、内部信息泄露等非法手段取得的信用卡等金融卡中的信息来使用该信用卡；
4. 使用盗用其他人姓名发放的信用卡等金融卡。

（2）第一款规定之外协议中的其他限制性约定只有在以书面形式订立时方为有效，且信用卡商户的重大疏忽应当限于该协议中明确规定的情形。

[本条全部经 2009 年 2 月 6 日的第 9459 号法令修订]

第 18 条　告知交易条件的责任

信用卡公司应当按照《总统令》中规定的方式，告知信用卡等金融卡持有人和信用卡商户以下事项：

1. 信用卡公司所设定的利率、贴现率、逾期利息及其他利率；
2. 对所使用信用卡和借记卡金额的结算办法；
3. 第十六条中所指出的信用卡等金融卡持有人的责任；
4. 第十七条和十九条所指出的信用卡商户的责任和信用卡商户应当遵守的事项；
5. 《总统令》规定的其他事项。

[本条全部经 2009 年 2 月 6 日的第 9459 号法令修订]

第 18－2 条　信用卡商户协会的成立等②

（1）符合《总统令》所规定的年销量等标准的信用卡商户可以成立协会，就包括商户收费等交易条款（以下简称为本条的“交易条款”）与信用卡公司合理签订合同并保持其持续有效性。

---

① 对商户严格要求和管理，有利于一线防范和打击信用卡犯罪。

② 支付业协会应包括银行卡专门委员会乃至信用卡商户协会。

（2）金融服务委员会可以要求向信用卡公司提供必要的数据，以检查信用卡公司是否就交易条款与信用卡商户合理签订了合同并保持其持续有效性。

（3）在检查信用卡公司是否按照第二款的规定就交易条款与信用卡商户合理签订了合同并保持其持续有效性时，如必要，金融服务委员会可以要求向国家机关和地方政府提供必要的数据，以就信用卡商户的销售范围发挥其调查等功能。在此情况下，国家机关或地方政府应当在收到提供数据的要求时，不得无故拒绝该要求。

[本条新插入 2010 年 3 月 12 日的第 10062 号法令]

第 19 条　信用卡商户应遵守的事项①

（1）对以信用卡进行交易的，信用卡商户不得拒绝信用卡付款，或给予持卡人不利待遇。

〈经 2010 年 3 月 12 日的第 10062 号法令修订〉

（2）对于每笔信用卡交易，信用卡商户应当核实当事人使用相关信用卡的方式是否适当。

（3）信用卡商户不得将商户费用转移给信用卡持有人。

（4）信用卡商户不得从事以下活动②，但是，若属清算代理，则不适用第一款、第四款和第五款的规定；若属收款代理商户，则不适用第三款和第五款（仅限于第二条第 5－2 款下的行为）的规定：

〈经 2010 年 3 月 12 日的第 10062 号法令修订〉

1. 利用信用卡进行未实际销售商品或提供服务等的虚假交易；

2. 使用信用交易的金额超出实际销售金额；

3. 使用其他信用卡商户的名义进行信用交易；

4. 向其他商户出借信用卡商户的名称；

5. 通过使用信用卡来进行替代交易。

（5）清算代理应当遵守《总统令》对信用卡公司的规定，如有关销售商品或提供服务者的信用资料和代信用卡交易的详细资料方面的规定。

[本条全部经 2009 年 2 月 6 日的第 9459 号法令修订]

第 19－2 条　收款代理商户应当遵守的事项

收款代理商户应当遵守以下规定：

1. 确保信用卡等金融卡持有人的信用资料和其他资料不被用于业务之外的目的或向外界泄露；

① 当现金支付可能避税、逃税时，拒绝信用卡付款或给予持卡人不利待遇的商户是存在的。法律上应予以禁止。

② 套现、出租出借 POS 等行为将导致信用卡市场混乱和高风险。

2. 确保当事人正确使用信用卡；

3.《总统令》规定的为保护信用卡等金融卡持有人的信用资料和良好信用卡交易而开展的其他事项。

[本条新插入2010年3月12日的第10062号法令]

第20条　禁止转移销售索赔

（1）信用卡商户不得将产生于信用卡交易的索赔（包括针对信用卡公司的销售索赔；下同）转移给信用卡公司之外的任何人；且信用卡公司之外的任何人均不得接管该等索赔；但是，如信用卡商户为实现《资产证券化法》第二条第一款项下规定的资产证券化而转移针对信用卡公司的销售索赔，则可以将产生于信用卡交易的索赔转移给信用卡公司之外的任何人，且信用卡公司之外的任何人均可接管该等索赔。

〈经2010年3月12日的第10062号法令修订〉

（2）非信用卡商户不得以信用卡商户的名义进行信用卡等金融卡交易。

[本条全部经2009年2月6日的第9459号法令修订]

第21条　终止信用卡商户协议的义务

信用卡商户有《总统令》规定的情形，例如违反第十九条或第二十条第一款的规定被处以刑罚等或收到相关管理机关发出的其违反上述规定等的书面通知，并且不存在与之相对的特殊理由时，信用卡公司应当立即终止信用卡商户协议。

[本条全部经2009年2月6日的第9459号法令修订]

第22条　删去

〈2006年4月28日第7929号法令〉

第23条　招揽信用卡商户的限制或使用方法

（1）同期贷款服务提供商在按照第三条第一款的规定完成信用卡业务登记后可招揽的信用卡商户的范围应当由《总统令》加以规定。

（2）金融服务委员会为方便信用卡的使用和使信用卡公司有效提供服务，可以指令信用卡公司（不包括第一款项下指出的同期贷款服务提供商；下同）之间通过交叉购买销售单或为其他信用卡公司就销售单进行收款或支付的方式，实现与其他信用卡商户的联合交易。

（3）当按照第二款的规定下达了信用卡商户联合使用指令时，金融服务委员会应当通过允许各家信用卡公司自由决定其对信用卡商户收取的会员费，或允许信用卡公司之间在合理层面上相互支付报酬等方式，来确保各信用卡公司之间进行公平竞争。

[本条全部经2009年2月6日的第9459号法令修订]

第24条　信用卡的最高限额

金融服务委员会可以采取必要措施，例如设定信用卡公司在以下方面应当遵守的标准，以维护信用秩序和保护消费者：

1. 信用卡现金服务最高限额；

2. 借记卡使用单笔最高限额或每天的最高限额；

3. 预付卡的最高总额和面值的最高限额；

4. 有关第十四条第二款第二项下信用卡公司确定的信用限额计算标准的事宜；

5. 在确定信用卡限额时需要遵守的事项；

6. 有关信用卡公司可以确定的条款的细则问题；

7. 有关信用卡商户管理的问题；

8. 收取索赔时需遵守的事项；

9. 为确定对持卡人适用的收费系统而对信用卡持有人进行分类时需遵守的事项；

10. 《总统令》规定的其他事项。

[本条全部经2009年2月6日的第9459号法令修订]

第24-2条 信用卡公司的禁止行为

(1) 信用卡公司不得进行可能损害对消费者的保护和良好经营秩序的下述行为（以下简称为“禁止行为”）：

1. 不提供足够的信用卡信息，或通过夸大任何事实或提供虚假信息来不合理地侵犯信用卡等金融卡持有人的权益；

2. 通过提供可能会损害信用卡公司经营状况的服务或招募信用卡持有人而破坏良好的信用卡等金融卡经营秩序。

(2) 禁止行为的详细类型和标准应当由《总统令》予以规定。

[本条新插入2009年2月6日的第9459号法令]

第25条 保证金

(1) 金融服务委员会可指令发行预付卡的信用卡公司按照《总统令》规定数额缴付保证金，保证金数额不超过所发行预付卡总额的百分之十①。

(2) 第一款规定的保证金应当在发行预付卡的信用卡公司的主要办事处或主营业地缴付。

(3) 信用卡公司按照第一款的规定遵守了缴付保证金的规定时，应当立即向金融服务委员会报告。

(4) 按照第一款的规定建立保证金的信用卡公司经金融服务委员会批准，可以退还保证金。

(5) 不同商品类型缴付的保证金、缴付的时间以及第一款中所指的保证金

① 除了“保证金”，也可以通过资本金限制锁定风险。

所需的其他条件应当由《总统令》予以规定。

[本条全部经2009年2月6日的第9459号法令修订]

第26条 保证金的分发

(1) 缴付了第二十五条中所指的保证金的信用卡公司无法向提供了商品和服务的信用卡商户偿还预付卡的付款和未偿付的预付卡金额的，金融服务委员会应当指定一名执行人（以下简称为“权利执行人”），由该执行人提取信用卡公司的保证金，并分发给信用卡商户和未获偿付的预付卡持有人（以下简称为“未获偿付的债权人”），并按照《总统令》规定的条件作出公告。

(2) 权利执行人的资格应当由《总统令》予以规定。

(3) 未获偿付的债权人可以通过向权利执行人报告未获偿付的金额来取得付款。

(4) 权利执行人应当根据《总统令》，按照第三款规定的期限、方法和地点来进行公告。

(5) 经金融服务委员会批准，权利执行人可以在以上第三款报告的总额范围内优先于其他索赔提取保证金和为此花费的费用。

(6) 权利执行人应当按照金融服务委员会所设定的方法和程序将所提取的保证金分配给未获偿付的债权人。

(7) 按照第二十五条提交保证金的信用卡公司在第一款至第六款中所规定的分配程序完成前，不得取得归还的保证金。

[本条全部经2009年2月6日的第9459号法令修订]

第27条 同类名称禁用

本法项下规定的信用卡公司之外的其他实体不得在其商号中使用“信用卡”或同类词语。

[本条全部经2009年2月6日的第9459号法令修订]

第53-2条 检查

(1) 金融监督委员会的负责人可以委派其下属官员检查特别信用金融业务公司等的经营和资产状况。

(2) 根据第一款开展检查工作的官员应当出示载明其对利害关系人权限的凭证。

(3) 金融监督委员会的负责人可以要求特别信用金融业务公司等提供进行上述检查所需的账簿、记录文件和其他数据，或让相关人员到场发表意见。

(4) 金融监督委员会的负责人可以根据《股份公司外部审计法》，要求特别信用金融业务公司等选择的外部审计师提供其因对相关特别信用金融业务公司等进行审计而取得的有关管理健全性方面的信息和数据。

[本条全部经2009年2月6日的第9459号法令修订]

第53－3条 良好管理的指导

（1）金融服务委员会可以根据《总统令》所规定的条件，就下述问题制定管理指导标准，以引导特别信用金融业务公司进行良好的管理并防止出现金融问题：

1. 股权资本充足性问题；

2. 财产良好性问题；

3. 流动性问题；

4. 确保管理良好性所需的其他事宜。

（2）特别信用金融业务公司如被认为破坏了管理的良好性，例如，未遵守按照第一款的规定制定的管理指导标准，金融服务委员会可以要求其采取必要的措施来完善其管理，如增加资本、限制分红等。

［本条全部经2009年2月6日的第9459号法令修订］

第54条 提交业务报告等

（1）特别信用金融业务公司等应当按照金融服务委员会所规定的条件，制作并向金融服务委员会提交业务报告及管理记录。

（2）特别信用金融业务公司发生以下情形时，应当按照《总统令》的要求，将有关情况报送金融服务委员会：

1. 变更商号或名称时；

2. 任命或解聘执行官时；

3. 其最大股东发生变化时；

4. 其大股东或与其大股东特别相关的人所持有的股票数目发生相当于有表决权的总发行股的百分之一或以上的变化时。

［本条全部经2009年2月6日的第9459号法令修订］

第54－2条 业务披露

（1）金融服务委员会可以要求特别信用金融业务公司披露有关经营状况的重要信息和数据。

（2）第一款项下有关披露的类型、范围和方式的问题应由金融服务委员会决定。

［本条全部经2009年2月6日的第9459号法令修订］

第54－3条 条款和条件的修订等

（1）特别信用金融业务公司等应当保护金融用户等的权益，当特别信用金融业务公司等有意制定或修改有关金融交易的条款和条件（以下简称为“金融条款和条件”）时，应当提前向金融服务委员会报告：但是，如属以下情形，应当在制定或修改金融条款和条件后10日内向金融服务委员会报告：〈经2010年3月12日的第10062号法令修订〉。

1. 公司修改的金融条款和条件中的事项不涉及金融用户的权利或责任；

2. 公司未加变更地应用第三款项下的标准条款和条件；

3. 公司欲制定或修改的金融条款和条件的内容与其他特别信用金融业务公司等向金融服务委员会所上报的金融条款和条件的内容相同；

4. 公司按照第七款所规定的修订令来修改金融或标准条款或条件。

（2）特别信用金融业务公司等制定或修改了金融条款和条件后，应当通过互联网主页等将制定或修改的内容予以公布〈经 2010 年 3 月 12 日的第 10062 号法令修订〉。

（3）第六十二条第一款项下的特别信用金融业务协会可以制定或修改条款或条件（以下简称为“标准条款和条件”），作为特别信用金融业务交易的标准，以便建立良好的交易秩序并防止出现不公平金融条款和条件。

（4）特别信用金融业务协会如欲制定或修改标准条款和条件，应当提前向金融服务委员会汇报。

（5）金融服务委员会收到根据第一款上报的金融条款和条件或根据第四款上报的标准金融条款和条件后，应当将有关上述金融或标准条款和条件的详细内容告知公平贸易委员会。

（6）公平贸易委员会认为第五款项下向其告知的金融或标准条款和条件的内容违反了《标准化合同管理法》第六至十四条的规定的，可以将违法情况汇报给金融服务委员会，并要求金融服务委员会采取必要的纠正措施。金融服务委员会应当遵守该项要求，有相反的特殊理由除外。

（7）金融服务委员会认为金融或标准条款和条件违反本法或金融相关法律和从属法规，并可能会损害金融用户的利益的，委员会可以责令特别信用金融业务公司等或特别信用金融业务协会对该金融或标准条款和条件和记载该内容的文件进行修订。金融服务委员会在下达修订令前，应当与公平贸易委员会进行协商〈经 2010 年 3 月 12 日的第 10062 号法令修订〉。

［本条新插入 2009 年 2 月 6 日的第 9459 号法令］

第 55 条 会计管理

特别信用金融业务公司等应当将获得执照或登记的特别信用金融业务的会计账目与其他业务的会计账目分别管理，以对资金管理和业务执行情况进行分析。

［本条全部经 2009 年 2 月 6 日的第 9459 号法令修订］

第 56 条 审计人员指定

一家特别信用金融业务公司如有《总统令》规定的违反本法等情形，经证券及期货事务监察委员会研究后，金融服务委员会可以为该家特别信用金融业务公司指定一名审计人员。

［本条全部经 2009 年 2 月 6 日的第 9459 号法令修订］

第 57 条　执照或登记的吊销或撤销等

（1）信用卡公司有下列情形之一的，金融服务委员会可以发布命令，设定不超过 6 个月的时限，责令其暂停经营全部或部分第十三条项下的信用卡业务或附属业务：

1. 违反第十三条第一款的要求，开展该款各分款中所指出的附带业务；

2. 违反第 14、14－2、16、17、18、21、23（1）、24－2、25（4）或第 46 条的规定；

3. 未遵守金融服务委员会根据第 23（2）、24、25（1）、53（4）或 53－3（2）条规定所下达的命令或采取的措施。

（2）信用卡公司有下列情形之一的，金融服务委员会可以吊销其执照或撤销其登记：〈经 2010 年 3 月 12 日的第 10062 号法令修订〉

1. 通过欺诈或非法手段取得第三条第一款项下的执照或登记；

2. 有第六条第一款第二至四项所规定的任何情形（仅限于特别信用金融业务公司）；

3. 未遵守第一款项下中止营业的命令；

3－2. 违反第 6－2 条项下规定的保持执照有效性之责任；

4. 无合理理由停止营业达 1 年或 1 年以上时间；

5. 因公司合并、破产或停业而事实上停止营业。

［本条全部经 2009 年 2 月 6 日的第 9459 号法令修订］

第 58 条　附加费

（1）如一家特别信用金融业务公司违反第 46、47、48 或 49（1）至（4）款的规定，或未遵守金融服务委员会根据第 49（2）款所下达的命令，金融服务委员会可以按照《总统令》规定的条件，收取 1 亿韩圆以下的附加费。

（2）信用卡公司有第 57（1）条各分款中所规定的任何情形时，金融服务委员会可以按照《总统令》规定的条件，收取 1 亿韩圆以下的附加费，来代替采取中止营业的惩罚措施。

（4）特别信用金融业务公司违反第五十条第一款的规定开展授信业务的，金融服务委员会可以对该公司课以超出范围提供授信额的百分之二十以内的附加费。

（5）需按照以上第（1）至（4）款支付罚款的违法行为的类型或程度应当由《总统令》予以规定。

（6）如按照以上第（1）至（4）款所课征的附加费未在规定的期限内支付，金融服务委员会应当按照收取国家欠税的程序来收取该附加费。

（7）金融服务委员会可以按照《总统令》规定的条件，委托国税部专员开展收取罚款附加费和进行拖欠处分等有关事务。

［本条全部经2009年2月6日的第9459号法令修订］

第58－2条　提出异议

（1）对第五十八条项下的附加费处分不服的，可以在收到处分通知后30日内向金融服务委员会提出异议，说明不服的理由。

（2）金融服务委员会应在60天内就第一款项下所提出的异议作出决定。但是，如果金融服务委员会由于无法避免的原因无法在上述期限内作出决定的，应当将该期限延长30天。

（3）金融服务委员会按照第二款的规定延长了作出决定的期限时，应当立即通知第一款项下的异议申请人，说明作出决定的期限应当予以相应延长。

［本条新插入2010年3月12日的第10062号法令］

第58－3条　溢付或错付款的退还

被课以附加费的实体根据异议裁定、法院判决等要求退还溢付或错付的附加费时，金融服务委员会应当立即予以退还，此外，即使被课以附加费的实体未提出要求，金融服务委员会亦应退还经其核实系溢付或错付的附加费。

［本条新插入2010年3月12日的第10062号法令］

第58－4条　退款支付的额外费用

金融服务委员会在按照第58－3条的规定退还附加费时，应当按照《总统令》所规定的额外费用利率，向退款收款方支付自附加费支付日到退款支付日期间就退款支付的额外费用。

［本条新插入2010年3月12日的第10062号法令］

第59条　删除〈经2001年3月28日的第6430号法令删除〉。

第60条　撤销信用卡业务执照或登记后的措施

信用卡公司可以继续开展在按照第57（2）条的规定撤销信用卡业务执照或登记之前所开展的信用卡交易方面的结算账户业务。

［本条全部经2009年2月6日的第9459号法令修订］

第61条　听证

金融服务委员会在按照第57（2）或（3）条的规定撤销信用卡业务执照或登记时，应当举行听证。

［本条全部经2009年2月6日的第9459号法令修订］

第六章　特别信用金融业务协会

第62条　建立

（1）特别信用金融业务公司等可以建立特别信用金融业务协会（以下简称“协会”）来保证特别信用金融业务的可靠发展〈经2009年2月6日第9459号法

令修订〉。

（2）协会应为法人〈经2009年2月6日第9459号法令修订〉。

（3）特别信用金融业务公司等希望成立协会时，应当在成立大会上起草协会章程，并取得金融服务委员会对章程的批准〈经2009年2月6日第9459号法令修订〉。

（4）协会应当按照协会章程设会长、董事、审计员或其他官员〈经2009年2月6日第9459号法令修订〉。

（5）删除〈经1999年2月1日的第5741号法令删除〉。

（6）除非本法就协会有特别规定，应当适用经必要修正后《民法》中就法人社团的规定〈经2009年2月6日第9459号法令修订〉。

第63条　入会

特别信用金融业务公司等希望加入协会时，协会没有合理的原因不得拒绝其入会，或强加不公平的条件。

[本条全部经2009年2月6日的第9459号法令修订]

第64条　职能

协会应当执行以下职能：

1. 引导和建议成员遵守本法或其他法律或从属法规；
2. 建议成员改进开展业务的方式，以维持良好的经营秩序并保护用户；
3. 分析成员公司的财务状况；
4. 向客户提供咨询，并处理一般性查询；
5. 鼓励成员之间交换信用资料；
6. 维护有关信用卡商户的资料；
7. 研究和探讨特别信用金融业务和特别信用金融业务公司的发展；
8. 制定和修改标准条款和条件；
9. 执行实现协会目标的其他职能。

[本条全部经2009年2月6日的第9459号法令修订]

第65条　协会章程

协会章程应当包括以下事项：

1. 目标、名称和办公地点；
2. 成员资格；
3. 董事及官员选举；
4. 服务范围；
5. 会费、预算和会计；
6. 会议及协会运营所需的其他事宜。

[本条全部经2009年2月6日的第9459号法令修订]

第 66 至 68 条删除〈经 1999 年 2 月 1 日的第 5741 号法令删除〉。

第七章　附　则

第 69 条删除〈经 2009 年 2 月 6 日的第 9459 号法令删除〉。

第 69－2 条　授权

（1）为评估对特别信用金融业务公司进行监督的有效性，必要时，金融服务委员会可以按照《总统令》规定的条件，将其本法项下的部分权力委托给金融监督院和院长。

（2）为保护商户，必要时，金融服务委员会可以按照《总统令》规定的条件，将除第一款项下的权力之外的其他部分权力委托给协会会长。

［本条全部经 2009 年 2 月 6 日的第 9459 号法令修订］

第八章　罚　则

第 70 条　罚则

（1）有下列情形之一的，处七年以下有期徒刑或 5000 万韩圆以下罚款：

1. 变造、伪造信用卡；

2. 销售、使用伪造或变造的信用卡；

3. 销售、使用丢失或被窃的信用卡；

4. 销售或使用以夺取、贪污、欺骗或威胁手法取得的信用卡或借记卡；

5. 以使用为目的取得伪造或变造信用卡等金融卡；

6. 保存以伪造和其他非法手段取得其他人的信用卡信息，或通过利用上述信息来进行信用卡交易；

7. 未按照第三条第一款的规定取得执照或进行登记而开展信用卡业务；

8. 以伪造和其他非法手段取得第三条第一款项下的执照或登记；

9. 一家特别信用金融业务公司违反第五十条第一款向其大股东提供授信，且大股东或与其特别相关的人接受该授信；

10. 大股东或与其特别相关的人违反第 50－2 条第五款的规定，有该款中所规定的行为。

（2）有下列情形之一的，处三年以下有期徒刑或 2000 万韩圆以下罚款：

1. 以伪造和其他非法手段进行第三条第二款中所指出的登记；

2. 通过以下行为通融资金或招募促成的：

（a）通过伪装销售产品、提供服务或超出实际销售额等方式来进行信用卡交易，或通过代理的方式进行上述活动；

（b）由信用卡会员通过信用卡购买商品或服务后，再降价购买信用卡会员所购得的商品或服务；

（c）违反第十五条规定，将信用卡质押。

3. 违反第 19（4）3 条的规定，以其他信用卡商户的名义进行信用卡交易；

4. 违反第 19（4）5 条的规定，由代理人进行信用卡交易；

5. 违反第 20（1）款的规定，转让和接手销售索赔；

6. 违反第 20（2）款的规定，以其他信用卡商户的名义进行信用卡等金融卡交易。

（3）有下列情形之一的，处 1 年以下有期徒刑或 1000 万韩圆以下罚款：〈经 2010 年 3 月 12 日的第 10062 号法令修订〉。

1. 违反第 6（3）款的规定，未获得批准收购股票；

2. 违反第 6（4）款所规定的处置令，未处置股票；

2 -2. 无第 14 -2（1）款规定的资格招募信用卡持卡人；

3. 违反第十五条转让或取得信用卡；

4. 违反第 19（1）款规定拒绝销售商品或提供服务等，或在信用卡交易中，给予信用卡持卡人不利待遇；

5. 违反第 19（3）款规定向信用卡持卡人转移商户费；

6. 违反第 19（4）4 条规定，向其他人出借信用卡商户名称；

7. 违反第 27 条、第 50 -2（1）或（3）款或第 51 条规定。

（4）违反第 36（2）款规定的，处以 500 万韩圆以下罚款。

（5）有第（1）1 和 2 条项下的犯罪企图的，应予处罚。

（6）故意准备或图谋进行第（1）1 条项下的任何犯罪的，处三年以下有期徒刑或 2000 万韩圆以下罚款。但是，在实施预期的犯罪前自首的，可减轻或免除处罚。

（7）第一款至第三款中所规定的有期徒刑和罚款可以并处。

[本条全部经 2009 年 2 月 6 日的第 9459 号法令修订]

第 71 条　连带罚则条款

法人的代表、代理人、法人的员工或其他工作人员或个人在开展与该法人或个人业务有关的活动时，违反第 70 条的规定，除对犯罪人本人进行处罚外，还要按各条的规定，对该法人或个人进行处罚。但是，若该法人或个人在为防止上述犯罪行为进行的业务关注和监督方面不存在疏忽情形，则不适用本项规定。

[本条全部经 2009 年 2 月 6 日的第 9459 号法令修订]

第 72 条　过失罚款

（1）有下列情形之一的，处 500 万韩圆以下过失罚款〈经 2010 年 3 月 12 日的第 10062 号法令修订〉：

1. 违反第 14－5（1）至（3）款规定；

2. 拒绝开展第 14－5（4）款规定的调查工作；

3. 违反第 14－5（5）款的规定，未报告招募人的违法行为；

4. 违反第 14－5（6）款的规定，未对招募人进行培训；

5. 违反第 19－2 条规定；

6. 违反第 50（2）款的规定，未向董事会报送情况；

7. 违反第 50（3）和（4）款的规定，未提交报告或进行公告；

8. 违反第 50－4（1）款的规定，委托外部董事，或违反同条第二款的规定，组织委员会，推荐外部董事候选人；

9. 违反第 50－5（1）款的规定，未成立审计委员会，或违反同条第二款的规定组织审计委员会；

10. 违反第 50－8（1）款的规定，未满足提交数据的要求；

11. 违反第 54 条的规定，未提交经营报告或报送经营记录（包括提交虚假的经营报告或报送虚假的经营记录）；

12. 违反第 54－2 条的规定，未向公众作出披露或披露虚假信息和数据；

13. 违反第 54－3 条的规定，未将制定或修改的金融或标准条款和条件报送金融服务委员会；

14. 违反第 55 条的规定，未将账目与其他业务的账目分开管理。

（2）第一款中所述的过失罚款由金融服务委员会按照《总统令》规定的条件来决定和征收。

［本条全部经 2009 年 2 月 6 日的第 9459 号法令修订］

附　录

第 1 条　生效日期

本法自 1998 年 1 月 1 日起生效。

第 2 条　废止

《信用卡业务法》和《设备租赁业务法》同时废止。

第 3 条　适用性

第 68 条的规定于按照第 62 条的规定成立协会时开始生效。

第 4 条　有关信用卡业务的过渡措施

（1）本法生效时，根据《信用卡业务法》第 3 条的规定被授权开展信用卡业务，并根据该法第 6（2）款的规定持有从事该条该款第 1 至 5 分款中所规定全部业务执照的实体，应视为有权作为特别信用金融业务公司来开展信用卡业务。

（2）本法生效时，根据《信用卡业务法》第3条的规定被授权开展信用卡业务的实体若无该法第6（2）款所规定的执照，或者，仅持有从事第1分款中所规定业务的执照（以下断句）……

附录〈2009年2月6日的第9459号法令〉

第1条 生效日期

本法自颁布之日起6个月后生效。

第2条 对信用卡持卡人和商户的责任的适用性

本法生效后首次使用信用卡等金融卡以及其后均适用修订后的第16（5）2和3条和第17（1）3和4条项下有关责任的规定。

第3条 对管理成员资格的适用性

修订后的第50-3条第10和11款的规定在本法生效后开始适用于专业金融信贷业务公司的首批管理成员。

第4条 有关条款和条件的过渡措施

本法生效时通行的专业金融信贷业务公司的金融条款和条件或专业金融信贷业务协会的标准条款和条件视为已按照修订后的第54-3条报送金融服务委员会。

附录〈2010年1月18日第9932号法令〉

第1条 生效日期

本法自颁布之日起2个月后生效。

（省略的规定）

第2至5条省略。

附录〈2010年3月12日第10062号法令〉

本法自颁布之日起3个月后生效。

第五篇 新加坡银行卡法规

新加坡人口仅480万人，其银行卡产业却较为发达，特别是具有电子货币功能的卡片在其银行卡产业中居于重要地位。截至2008年，新加坡银行卡发卡量达3138万张，其中具有电子货币功能的卡片发行量达1548万张；银行卡交易量达20.5亿笔，其中电子货币交易量达18.7亿笔；银行卡交易额为483.9亿新加坡元，其中电子货币交易额22.5亿元①。

2009年以前，新加坡具有电子货币功能的卡片主要有两种：易通卡（Ez－link Card）和现金卡（Cash Card）。前者是一种非接触智能储值卡，主要应用于公共交通车资支付领域及其他的一些小额零售支付商户；后者是一种接触式预付储值卡，主要应用于支付电子道路收费以及电子停车收费，及其他一些小额支付领域。从2009年第四季度开始，易通卡和现金卡的发行机构基于政府2006年制定的非接触式电子钱包应用标准，推出了新的多用途储值卡，以便消费者能够使用一张卡片就能在不同领域进行支付。

新加坡对银行卡产业的监管较为严格，主要的监管机构是金融管理局（Monetary Authority of Singapore，以下简称金管局）。金管局成立于1971年，既是新加坡的中央银行，又是金融市场的混业监督管理机构。多年来，金管局针对银行卡产业颁布了许多法律文件，对产业发展产生了深刻影响。

新加坡银行卡法律文件较多，主要由《银行法》、《2006年支付系统（监管）法》（*Payment Systems（Oversight）Act* 2006）、《支付及清算系统法》（*Payment and Settlement（Finality and Netting）Act* 2002）、《金管局603号通知》（*MAS Notice* 603）、《银行（信用卡及签账卡）条例》（*Banking（Credit Card and Charge Card）Regulations* 2004）、《银行（诱导客户使用信用卡或签账卡购买房产）条例》（*Banking（Inducement to Use Credit Card or Charge Card for Purchase of Residential Property）Regulations*）、*MA－N－CC*1号通知、《金管局759号通知》（*MAS Notice* 759）等文件组成，其中的多数文件由新加坡金管局负责制定、执行。为了适应产业发展要求，这些文件一般都经过多次修订。

新加坡金管局于2006年6月还出台了《储值工具指令》（*Stored Value Facili-*

---

① 以上数据来源于"Statistics on Payment and Settlement Systems in Selected Countries－Figures for 2008"，CPSS，BIS，2009.12.

ty Guidelines)，规范了储值卡等电子货币市场的发展。

同时，银行业自律机构制定的守则也对银行卡产业的发展产生深远影响。这些自律性文件主要由新加坡银行业协会制定，如《零售银行业务守则》（*Code of Consumer Banking Practice*）、《银行遵守〈零售银行业务守则〉指引》（*Guidance for CCBP Subscribers*）等。

本书主要编译了《2006年支付系统（监督）法》、《银行法》第19章关于信用卡和签账卡业务、《银行（诱导客户使用信用卡或签账卡购买房产）条例》有关内容。

一、《2006 年支付系统（监督）法》

《2006 年支付系统（监督）法》于 2006 年 1 月颁布，2006 年 6 月正式生效。该法提供了新加坡金融管理局有关支付体系和储值类支付工具的监管框架。主要内容分为两大部分：一是对关系金融稳定和公众信心的重要支付系统的监管；二是对储值工具的监管。

对重要性支付系统的监管主要包括对支付系统运营者、参与者所需披露的信息作了规范，明确了支付系统的管理规则及支付系统运营机构高级管理人员的任职资格，规定了支付系统运营机构重大股权变动应符合的条件。

对于储值卡业务，《2006 年支付系统（监督）法》区分单用途储值卡和多用途储值卡分别监管。对于单用途储值卡，要求所有的单用途储值卡都必须向金管局报送信息，除此之外，可以豁免单用途储值工具不受其他方面的监管约束。对于多用途储值工具，则进一步区分为有限用途和广泛用途，其中银行可以发行具有广泛用途的多用途储值卡，非银行机构和银行可以发行有限用途的多用途储值卡，但都需要审批。

前　言

引证和实施

1. 本法引证为《2006 年支付系统（监督）法》，并于部长在公报上通知指定的日期开始实施。

解释

2. —（1）在本法中，除非上下文另有规定—

指定支付系统“准入”，是指某个主体基于公平和合理的商业准则成为支付系统参与者的授权或资格；

指定支付系统“准入制度”，是指由金管局依据本法第 15 条以及有效的法律所制定的准入制度。

“授权银行”是指新加坡境内经金管局根据本法第 35 条第（1）款批准为在储值工具方面的授权银行。

“授权持有人”是指由金管局依据本法第 35 条第（1）款规定的关于储值工具的授权持有人。

“金管局”是指依据《金融管理局法》（第186章）设立的新加坡金融管理局。

“新加坡银行”具有《银行法》（第19章）第2条第（1）款所指的相同含义。

“账簿”包含任何记录、注册、文件或其他信息记录，以及任何财务或财务记录，无论其以书面或印刷形式或微缩胶卷或任何电子或其他形式制作、记录或存储。

支付系统运营商的“首席执行官”，是指任何不论个人名称如何，其

（a）直接受雇于，或代表支付系统运营商处理其事务或由其安排行事；且

（b）主要负责运营商在新加坡业务的管理和执行；

“公司”具有与《公司法》（第50章）第4条第（1）款所指的相同含义；

“指定支付系统”是指经金管局根据第7条规定为本法之目的所指定的支付系统；

“董事”具有与《公司法》第4（1）节所指的相同含义；

“持有人”是指持有储值工具中的预付资金，并为购买商品或服务进行支付的人；

支付系统“运营商”，是指运营支付系统的实体；

支付系统“参与者”，是指按照支付系统的规定或者其他规定有资格通过支付系统与其他参与者进行支付结算的实体；

“支付系统”是指资金转移系统，或有利于促进资金循环的其他系统，以及与之相关的工具和程序；

“结算机构”是指（a）为支付系统参与者持有资金；且（b）为各参与者间交易的结算提供便利的实体；

“股份”具有与《公司法》第4条第（1）款所指的相同含义；

“法定公司”是指依法成立，开展或履行公共职能的公司实体。

储值工具的“储值”是指：

（a）事先支付的、拟通过使用储值工具购买商品或服务的货币；

（b）可在储值工具适用的规定和条件下随时用于支付的货币；

（c）由储值工具持有人所持有的货币。

“储值工具”是指：

（a）现金之外的，无论是有形的或是电子的形式，由（本法所指的）使用者购买或以其他方式取得、在可用储值额度内、根据适用的条款、用于购买服务或商品的一种设施，并且为购买商品或服务进行的支付是由与该设施有关的储值持有人而非使用者进行的；或者

（b）（a）项所指的适用相同条款的（其他）所有设施。

“大股东”具有与《公司法》（第50章）第四部分第4条所指的相同含义；

“广泛接受的储值工具”是指具有如下属性的储值工具：

（a）其储值由经核准的持有人所持有；且

（b）经核准的银行已经承诺对其储值承担全部责任。

（2）任何情况下，如果：

（a）如果支付系统的运营或结算由一家以上的运营商或结算机构承担，那么本法提到的运营商或结算机构泛指其中任何一家；及

（b）如果储值工具由一名以上的持有人所持有，那么本法所提到的持有人泛指其中的任何一名。

（3）本法中：

（a）储值工具包括使用本储值工具的权利；

（b）购买储值工具包括支付特定金额以获得该储值工具的使用权；及

（c）支付系统包括储值工具的操作系统。

本法的适用

3. —（1）第三和四部分不适用于金管局任一支付系统（a）参与者；（b）运营商；或（c）结算机构的情况。

（2）第七部分不适用于任何法定公司，除非部长在公报上通过命令形式规定第七部分适用于该法定公司。

第二部分　金管局的职能和权力

金管局对支付系统和储值设备行使监管职能

4. —金管局应—

（a）行使本法所规定的涉及支付系统和储值工具监管职能；且

（b）有权处置本法所规定应由金管局进行处理的任何行为、事项和事件。

金管局应关注公众利益

5. —在依据本法行使其对支付系统的权力时，金管局应关注公共利益[①]，为此，金管局应虑及—

（a）从金管局的角度关注支付系统—

（i）在被参与者使用时，资金上是否安全；

（ii）是否高效；且

① 监管机构必须站在消费者立场关注公众利益，而不能成为行业利益代表。

（iii）是否会给金融系统带来重大的、持续的风险；及

（b）金管局认为相关的其他事项。

第三部分　收集支付系统相关信息的权力

向金管局提供信息

6. —（1）金管局可以以规定的通知形式和方式，要求某支付系统的

（a）任何参与者；

（b）任何运营商或任何代表运营商行事的人；或

（c）任何结算机构，

在通知所规定的合理时间内向金管局提供其要求提供的有关支付系统的所有信息。

（2）在不违背第（1）款一般规定的前提下，金管局可据此发布通知，要求该款第（a）、（b）或（c）项提到的任何人以报告或其他形式定期向其提供如下信息：

（a）支付系统运行的相关信息及支付系统提供服务的定价机制及其他相关信息；

（b）该个人或机构参与支付系统及其他相关信息；

（c）金管局认为需要提供的其他与本法实施有关的信息。

（3）根据第（5）款，任何收到第（1）款通知的实体均应遵守该通知。

（4）任何不遵守第（1）款通知的实体均属违法，一经认定，将判处不超过15万新加坡元的罚款或不超过2年的监禁，可予以并罚，如果持续违法，在定罪后违法行为持续期间将处以每日不超过1.5万新加坡元的罚款。

（5）收到第（1）款通知（要求披露信息）的人，由于受其他法律限制而不能披露此类信息的，不应承担责任。

第四部分　支付系统的指定

金管局指定支付系统的权力①

7. —（1）对一支付系统，如果金管局确信：

---

① 基于重要性、社会影响、公众利益和信心的考虑，监管机构有权指定支付系统。换句话说，某些清算、结算业务是可以“垄断的”，而不是竞争开放的。

（a）该支付系统运行出现中断，可能引发、导致或向其参与者传递更深层次的系统中断或者使新加坡金融系统全面瘫痪；

（b）该支付系统运行出现中断，可能影响公众对支付体系或新加坡金融系统的信心；

（c）基于公共利益考虑的其他情况。

为保证本法的实施，金管局可刊登公告指定该支付系统为指定支付系统。

（2）依据第（1）款发布的指令应明确指定支付系统的运营商和结算机构，并应持续有效直至被金管局撤销。

（3）因金管局指定该支付系统作为指定支付系统的决定而受损害的运营商或结算机构，可于公报发布30日内，向具有最终决定权的部长提出书面诉讼。

（4）尽管可以依据第（3）款提起诉讼，但在部长未作出最终裁决之前，金管局的指定将一直有效。

（5）在对第（3）款的申诉进行裁决时，部长可以命令金管局不得指定支付系统作为指定支付系统，且该命令应从部长决定作出之日起生效。

禁止对外宣称为指定支付系统

8. —（1）任何实体不得对外宣称其为指定支付系统的运营商或结算机构，除非该支付系统已被金管局依据第7条进行了指定。

（2）任何违反第（1）款的实体均属违法，一经认定，将判处不超过10万新加坡元的罚款或不超过2年的监禁，或予以并罚，如果持续违法，在定罪后违法行为持续期间将处以每日不超过1.5万新加坡元的罚款。

指定支付系统运营商应支付的年费

9. —（1）任何指定支付系统运营商均应按金管局规定的方式向金管局支付年费。

（2）金管局可以在其认为合适的情况下返还或减免全部或部分依据第（1）款已支付或应支付的年费。

支付系统指定的撤销

10. —（1）如果金管局认为第7条第（1）款所列的条款已经无效或者不再满足，其可以在任何时间通过刊登公告撤回对任何指定支付系统的指定。

（2）若未给予该系统的运营商和结算机构举行听证的机会，金管局不得自行撤回对指定支付系统的指定。

第五部分 指定支付系统运营商和结算机构的义务

运营商向金管局报告有关公司经营事项和公司并购的义务

11. —（1）当以下事件发生时，指定支付系统的运营商应尽快报告金管局：

（a）运营商经营了除支付系统运营业务、支付系统运营的附属业务和金管局规定的业务类型以外的业务；

（b）运营商收购了一家公司并成为该公司的控股股东，而该公司并不从事支付系统运营业务、支付系统运营的附带业务以及金管局规定的类似业务。

（2）指定支付系统运营商作为一家公司控股股东，而该公司并不从事支付系统运营业务、支付系统运营的附带业务以及金管局规定的类似业务的，应在支付系统指定之后2个月内，向金管局报告。

（3）在不违背第20条（1）款的前提下，金管局可以在收到第（1）和（2）款中提及的通知后的任何时间，对指定支付系统的运营商发出如下指令—

（a）如果通知内容与第（1）款（a）项提及的事项相关，命令该运营商停止开展第（1）款（a）项所指业务；或者如果为实施第20条（1）款，金管局认为有必要，运营商可以在特定的条件或约束下继续开展上述业务；或

（b）如果通知内容与第（1）款（b）项或第（2）款提及的事项相关，命令该运营商处置第（1）款（b）项或第（2）款提及的股权，或者如果为实施第20条（1）款，金管局认为有必要，运营商可以在特定条件或约束下继续行使与上述股权相关的权利。指定支付系统的运营商必须服从上述指令。

（4）任何违反第（1）款或第（2）款或金管局依据第（3）款发布的任何指令的实体均属违法，一经认定，将判处不超过20万新加坡元的罚款，且在持续违法的情况下，在定罪后违法行为持续期间将处以每日不超过2万新加坡元的罚款。

运营商和结算机构报告金管局特定事项的义务

12. —（1）如果以下事项发生，指定支付系统的运营商和结算机构应立即报告金管局—

（a）拟对运营规则的性质、结算程序和指定支付系统的活动作出重大改变；

（b）视情况而定，某些妨碍或者损害指定支付系统正常运营的事项或意外；

（c）视情况而定，运营商或结算机构变得或者可能变得无力偿债或无法履行其经济的、法定的、合同的义务等；

（d）金管局通过书面通知明确或规章制度规定的其他事项。

（2）任何违反第（1）款的指定支付系统运营商和结算机构均属违法，一经认定，将处以不超过20万新加坡元的罚款。

运营商提交定期报告的义务

13. —（1）指定支付系统运营商应按金管局规定的形式、方式和频率向其提交报告。

（2）任何违反第（1）款的指定支付系统运营商和结算机构均属违法，一经认定，将处以不超过20万新加坡元的罚款，且在持续违法的情况下，在定罪后违法行为持续期间将处以每日不超过2万新加坡元的罚款。

运营商和结算机构指定审计师的义务

14. —（1）根据情况，指定支付系统运营商和结算机构应聘请审计师审计其账簿，如果该审计师因故停止为其审计，运营商和结算机构应尽快另行聘请。

（2）除非其为或依据《会计法》（第二章2）被视为注册会计师，任何人不得作为第（1）款所指的审计师。

第六部分　指定支付系统的监督管理

金管局制定准入制度的权力

15. —（1）金管局可以通过在报刊上发布命令的形式，在其认为合适的条件下，针对决定加入指定支付系统的实体，制定有关指定支付系统的准入制度，无论其是否为指定支付系统的参与者、运营商或结算机构。

（2）在考虑是否制定第（1）款提到的准入制度时，金管局应考虑如下因素：

（a）指定支付系统准入制度的制定是否符合公众利益；

（b）指定支付系统目前的参与者、运营商和结算机构的利益；

（c）将来可能要求加入指定支付系统的实体的利益；以及

（d）金管局认为相关的其他事项。

（3）金管局在依据第（1）款制定准入制度时，应确保准入制度公平、无歧视。

准入制度的修改

16. —（1）金管局可以通过在报刊上发布命令的形式，在其认为合适的条件下，修改已经依据第15条制定的有关指定支付系统的准入制度。

（2）是否依据第（1）款修改准入制度，金管局应考虑—

（a）有关指定支付系统准入制度的修改是否符合公众利益；

（b）指定支付系统目前参与者、运营商和结算机构的利益；

（c）将来可能要求加入指定支付系统的实体的利益；以及

（d）金管局认为相关的其他事项。

准入制度的停止和撤销

17. —（1）如果出现以下情况，指定支付系统的准入制度将失效：

（a）第15条（1）款或第16条（1）款中有关实行或变更准入制度的规定中，明确了终止日期，而且已经到期；

（b）金管局依据第（2）款撤销准入制度；或

（c）该支付系统不复存在、停止运营或不再是指定支付系统。

（2）在金管局认为合适的情况下，可以通过在报刊上发布命令的形式撤销准入制度。

（3）是否依据第（2）款撤销准入制度，金管局应考虑如下因素：

（a）撤销准入制度是否符合公众利益；

（b）指定支付系统目前参与者、运营商和结算机构的利益；

（c）将来可能要求加入指定支付系统的实体的利益；以及

（d）金管局认为相关的其他事项。

向高等法院申诉的权利

18. —（1）如果某个实体被认定违反了第15条（1）款或第16条（1）款的准入制度条款或条件，而被拥有指定支付系统准入权的实体拒绝加入该系统，无论其是否为指定支付系统的参与者、运营商或结算机构，均可依据第（2）款的规定向高等法院申诉。

（2）依据第（1）款请求裁决的申请人应以书面形式向金管局报告该申请，并附随一份申请书复印件，金管局可以向高等法院请求作为当事人参加诉讼。

（3）如果高等法院认为决定加入指定支付系统的实体，无论其是否为指定支付系统参与者、运营商或结算机构，已经违反了准入制度的条款或条件，高等法院可以作出如下裁决—

（a）命令参与者、运营商或结算机构（视情况而定）遵守准入制度的条款或条件；

（b）命令参与者、运营商或结算机构（视情况而定）补偿任何因违反行为而遭受损失或损害的实体；

（c）高等法院认为适当的其他裁决。

（4）高等法院可能根据利益相关者的申请或根据自己的意向，发布或改变根据本条所作的命令。但是除非金管局拥有合理的机会向高等法院进行陈述，否则高级法院不会发布或变更任何已作出的命令。

金管局施加条件或限制的权力

19. —（1）金管局可以书面通知形式，针对指定支付系统参与者、运营商或结算机构制定金管局认为适当的条件或限制。

（2）金管局可在书面通知指定支付系统参与者、运营商或结算机构的情况下，在任何时间对条件或限制作适当变更。

（3）在不影响第（1）款或第（2）款原则的前提下，金管局可制定与下列内容相关的条件或限制—

（a）指定支付系统运营商或结算机构从事的活动；

（b）指定支付系统运营商或结算机构作为公司运营的要求。

（4）任何未能遵守第（1）款和第（2）款制定的条件或限制的指定支付系统参与者、运营商或结算机构均属违法，一经认定，将被判处不超过 15 万新加坡元的罚款，如果持续违法，在定罪后违法行为持续期间将处以每日不超过 1. 5 万新加坡元的罚款。

金管局发布书面指令的权力

20. —（1）如果金管局认为发布书面指令—

（a）有利于确保指定支付系统的完整性和正常运行；

（b）有利于本法的有效执行；

（c）有利于维护公众或部分公众的利益，

那么它可以向指定支付系统的任何参与者或参与层、任何运营商或任何结算机构发布概括性的或详尽的书面指令，上述实体必须遵守这些指令。

（2）在不违背第（1）款原则的前提下，依据该款发布的任何书面指令可能涉及—

（a）由参与者或运营商或结算机构采取与其业务有关的适当措施；

（b）经金管局批准，为参与者、运营商或结算机构提供业务合理运作建议的相关人员的任命；

（c）适用于运营商或结算机构职能外包的条件；

（d）金管局认为必要、有利或代表公众或部分公共利益的其他事项。

（3）任何未能遵守第（1）款书面指令的实体均属违法，一经认定，将判处不超过 15 万新加坡元的罚款，如果持续违法，在定罪后违法行为持续期间将处以每日不超过 1. 5 万新加坡元的罚款。

金管局核准运营商首席执行官和董事的权力[①]

21. —（1）未经金管局批准，指定支付系统运营商无权任命其在新加坡的首席执行官和董事。

（2）根据第22条，如果指定支付系统运营商已经取得金管局的批准任命某人为第（1）款中所指的首席执行官或董事，任期届满后，视情况而定，在未经金管局授权的情况下，该个人可以连任。

（3）第（1）款的批准申请应按金管局规定的形式和方式作出。

（4）在不违反金管局认为相关的其他事项的情况下，金管局在决定是否根据第（1）款作出批准时，应考虑金管局制定的书面规定或准则。

（5）根据第（6）款，在未给予指定支付系统运营商听证机会的情况下，金管局不得拒绝根据本条所作出的批准申请。

（6）如果出现以下任何一条，金管局可以不给指定支付系统运营商听证的机会就驳回依据第（1）款所提出的批准申请：

（a）该实体在新加坡或其他地方破产且存在尚未清偿的债务；

（b）该实体在新加坡或其他地方被判有罪，包括：

（i）欺诈或者欺骗罪，或者在涉案判决中发现其有欺诈或者欺骗行为；

（ii）被判处3个月或以上监禁。

（7）如果金管局依据本条拒绝批准申请，无须给予提名任命人员听证的机会。

（8）指定支付系统运营商应当尽快书面报告金管局其首席执行官或董事的辞职或免职。

（9）任何违反第（1）款和（8）款的实体均属于违法，一经认定，将判处不超过20万新加坡元的罚款，如果持续违法，在定罪后违法行为持续期间将处以每日不超过2万新加坡元的罚款。

首席执行官和董事的免职

22. —（1）如果金管局认为指定支付系统运营商的首席执行官或董事—

（a）蓄意违反或致使指定支付系统运营商违反本法；

（b）无正当理由，未遵守本法；

（c）未履行与其职务或工作相应的职责和职能；

（d）在新加坡或其他地方是未清偿债务的破产者；

（e）未偿还法律要求偿还的全部或部分债务；

---

① 对指定支付系统的管理，包括对重要职务的任命。

（f）在新加坡或其他地方，与其债权人就债务安排达成了妥协或计划，且仍在执行中；

（g）在新加坡或其他地方，被认定为涉嫌欺诈或欺骗，或在涉案判决中发现其有欺诈或者欺骗行为，

为维护公共利益或部分公共利益，金管局认为必要时，可以通过书面通知形式命令指定支付系统运营商免去首席执行官或董事的职务，不论《公司法》（第50章）第152条有（关于董事离职）的何种规定，运营商必须遵守金管局的通知。

（2）在不违背金管局认为相关的任何其他事项的前提下，金管局在决定指定支付系统运营商的首席执行官或董事是否未履行第（1）款（c）项下其职务或工作相应的职责或职能时，应考虑其制定的或以书面指令形式特别规定的准则。

（3）根据第（4）款，金管局在未给予运营商听证机会的情况下，不得命令指定支付系统运营商免去或辞退首席执行官或董事的职务。

（4）金管局可在如下情况下，无须给予运营商听证的机会，命令指定支付系统运营商免去或辞退首席执行官或董事的职务：

（a）首席执行官或董事在新加坡或其他地方破产且存在尚未清偿的债务；

（b）首席执行官或董事在新加坡或其他地方被判有罪，包括：

（i）欺诈或者欺骗罪，或者在涉案判决中发现其有欺诈或者欺骗行为；

（ii）被判处3个月或以上监禁。

（5）如果金管局根据第（1）款命令指定支付系统的运营商免去或辞退首席执行官或董事的职务，其无须给予该首席执行官或董事听证的机会。

（6）任何因金管局第（1）款的命令而受损害的运营商可在被告知后30日内，以书面形式向具有最终决定权的部长申诉。

（7）尽管可根据第（6）款规定提起诉讼，但在部长未作出最终裁决之前，金管局的措施将一直有效。

（8）在对根据第（6）款提出的诉讼做裁决时，部长认为必要的，可以对金管局根据本条采取的措施进行修改，且修改的措施应从部长作出决定之日起生效。

（9）在履行本条规定的义务时，如果指定支付系统的运营商或其代理商做错或遗漏某些事项，但是出于善意并且给予了应有的注意，那么即使第（10）款有相关规定，指定支付系统的运营商或其代理商也不需要为此承担刑事或民事责任。

（10）任何无正当理由违反第（1）款书面指令的指定支付系统运营商均属违法，一经认定，将判处不超过15万新加坡元的罚款，如果持续违法，在定罪

后违法行为持续期间将处以每日不超过1.5万新加坡元的罚款。

运营商重大股权的控制

23.—（1）未经金管局的批准，任何人不得与支付系统运营商达成协议，以期控制指定支付系统运营商的重大股权。

（2）未经金管局的批准，任何人不得成为指定支付系统运营商的12%的股权控制人或20%的股权控制人。

（3）在第（2）款中—

“12%的股权控制人”是指任何人单独或与其合伙人合计—

（a）持有12%或以上但少于20%的指定支付系统运营商的股份；

（b）拥有12%或以上但少于20%的指定支付系统运营商的投票权；

“20%的股权控制人”是指任何实体或个人单独或与其关联公司合计—

（a）持有20%或以上指定支付系统运营商的股份；或

（b）处于可以控制20%或以上指定支付系统运营商的表决权的地位；

（4）在本条中—

（a）如果任何人—

（i）根据《公司法》（第50章）第7条（6）至（10）款规定拥有某股份的收益；

（ii）根据《公司法》（第50章）第7条（6）至（10）款对某股份有法定或合理的利益，除非该利益可以置之不顾，则此人可被视为持有股份。

（b）对指定支付系统运营商表决权的控制比例是指，无论直接或间接，对指定支付系统运营商股东大会上所有可能投票权的总数的控制；

（c）A是B的合伙人，如果—

（i）A是B的配偶、父母、远亲直系先辈或继父母、子、女、远亲后嗣、继子或继女或兄弟姐妹；

（ii）无论正式或非正式，A公司的董事按照惯例或者有义务按照B或B是一家公司的情况下按照B的董事的指示、命令或意愿行事；

（iii）无论正式或非正式，B公司的董事按照惯例或者有义务按照A或A是一家公司的情况下按照A的董事的指示、命令或意愿行事；

（iv）无论正式或非正式，A是自然人，其按照惯例或有义务按照B的指示、命令或意愿行事；

（v）无论正式或非正式，B是自然人，其按照惯例或有义务按照A的指示、命令或意愿行事；

（vi）A是B的关联公司；

（vii）B单独或与其合伙人一起在A公司拥有不低于20%的投票权，合伙人指第（ii）至（vi）项定义的合伙人；

（viii）A 单独或与其合伙人一起在 B 公司拥有不低于 20% 的投票权，合伙人指第（ii）至（vi）项定义的合伙人；

（ix）A 和 B 之间有协议或安排。无论这个协议是口头的还是书面的，是明示的还是暗示的，只要这个协议或安排使得 A 和 B 在有关股份的获取、持有和处置上，或者在运营商的其他利益上，或者在有关运营商的投票方面可以一致行动。

重大持股申请的核准

24. —（1）金管局可以根据其认为合适的条件或限制对第 23 条（1）款或（2）款的申请予以核准。

（2）在不违背第（1）款的原则下，为确保第 23 条（1）款或（2）款或本条第（1）款的条件或限制得到遵守，金管局可以通过书面通知形式，对与大股东有利益关系的指定支付系统运营商的全部或部分股份的转让或出售予以指导。

（3）在根据第（2）款签发的指令所指的股东转让或者处置该指令要求处置的股份之前，无论这是否违反《公司法》（第 50 章）、备忘录或指定支付系统运营商的公司章程①—

（a）不得就该指令要求处置的股份行使投票权；

（b）指定支付系统运营商不能就属该指令要求处置的股份提供或发行任何股份，无论以权利、奖金、股票股利或其他形式；且

（c）除非进行清算，否则指定支付系统运营商不得以该指令要求（处置）的股份进行支付，无论是以现金股利、实物还是其他形式。

（4）指定支付系统运营商违反第（3）款（b）项提供或发行股票均无效，收到根据第（2）款发布的指令的实体应立即向指定支付系统运营商返还该股份，相应地指定支付系统运营商将从该实体获得的与股份有关的款项返还给该实体。

（5）指定支付系统运营商违反第（3）款（c）项所作的支付均无效，收到根据第（2）款发布的指令的实体应立即向指定支付系统运营商归还该支付款项。

（6）金管局可豁免第 23 条（1）款或（2）款下的某实体或某类实体，或某种类或类型的股份或分红股份，使其不必遵守金管局制定的相关条件或约束。

---

① 这些条款适用以公司制运行的支付系统。

违反第 23 和 24 条的处理

25. —（1）任何违反第 23 条（1）款或（2）款，或金管局根据第 24 条（1）款所制定的任何条件或约束的人均属违法，一经认定，将判处不超过 20 万新加坡元的罚款，如果持续违法，在定罪后违法行为持续期间将处以每日不超过 2 万新加坡元的罚款。

（2）任何违反第 24 条（3）款（b）项或（c）项、（4）款或（5）款或金管局根据第 24 条（2）款所发布指令的人均属违法，一经认定，将判处不超过 15 万新加坡元的罚款，如果持续违法，在定罪后违法行为持续期间将处以每日不超过 1.5 万新加坡元的罚款。

金管局针对审计师的附加权力

26. —（1）如果指定支付系统运营商或结算机构的审计师在履行职责的过程中，获悉—

（a）会对运营商或结算机构的财务状况产生或可能产生重大不利影响的事项；

（b）会构成或可能构成违反本法或涉嫌欺诈或欺骗的事项；

（c）对运营商或结算机构的会计账目已经或可能产生重大影响的异常情况，包括那些影响或危及或可能影响或危及指定支付系统参与者利益的异常情况。

审计师应立即向金管局提交有关事项或异常情况的书面报告。

（2）审计师根据第（1）款出具报告的，不应对任何人就报告陈述内容提起的诽谤诉讼承担责任，但审计师恶意为之的除外。

（3）第（2）款不得限制或影响审计师在除本条之外作为诽谤行为的被告方所享有的任何权利、特权或豁免权。

（4）金管局可对指定支付系统运营商或结算机构的审计师赋予以下全部或任一职责：

（a）如果金管局认为有必要，向金管局提交与其审计有关的附加信息和报告的义务；

（b）视情况扩大、延长或改变对指定支付系统运营商或结算机构业务事项的审计范围的义务；

（c）对任何特定案件执行检查或制定程序的义务；

（d）将在审计和（b）、（c）项执行检查或制定程序的过程中发现的问题向金管局报告的义务。审计师必须履行这些义务。

（5）指定支付系统运营商或结算机构应就审计师履行金管局根据第（4）款所赋予的职责向其支付报酬。

（6）任何违反第（1）款或未能履行根据第（4）款所赋予的职责的指定支付系统运营商或结算机构的审计师均属于违法。

金管局的检查权力[①]

27. —（1）金管局可以在保守秘密的前提下检查指定支付系统运营商或结算机构的账簿。

（2）为本条所指的检查目的—

（a）指定支付系统运营商或结算机构或持有该账簿的任何人应向金管局提供该账簿以及金管局要求的信息和资料；

（b）指定支付系统运营商和结算机构应促成所有持有（a）项所指账簿的人向金管局出示这些账簿以及金管局要求的信息和资料。

（3）第（2）款所述资料的提供不应对指定支付系统日常业务的正常运行造成干扰。

（4）金管局可以—

（a）复制或持有任何账簿；

（b）为依据本法提起的诉讼使用，或允许使用任何账簿；

（c）根据如下需要保存账簿—

（i）行使本条（第（7）款除外）所赋予的权力；

（ii）决定是否依据本法提起某项诉讼时，使用与诉讼相关的账簿；

（iii）为将提起和进行的诉讼。

（5）任何人无权违反金管局的规定取得账簿的留置权，但除此之外留置权不受损害。

（6）金管局持有账簿期间，应允许其他实体在合理时间查看账簿，如果该实体有权在账簿未由金管局持有期间查看账簿；也可允许其他实体检查账簿。

（7）金管局可以要求账簿出示人尽最大努力解释与记账资料相关的信息。

（8）无正当理由而未遵守第（2）款或金管局第（7）款要求的人均属违法，一经认定，将判处不超过10万新加坡元的罚款，如果持续违法，在定罪后违法行为持续期间将处以每日不超过1万新加坡元的罚款。

金管局紧急情况处置权

28. —（1）如果金管局认为情况紧急，或出于维护公共利益或部分公共利益的考虑，其可以通过书面通知，命令指定支付系统运营商或结算机构采取必要的措施，以保证支付系统的安全和高效运行。

---

① 这些条款对制定有关清算组织的业务监管规则有重要参考价值。

(2) 在不违背第 (1) 款原则的前提下，金管局可命令指定支付系统运营商或结算机构采取的措施包括修改或中止指定支付系统的规则。

(3) 如果指定支付系统运营商或结算机构未能在金管局规定的时间内遵守本条第 (1) 款的命令，金管局可以—

(a) 任命专人指导运营商或结算机构合规运营；

(b) 金管局或其指定人代为控制并维持运营商或结算机构的运营；

(c) 视具体情况，(金管局) 向高等法院提出运营商或结算机构终止运营或破产的申请；

(d) 要求运营商终止指定支付系统的运营；或

(e) 采取其他金管局认为合适的措施，以确保指定支付系统的安全和高效运行。

(4) 金管局可以修改或取消其根据第 (1) 款所采取的措施，在修改或取消时，金管局可以制定适当条件，以使修改或取消有效。

(5) 金管局根据第 (3) 款 (b) 项控制指定支付系统运营商或结算机构的运营，视具体情况，金管局应继续以运营商或结算机构的名义控制并维持机构的运行，直到金管局认为代为控制的理由不复存在，或者继续实施控制不再必要。

(6) 金管局根据第 (3) 款 (b) 项控制指定支付系统运营商或结算机构运营，或根据第 (5) 款停止控制指定支付系统运营商或结算机构的运营，应在报刊上予以公告。

(7) 如果金管局根据第 (3) 款 (b) 项控制指定支付系统运营商或结算机构运营，运营商或结算机构应将其运营置于金管局的控制之下，并提供相应设施方便金管局开展运营。

(8) 任何未能遵守第 (1) 款指令或第 (7) 款或金管局根据第 (7) 款提出的要求的运营商或结算机构均属违法，一经认定，将判处不超过 15 万新加坡元的罚款，如果持续违法，在定罪后违法行为持续期间将处以每日不超过 1.5 万新加坡元的罚款。

(9) 金管局可以随时 (无论该人员的任命是否终止) 冻结由指定支付系统运营商或结算机构向金管局根据第 (3) (a) 小节任命的人员支付的报酬或费用，以建议运营商或结算机构恰当操作其运营。

(10) 金管局或其指定人根据第 (3) 款 (b) 项控制指定支付系统运营商或结算机构运营，无论控制是否终止，金管局可随时厘定运营商或结算机构支付给下列人员的薪酬或费用—

(a) 金管局；

(b) 金管局雇佣或授权，协助金管局控制或维持运营商或结算机构运营的人员。

（11）因金管局根据本条采取的措施而受到损害的运营商或结算机构，可在被告知该措施后30日内，以书面形式向具有最终决定权的部长提起诉讼。

（12）即使已根据第（11）款提起诉讼，金管局根据本条采取的任何措施应持续有效至部长作出决定之日。

（13）在判定第（11）款的诉讼时，部长可以对金管局根据本条采取的措施作必要修改，且修改措施自部长作出决定之日起生效。

（14）在本条中，“紧急情况”是指—

（a）任何阻止指定支付系统履行职能的情形；

（b）金管局认为指定支付系统的运行有损参与者利益的情形；

（c）金管局认为构成紧急情况的不利情形或行为。

第七部分　储值工具

向金管局提供信息

29. —（1）金管局可按规定的形式和方式发出通知，要求储值工具的持有人在通知规定的合理期限内向其提供所需的与储值工具有关的所有信息。

（2）在不违反第（1）款的前提下，金管局在通知中可以要求任何持有人定期或以其他形式提供以下信息：

（a）储值工具相关的资金信息；

（b）储值工具使用人数的信息；及

（c）金管局为本法之目的要求提供的其他信息。

（3）根据第（5）款，储值工具持有人收到第（1）款通知后应予以遵守。

（4）未能遵守第（1）款通知的持有人均属违法，一经认定，将判处不超过10万新加坡元的罚款或不超过2年的监禁，或两者并罚，如果持续违法，在定罪后违法行为持续期间将处以每日不超过1万新加坡元的罚款。

（5）收到第（1）款通知的持有人无义务披露法律禁止其披露的任何信息。

储值工具的标示等

30. —（1）金管局可以根据第56条的监督规定，要求在非广泛接受的储值工具上作标记或标示，或者随储值工具附送有关事项的说明。

宣传推广限制

31. —（1）新加坡境外任何人不许（通过自己还是新加坡人）在新加坡境内外发布广告或通过其他方式向新加坡所有或某区域的公众宣传其储值工具。

（2）为第（1）款立法目的，向新加坡所有或部分区域的公众发布广告，应遵守金管局的有关规定。

（3）任何违反第（1）款的实体或个人均属违法，一经认定，

（a）对于个人违法，处以不超过12.5万新加坡元的罚款或不超过3年的监禁，或两者并罚，如果持续违法，在定罪后违法行为持续期间将处以每日不超过1.25万新加坡元的罚款；或

（b）在其他情形下，处以不超过25万新加坡元的罚款，在定罪后违法行为持续期间将处以每日不超过2.5万新加坡元的罚款。

（4）新加坡境内人员代理境外人员在新加坡境内外发布广告或通过其他方式向新加坡所有或部分区域的公众宣传购买或获取其储值工具或储值的，均属违法，一经认定，

（a）对于个人违法，处以不超过12.5万新加坡元的罚款或不超过3年的监禁，或两者并罚，如果持续违反，在定罪后违法行为持续期间将处以每日不超过1.25万新加坡元的罚款；

（b）在其他情形下，处以不超过25万新加坡元的罚款，在定罪后违法行为持续期间将处以每日不超过2.5万新加坡元的罚款。

（5）如果广告的出版商或安排出版的人可以证明：

（a）其按一般的义务程序接收广告的印刷业务；

（b）广告中的内容不是由其或其指示或控制的人设计或选择的；并且

（c）其不知道且没有理由知晓宣传广告的印刷将构成违法，则其不应该按照第（3）款或第（4）款被判有罪。

禁止作为授权持有人

32.—（1）任何人，除非其已经根据第35条（1）款取得金管局的授权，否则不得作为广泛接受的储值工具的授权持有人。

（2）任何违反第（1）款的实体均属违法，一经认定，将判处不超过10万新加坡元的罚款或不超过2年的监禁，或两者并罚，如果持续违法，在定罪后违法行为持续期间将处以每日不超过1万新加坡元的罚款。

持有储值超过规定限额①

33.—（1）任何人不得直接或间接，单独或与由其控制或影响的人一起，在储值工具中持有超过3000万新加坡元的储值，除了—

（a）被广泛接受的储值工具；及

① 储值应该有金额限制，否则会演变为存款或集资行为。

（b）第（2）款（b）项排除在外的储值工具或同类储值工具。

（2）金管局可以在报刊上发布命令

（a）修改第（1）款的储值金额；或

（b）为实施第（1）款，金管局认为必要，将储值工具或某类储值工具不计入储值金额。

（3）为实施第（1）款，金管局可以规定某人视为受其他人控制或影响的情况。

（4）任何违反第（1）款的人均属违法，一经认定，将判处不超过15万新加坡元的罚款，如果持续违法，在定罪后违法行为持续期间将处以每日不超过1.5万新加坡元的罚款。

授权申请

34.—（1）储值工具持有人可以向金管局申请授权作为相应储值工具的授权持有人。

（2）第（1）款所提到的申请必须—

（a）符合金管局规定的形式和方式要求；且

（b）随附一家新加坡境内银行成为授权银行的申请。

（3）金管局可以要求申请人提供申请有关的必要信息或文件。

金管局授权持有人或银行的权力

35.—（1）涉及储值工具，如果持有人和银行分别根据第34条（1）款和34条（2）款（b）项的要求向金管局提出申请，金管局可以授权—

（a）该持有人为储值工具的授权持有人；及

（b）银行成为被授权开展储值业务的银行，在金管局认为该银行已经符合了金管局认为必要的条件和限制性要求，可为储值工具中的储值承担全部责任。

（2）金管局不得根据第（1）款授权持有人，除非金管局已经授权新加坡境内的一家银行作为该储值工具的授权银行。

（3）金管局可随时以书面形式通知授权持有人或授权银行，更改、撤销或添加任何条件或限制。

（4）金管局对授权持有人或授权银行的授权保持有效，尽管储值金额不得超过3000万新加坡元或金管局可能根据第33条（2）款修改的金额。

（5）未视情况给予持有人或银行听证的机会，金管局不得拒绝授权某持有人为授权持有人或某银行为授权银行。

（6）金管局根据第（1）款拒绝授权的，申请人可在收到通知后30天内，以书面形式向具有最终决定权的部长提起诉讼。

（7）尽管可以根据第（6）款提起诉讼，金管局根据本法所采取的措施将持续有效至部长作出决定之时。

（8）在判定根据第（6）款提起的诉讼时，部长可以对金管局采取的措施进行必要修改，且修改措施从部长作出决定之日起生效。

（9）金管局作出持有人授权决定时应进行公告。

（10）违反第（1）款或（3）款有关条件或限制的授权持有人或授权银行均属违法，一经认定，将判处不超过15万新加坡元的罚款，且在持续违法的情形下，在定罪后违法行为持续期间将处以每日不超过1.5万新加坡元的罚款。

金管局发布书面指令的权力

36.—（1）如果金管局认为有必要或有利于确保被广泛接受的储值工具的完整性，那么，它可以对授权持有人或授权银行发布概括性的或详尽的书面指令。

（2）在不违背第（1）款原则的前提下，根据该款所布的书面指令可涉及被广泛接受的储值工具的授权持有人或授权银行对用户的义务。

（3）收到书面指令的授权持有人或授权银行应当遵守该指令。

（4）未遵守第（1）款书面指令的授权持有人或授权银行均属违法，一经认定，将判处不超过10万新加坡元的罚款，如果持续违法，在定罪后违法行为持续期间将处以每日不超过1万新加坡元的罚款。

授权的取消

37.—（1）授权持有人可以向金管局提出申请，要求撤销根据第35条（1）款对持有人作出的授权。

（2）授权银行可以向金管局申请取消根据第35条（1）款所作的授权。

（3）金管局可在书面指令中规定或说明其在决定是否取消对授权持有人或授权银行的授权时考虑的因素。

（4）如果撤销对授权持有人和授权银行的授权将产生如下后果，则撤销无效：

（a）影响授权持有人或授权银行已经生效的任何合约、交易或者协议，无论这些合约、交易或者协议的生效发生在撤销前还是撤销后；

（b）影响与上述合约、交易或者协议有关的任何权利、义务和责任。

授权的撤销

38.—（1）金管局可以撤销任何授权持有人的授权，如果金管局确信—

（a）持有人违反了金管局根据本法制定的条件或限制；

（b）金管局根据第 37 条（2）款取消了对授权银行的授权；或

（c）金管局认为如此行事合适。

（2）金管局可以撤销新加坡境内银行作为授权银行的授权，如果金管局确信—

（a）银行违反了金管局根据本法制定的条件或限制；

（b）金管局根据第 37 条（1）款取消了对授权银行的授权；或

（c）金管局认为如此行事合适。

（3）根据第（4）款，未视情况给予持有人或银行听证机会，金管局不得撤销根据第 35 条（1）款对持有人或新加坡境内银行所作的授权。

（4）如果出现以下情形，金管局可以根据第 35 条（1）款的规定，在不经授权持有人或授权银行听证的情况下，撤销对新加坡境内持有人或银行的授权：

（a）持有人或银行在新加坡或其他地方停业或解散；

（b）在新加坡或其他地方，已任命的财务主管、财务主管兼经理或其他相关级别人员与该股东或银行的资产有关；

（c）在新加坡或其他地方，股东或银行被指控欺诈或欺骗，或被裁定有上述欺诈或欺骗行为。

（5）因金管局根据第（1）款或（2）款撤销核准的决定受损害的持有人或银行可以，在被告知该决定后 30 日内，向具有最终决定权的部长提起诉讼。

（6）如果撤销对授权持有人和授权银行的授权将产生如下后果，则撤销无效：

（a）影响授权持有人或授权银行已经生效的任何合约、交易或者协议，无论这些合约、交易或者协议的生效发生在撤销前还是撤销后；

（b）影响与上述合约、交易或者协议有关的任何权利、义务和责任。

被广泛接受的储值工具的名单的公布

39. —（1）金管局应不时在报刊上整理并公布所有被广泛接受的储值工具的名单、相应授权持有人、授权银行及授权日期。

《货币法》第 14 条不适用于储值工具

40. —（1）《货币法》（第 69 章）第 14 条不适用于储值工具的发行。

第八部分　协助国外监管机构

本部分的解释

41. —（1）在本部分，除非上下文另有规定—

“执行”是指通过刑事或行政程序的执行；

“执行措施”是指为执行法律或法规而采取的针对特定人员的措施，法律或法规为与监管机构关注的外国支付系统或储值工具有关的法律或法规；

“外国”是指除新加坡之外的国家或地区；

“调查”是指确定特定人员是否违反或正在违反相关法律或法规，法律或法规为与监管机构关注的外国支付系统或储值工具有关的法律或法规；

“材料”包括任何信息、账簿、文件或其他任何形式的记录，以及与此有关的载体或物品；

国外“监管机构”，是指国外行使相应的本法规定的金管局职能的机构。

监管机构的“监管”，是指针对和关于指定支付系统运营商、结算机构或参与者或任何其他人的监管而采取的任何措施。

提供协助的条件

42. —（1）金管局确信下列条件得到满足时，可以向国外监管机构提供第44条所指的协助：

（a）协助是为了让国外监管机构或其他机构能够开展监督、调查或执行；

（b）监管机构作出书面承诺，任何应其请求所获得的材料或复印件不得用于请求中规定和金管局核准之外的目的；

（c）监管机构作出书面承诺，不向第三方披露（（d）项规定的国外指定第三方除外）应其请求所收到的材料，除非应外国的法律或法院要求强制披露；

（d）监管机构作出书面承诺，在向指定第三方披露应其要求收到的材料之前应事先取得金管局的同意，并按金管局规定条件进行披露；

（e）所要求的材料对开展相关监督、调查或执行具有显著重要性，且不能通过其他方式合理取得；

（f）与要求相关的事项具有显著重要性；且

（g）提供协助不违背公共利益。

（2）为第（1）款（c）项和（d）项之立法目的，外国“指定第三方”是指—

（a）负责监督前述监管机构的个人或实体；

（b）负责开展前述监督、调查或执行的外国主管机构；

（c）履行相应的本法规定的金管局职能的国外主管机构。

提供协助考虑的其他因素

43. —（1）在决定是否应国外监管机构要求给予44条所规定的协助时，金管局也可以考虑如下因素：

（a）要求涉及的违反相关法律法规的行为或疏漏，假如发生在新加坡，是否会违反本法；

（b）监管机构是否向金管局承诺或愿意承诺，遵守将来金管局提出的提供类似协助的要求；

（c）监管机构是否向金管局承诺或愿意承诺，分摊应其要求提供协助所产生的费用。

可能提供的协助

44.—（1）根据上述法律、法规或相关要求，金管局或金管局的授权人，可就国外监管机构提出的协助要求—

（a）向监管机构转交其所要求的、金管局持有的材料或复印件；

（b）要求相关人员向金管局提供监管机构所要求的任何材料或复印件，并由金管局将该材料或复印件转交给监管机构；

（c）要求相关人员直接向监管机构送交其所要求的材料或复印件；

（d）要求相关人员向金管局口头陈述监管机构所要求的信息，记录该陈述，并将记录转交给监管机构；或

（e）要求任何部门、政府机构或法定机构向金管局提供监管机构所要求的任何材料或其复印件，并将该材料或其复印件转交给监管机构。

（2）第（1）款（c）项所指的协助仅在材料能够使监管机构开展调查或执行的情况下提供。

（3）第（1）款（b）项、（c）项或（d）项的命令不受任何保密义务及相关法律和要求、法规、合同、职业操守规定的信息披露限制所约束。

（4）不得依据本条强制律师或法律顾问，就受法律保护的私下交谈或通信往来披露、提供、转交含有相关内容的任何材料或复印件。

（5）拒绝提供或转交含有特别通信往来内容的材料或复印件，或拒绝披露特别通信往来的律师或法律顾问有义务提供与其进行特别通信往来的人员或其代表人的姓名和地址。

（6）任何人不得因可能因口头陈述被指控而逃避按照第（1）款（d）项命令作口头陈述。

本部分的违法行为

45.—（1）任何人

（a）无正当理由拒绝或未遵守第44条（1）款（b）项、（c）项或（d）项的命令；

（b）宣称遵照第44条（1）款（b）项或（c）项的命令，向金管局提供或

向监管机构转交的其所知悉的材料或复印件在重要细节上存在虚假或误导；

（c）宣称遵照第44条（1）款（d）项的命令向金管局所作的陈述在重要细节上存在虚假或误导，均属违法，一经认定，将判处不超过1万新加坡元的罚款或不超过2年的监禁，或两者并罚。

豁免

46.—（1）除非违反第45条，不得对任何人因下列事项提起刑事或民事诉讼—

（a）向金管局提供或向金管局或国外监管机构转交任何材料或其复印件时，本着良好诚信原则遵循第44条（1）款（b）项或（c）项命令提供或转交相关材料或复印件；

（b）本着良好诚信原则遵循第44条（1）款（d）项命令向金管局作出陈述；或

（c）本着良好诚信原则因遵守某项命令而做错或遗漏某些事项相关法律和要求、法规、合同、职业操守规定的信息披露限制所约束。

（2）任何遵守第（1）项（a）款或（b）款所指命令的人不得被视为违反相关法律和要求、法规、合同、职业操守规定的信息披露限制。

第九部分　附　则

不得提供虚假或误导信息的义务

47.—（1）除非给予了合理的注意来避免这种错误或误导，否则任何向金管局提供的信息中有重大错误或误导的人都是有罪的。

（2）第（1）款仅适用于本法中其他有关信息的条款未作要求的情况。

（3）除非给予了合理的注意来避免错误或误导，否则任何向金管局提供的信息中有重大错误或误导的，其签发人有罪。

（4）根据第（1）款或（3）款属违法的人，一经认定，将判处不超过5万新加坡元的罚款或不超过2年的监禁，或者两者并罚。

特定信息的公开

48.—（1）金管局可以随时编制并公布—

（a）集合本法要求的所有信息的汇总报表；或

（b）为统计之目的，涉及或出自本法要求的各项信息且就单个支付系统或储值工具分别编制的报表。

地区法院的管辖

49. —（1）地区法院对本法规定的违法行为具有审判权，并有权对该违法行为作出全权判决或处罚，不论是否与《刑事程序法》（第 68 章）相违背。

数罪并罚

50. —（1）金管局可自行决定，通过向涉嫌违法者征收总额不超过规定的最高处罚金额一半的方式，依据本法令将可累加处罚的违法数罪并罚。

（2）不得对缴纳上述总罚金的违法者采取进一步诉讼。

（3）金管局可通过制定法规的形式对数罪并罚作出规定。

（4）根据本条收取的罚金应支付给金管局。

管理人员违法

51. —（1）任何人作为—

（a）指定支付系统的参与者、运营商或结算机构；

（b）储值工具的持有人；或

（c）被广泛接受的储值工具的授权银行的管理人员，如果没有采取合理的措施以保证—

（i）参与者、运营商、结算机构、持有人或授权银行遵守本法的规定；或

（ii）参与者、运营商、结算机构、持有人或授权银行根据本法向金管局提供准确、正确的信息。

均属违法，一经认定，将判处不超过 10 万新加坡元的罚款或不超过 2 年的监禁。

（2）根据第（1）款针对有关企业管理人员的诉讼，如果被告可以通过合理依据证明另有他人负责合规性或提交信息的准确定，同时被告还能证明此人有履行该职责的能力，那么被告就可以免责。

（3）任何管理人员不得因违反第（1）款被判处监禁，除非法院认为其恶意违法。

通用罚则

52. —（1）任何违反本法但未明确规定处罚措施的，一经认定，可判处不超过 5 万新加坡元的罚款。

豁免

53. —（1）根据规定，金管局有权使某个或某类人、某个或某类储值工具

永久地或在金管局认为合适的时期内免受本法全部或部分规定的约束或限制。

（2）金管局可以基于申请，在认为合适的情况下，以书面通知的形式免除申请人受本法所有或部分规定，以及金管局根据本法作出的书面指令的要求。

（3）根据第（2）款所作的豁免—

（a）应该符合金管局书面通知中规定的条件；

（b）不必公告；

（c）金管局可以随时撤销。

（4）任何违反根据第（1）款或（3）款（a）项制定的条件或限制的人均属违法。

听证机会

54. — 本法赋予当事人听证的权利。金管局规定哪些情况下当事人拥有听证机会。

命令和通知非附属法律

55. —金管局根据本法作出的任何书面命令或通知均不视为附属法律。

规章

56. —（1）金管局可以为本法的立法目的和条款的实施制定准则。

（2）在不违反第（1）款的前提下，金管局可针对或关于指定支付系统制定法规，包括但不限于：

（a）金管局认为必要或有利的、对准入制度及相关过渡性或保留条款的附加、修改或撤销；

（b）参与者、运营商或结算机构应维持的标准；

（c）运营商的首席执行官和董事的责任和职责；

（d）有关指定支付系统经营情况的报告的编制和公开；

（e）运营商的股份或其他权益的收购或持有情况；

（f）运营商收购或持有其他实体的股份或其他权益的情况；

（g）针对不同指定支付系统的财务审计的不同要求；

（h）运营商或结算机构与其财务审计有关的责任；

（i）运营商或结算机构财务审计中审计师的责任；

（j）支付差错出现时的适用程序，包括对参与者中止资格和重新许可；

（k）为满足本法要求的事项或事物产生的费用，包括费用的返还或减免；

（l）本法要求的或允许、有必要规定的对本法有影响的事项和事物。

（3）在不违背第（1）款的前提下，金管局可针对或关于储值工具制定法规，包括但不限于：

（a）必要的或有利于确保被广泛接受的储值工具的授权银行对用户全面负责的事项；

（b）储值工具持有人应维持的标准；以及

（c）本法要求的或允许、有必要规定的对本法有影响的事项和事物。

（4）除非明确规定，法规可以

（a）应用于一般或特定情形；

（b）规定对任何特定条款的违反均属违法；且

（c）可就违法行为规定不超过15万新加坡元的罚款或不超过12个月的监禁或两者并罚，如果持续违法，判处违法行为持续期间每日不超过针对该违法行为规定的最高罚款的10%。

金管局制定的法令、指南等

57.—（1）金管局可以合适的方式，发布法令、指南、政策说明和业务指引，就实现监管目标、与本法规定的监管当局职能有关的事项、推动本法实施等提供指导。

（2）金管局可以合适的方式出版相关法令、指南、政策说明和业务指引。

（3）金管局可以合适的方式撤销、变更、修订根据本条发布的法令、指南、政策说明和业务指引。

（4）根据第（3）款进行的修正—

（a）本条其他条款也可经必要的修订，这些修订也适用于法令、指南、政策说明和业务指引。

（b）本法或其他法律对有关法令、指南、政策说明、业务指引的引用，除非另有要求，应视做对修订的法令、指南、政策说明、业务指引的引用。

（5）没有遵守根据本条制定的法令、指南、政策说明和业务指引的人虽不至于承担刑事责任，但是在民事或刑事诉讼中，诉讼的提起方可将这种失职作为有诉讼责任的依据。

（6）根据本条发布的法令、指南、政策说明和业务指引—

（a）可应用于一般或特定情形；且

（b）可规定不同条款适用于不同情况或应用于不同案件或不同类型的案件。

（7）为避免歧义，本条所规定的法令、指南、政策说明和业务指引均不得视为附属法律。

对《银行法》的相关修改

58.—《银行法》（第19章）做如下修改—

（a）删除第59条第（2）款至（5）款；以及

（b）废除第77A条。

对《公司法》的相应修改

59.—《公司法》（第50章）修改为在第145条（6）款中"《保险法》（第142章）第41条（1）款（b）项"之后插入"，《2006年支付体系（监督）法》第22条"。

对《道路交通法》的相应修改

60.—《道路交通法》（第276章）做如下修改—

（a）删除第25条（2）款（c）项并代之以如下项：

（c）规定发布许可的费用和支出应依据部长批准的利率；

（b）删除第25条（2）款第（g）项、（h）项和（i）项并代之以如下项：

（g）提供以金管局规定的电子形式保存的许可；

（h）控制该许可的使用；

（c）删除第25条第（5）款；

（d）删除第34A条中"特定道路"定义末尾的逗号，并代之以句号；

（e）删除第34A条中"储值卡"的定义；

（f）删除第34D条（1）款（c）项中的第（ii）小项；以及

（g）删除第34D条中第（3）款。

过渡和保留条款

61.—金管局可在本法开始实施后2年内，在其认为必要或有利的情形下，制定过渡或保留条款。

二、《〈银行法〉第19章第八部分信用卡和签账卡业务》

《银行法》第19章第八部分对机构从事信用卡和签账卡的发卡业务作出了监管要求，规定除持牌机构外，任何机构不得从事信用卡和签账卡业务，不得开展相关的营销和广告；规定金管局有权授予或撤销机构从事信用卡和签账卡业务的执照；规定信用卡和签账卡发卡机构应遵守金管局发出的指令，同时金管局有权对其进行检查和调查。

本部分解释

56. 在本部分，除非另有规定—

“广告”是指信息的传播或传送，或以任何方式或形式的邀请或询价，包括以下形式—

在报纸、杂志、刊物或其他期刊上的出版物；

展示的海报或通知；

通告、传单、宣传册、画册、书籍或其他文件；

发送给个人或团体的信函；

照片或电影胶片；或

有声广播、电视、网络或其他媒体。

“信用卡”或“签账卡”是任何以实物或电子形式存在，旨在基于信用购买货物或服务所使用的物件，不论是否可以立即使用。

“许可”是指在新加坡开展发行信用卡或签账卡业务的许可。

“持牌机构”（Licensee）是指依据第57B条获得许可的主体。

［2007年1月］

发行或推广信用卡和签账卡的限制

57.（1）除持牌机构外，任何主体不得在（无论新加坡或其他地方）开展发行信用卡或签账卡业务的过程中，在新加坡境内接受或接收任何信用卡或签账卡的申请。

［2007年1月］

（2）任何主体不得在新加坡境内接受或接收信用卡或签账卡的申请，除非其为持牌机构或第（9）款中规定的主体。

[2007 年 1 月]

(3) 任何主体不得（无论在新加坡或其他地方）提供或发布任何包含向新加坡公众或部分公众发出申请信用卡或签账卡要约或邀请的广告，除非该信用卡或签账卡由持牌机构或第（9）款规定的主体所发行。

[2007 年 1 月]

(4) 根据第（5）款，任何包含旨在或可被合理推断为旨在直接或间接引导申请信用卡或签账卡的广告应视为第（3）款所指的广告。

[2007 年 1 月]

(5) 任何在新加坡以外所发行的广告不被视为第（3）小款所指的广告，如果其表现形式如下—

(a) 在主要流通于新加坡以外地区的报纸、杂志、刊物或其他期刊上发布的广告；

(b) 主要在新加坡以外地区接收的有声或电视上播放的广告；或

(c) 主要在新加坡以外地区流通或接收，以其他形式播放或传播的广告。

[2007 年 1 月]

(6) 为第（3）款之立法目的，确定一项要约、邀请或广告是否向新加坡的公众或部分公众作出或发出，还应考虑规定的其他相关事项。

[2007 年 1 月]

(7) 任何违反第（1）、(2) 或（3）款的主体将构成违法并承担如下指控：

(a) 个人违法的，处以不超过 5 万新加坡元的罚款，或不超过 2 年的有期徒刑，或者并罚，如果持续违法，在定罪后违法行为持续期间处以每日不超过 5000 新加坡元的罚款；或

(b) 其他情况下，处以不超过 10 万新加坡元的罚款，如果持续违法，在定罪后违法行为持续期间处以每日不超过 1 万新加坡元的罚款。

[2007 年 1 月]

(8) 如果广告的出版商或安排出版的人可以证明：

(a) 其按一般的义务程序接收广告的印刷业务；

(b) 广告中的内容不是由其或其指示或控制的人设计或选择的；并且

(c) 其不知道且没有理由知晓宣传广告的印刷将构成违法，则其不应该按照第（7）款被判有罪。

[2007 年 1 月]

(9) 第（1）款不适用于新加坡境内的任何银行，以及可能规定的其他主体。

[2007 年 1 月]

申请成为许可信用卡或签账卡发行机构

57A. —（1）在新加坡开展发行信用卡或签账卡业务的申请应以金管局所要求的方式作出。

［2007 年 1 月］

（2）在作第（1）款所指的申请时，应同时以金管局要求的方式缴纳规定金额的申请费，该笔费用不可退还。

［2007 年 1 月］

（3）金管局可以要求申请人提供与申请有关的必要信息。

［2007 年 1 月］

授予许可的条件

57B. —（1）金管局可依据其认为合适的条件或限制授予或拒绝授予许可。

［2007 年 1 月］

（2）金管局可以随时增加、修改或撤销授予许可的任何条件或限制。

［2007 年 1 月］

（3）违反金管局根据本条所制定的条件或限制的持牌机构均属违法，一经认定，将判处不超过 2.5 万新加坡元的罚款，如果持续违法，将在定罪后违法行为持续期间处以每日不超过 2500 新加坡元的罚款。

［2007 年 1 月］

许可费

57C. —（1）持牌机构应根据规定向金管局支付许可费。

［2007 年 1 月］

（2）当依据第 57E 条许可被撤回，或持牌机构停止在新加坡开展发行信用卡或签账卡业务时，依据本法支付给金管局的许可费将不予退还或免除。

［2007 年 1 月］

（3）根据第（2）款，金管局可以在适当情形下，退还或免除已支付或应支付的全部或部分许可费。

［2007 年 1 月］

金管局发布书面指令的权力

57D. —（1）金管局可以在必要或有利于公共利益时，以常规或特定的方式，向持牌机构或第 57 条（9）款所指的主体发出指令，要求其遵守指令中规定的有关要求，或实现其他目的。

［2007 年 1 月］

（2）为免歧义，任何依据第（1）款发布的指令均不得视为附属法律。

［2007 年 1 月］

（3）金管局可以随时修改或撤销依据第（1）款所发布的任何指令。

［2007 年 1 月］

（4）任何不遵守依据第（1）款所发布指令的个人均属违法，将判处不超过 25000 新加坡元的罚款，如果持续违法，将在定罪后违法行为持续期间处以每日不超过 2500 新加坡元的罚款。

［2007 年 1 月］

许可的撤销

57E. —（1）金管局可以撤销许可，如果—

（a）持牌机构违反了

（i）本部分的任何规定；

（ii）金管局制定的与信用卡或签账卡发行机构运营或活动有关的任何规定；

（iii）金管局根据第 57B 条所制定的条件或限制；

（iv）金管局根据第 57D 条所发布的任何指令；

（b）金管局认为持牌机构正以违背公共利益的方式开展业务；

（c）持牌机构向金管局提供的信息或文件虚假或具有误导性；或

（d）持牌机构中止开展其获准开展的业务。

［2007 年 1 月］

（2）在依据本条撤销许可之后，持牌机构不得允许使用其在许可撤销之前发行的信用卡或签账卡基于信用购买任何物品或服务。

［2007 年 1 月］

（3）许可撤销不得影响在撤销之前使用持牌机构所发行的信用卡或签账卡交易而产生的任何权利、义务或责任。

［2007 年 1 月］

（4）任何无正当理由违反第（2）款规定的主体均属于违法，将判处不超过 2.5 万新加坡元的罚款，如果持续违法，将在定罪后违法行为持续期间处以每日不超过 2500 新加坡元的罚款。

检查和调查

57F. —（1）在保密的前提下，金管局可不定时检查持牌机构的账簿，以确保以下规定得以遵守：

（a）本部分的任何规定；

（b）金管局制定的任何与信用卡或签账卡发行机构运营或经营活动有关的规定；

（c）金管局依据第57B条所制定的任何条件或限制；或

（d）金管局依据第57D条所发布的指令。

[2007年1月]

（2）在保密的前提下，金管局可随时调查持牌机构的账簿，如果其有理由相信持牌机构正在违反—

（a）本部分的任何规定；

（b）金管局制定的任何与信用卡或签账卡发行机构运营或经营活动有关的规定；

（c）金管局依据第57B条所制定的任何条件或限制；或

（d）金管局依据第57D条所发布的指令。

[2007年1月]

（3）为本节规定的检查或调查之目的，持牌机构应制作账簿（且供金管局检查），并应金管局为进行检查或调查提出的要求提供相关信息或设施。

[2007年1月]

（4）不得要求第（3）款所指的账簿在干扰持牌机构日常业务正常运行的时间或地点制作。

[2007年1月]

（5）金管局可行使第（1）款和（2）款的权力指定审计师，除依据第58条由持牌机构或金管局指定审计师。

[2007年1月]

（6）依据第（5）款所指定的审计师的报酬和开支均由持牌机构承担。

[2007年1月]

（7）任何无正当理由违反第（3）款的持牌机构均属违法，将判处不超过2.5万新加坡元的罚款，如果持续违法，将在定罪后违法行为持续期间处以每日不超过2500新加坡元的罚款。

[2007年1月]

本部分不适用于以下情形

57G. — 本部分不适用于发行或即将发行的以下类型的信用卡或签账卡的主体

（a）信用卡或签账卡用于以信用方式从且仅从该主体处购买货物或服务，由该主体承担持卡人的全部信用风险；

（b）该主体（如果该主体为公司）及其相关公司授予持卡人的总信用额度

不超过500新加坡元；或

（c）信用卡或签账卡的发行满足规定的其他标准。

［2007年1月］

最后修订于2007年3月19日

三、《银行（诱导客户使用信用卡或签账卡购买住宅物业）条例》

为防止使用信用卡或签账卡进行大额购物的风险，《银行（诱导客户使用信用卡或签账卡购买住宅物业）条例》要求银行不得诱导、鼓励或允许客户使用信用卡或签账卡购买住宅物业。

条例安排

条例

1. 引证和实施
2. 定义
3. 禁止诱导使用信用卡和签账卡用于购买住宅物业

为行使《银行法》第 78 条（2）款所赋予的权利，新加坡金融管理局在此制定如下条例：

引证和实施

1. 本条例可引证为《2002 年银行条例（诱导使用信用卡或签账卡用于购买住宅物业）》，并于 2002 年 10 月 11 日开始执行。

定义

2. 本条例中——

“信用卡”或“签账卡”指任何通常被称为信用卡或签账卡的物件，或任何旨在基于信用获取现金、货物或服务的类似物件。

“住宅物业”指任何依据法律允许作为住宅用房，位于新加坡的房屋或套房，包括在建的房屋或套房。

“所需现金额”是指住宅物业的购买价格与新加坡金融管理局依据本法第 54A 条发布的《银行通知 632》所规定的相关数额之间的差额，该通知规定何种情形下住宅物业的购买者不得从银行获得信用额度。

禁止诱导使用信用卡和签账卡用于购买住宅物业

3.（1）任何发行信用卡或签账卡的银行或金融机构不得作出任何陈述或行为，旨在或可能诱导、促使或鼓励个人使用信用卡或签账卡支付购买有关住宅物业所需的现金[①]。

（2）任何违反第（1）款的银行或金融机构均属违法，并将判处不超过2.5万新加坡元的罚款，如果持续违法，定罪后在违法行为持续期间将判处每日不超过2500新加坡元的罚款。

2002年10月8日制定

最后修订于2007年3月19日

---

① 信用卡和签账卡支付属零售支付，主要用于日常消费结算。

第六篇　中国香港银行卡法规

中国香港政府致力于促进市场竞争，提高经济效益，推动自由贸易。香港政府部门对银行卡产业的监管较少，主要依靠行业自律实现产业的规范发展。香港银行卡产业的主要监管机构是香港金融管理局（以下简称金管局），金管局既是香港的“中央银行”，也是香港最主要的金融市场管理机构。金管局主要依据《银行业条例》、《结算及交收系统条例》行使职权，通过对银行、接受存款公司、支付结算系统等机构的监管，促进银行体系、支付体系的安全、效率、健全、稳定和发展。银行卡产业作为银行体系、支付体系不可分割的一部分，处于金管局的监管范围之内。

香港的行业自律机制相当健全，与银行卡产业相关的行业自律机构主要是香港银行公会和接受存款公司公会，两家公会联合颁布的《银行营运守则》有力地规范了产业发展。另外，在香港营业的8家银行卡运营机构——美国运通、中国银联、大莱（香港）、易办事（香港）、JCB（亚洲）、银联通宝、万事达（香港）和维萨（香港）——曾共同制定了《支付卡计划营运机构实务守则》，推动银行卡运营的安全可靠性、数据及网络安全、运作效率及透明度，自律监督的作用非常明显。香港八达通卡有限公司制定的《多用途储值卡营运实务守则》对储值卡行业的发展发挥了重大影响。这三项守则都经过金管局监察认可后发布实施，体现了金管局在行业监管中具有不可或缺的地位和作用。

本书节选了《银行业条例》有关多功能储值卡的内容、《银行营运守则》第三章“卡的服务”的内容以及《支付卡计划营运机构实务守则》。

一、《银行业条例》

《银行业条例》第2章主要规定了储值卡、多用途储值卡、单用途储值卡的定义；第14A章规定对多用途储值卡市场准入实施监管，除了“认可机构”外，任何机构未经金管局认可，不得发行或促进发行多用途储值卡[①]；第16章和第22章对多用途储值卡市场的准入和退出作出了规定：第16章规定了发卡授权的批准或拒绝，第22章规定了发卡授权的撤销。

第2章 “多用途储值卡”

（a）除（b）另有规定外，指不属于单用途储值卡的储值卡；

（b）不包括根据第（14）（d）款在公告内宣布为不属于就本定义而言的储值卡，亦不包括宣布为不属于本定义的某类别储值卡的储值卡；

（由1997年第4号第3条增补）

“单用途储值卡”—指“储值卡”定义（a）（b）（i）段所提及的储值卡；

（由1997年第4号第3条增补）

“储值卡”—指可以电子、磁力或光学形式储存（或记录）资料的任何卡或相同的东西），而任何人或就该卡向该卡发卡人直接或间接支付一笔款项，以交换—

（a）在该卡上该笔款项储存的全部或部分价值；及

（b）（i）该发卡人的承诺（不论是明示或是默示），承诺内容在向该发卡人出示该卡时（不论是否还须作出某其他行动），该发卡人会提供货品或服务（但不得包括金钱或金钱的等值）；或

（ii）该发卡人的承诺（不论是明示或默示），承诺内容为在向该发卡人或某第三人出示该卡时（不论是否还须作出某其他行动），该发卡人或该第三人（视情况而定）会提供货品或服务（可包括金钱或金钱的等值）；

（由1997年第4号第3条增补）

（11）凡本条例提及某人（“促进人”）促进多用途储值卡的发行（或相同意思的措辞），即指—

（a）促进由另一人（“发卡人”）发行该卡；及

---

① 发卡资格管理很重要，必须把好“准入关”，用好“退出键”。

（b）该促进人直接或间接或以电子或其他方式，向该发卡人提供有值代价而促进该卡的发行，而该代价的价值决定（不论是全部或部分）该发卡人就该多用途储值卡而提供“储值卡”定义所提及的承诺的范围。

（由1997年第4号第3条增补）

（12）凡本条例提及任何认可机构（包括前认可机构）的事务、业务及财产，就根据第16（3A）（a）条获批准或曾根据该条获批准发行或促进发行多用途储值卡的机构而言，该机构（不论是直接或间接产生）的任何事物、业务及财产都需要得到批准。

（由1997年第4号第3条增补）

（13）凡金融管理专员已根据第22（1）条行使其权利提议撤销某认可机构的牌照，或所提议的某认可机构的牌照的撤销已按照第22（3）条生效，如该机构属于根据第16（3A）（a）条获批准或曾根据该条获批准发行或促进发行多用途储值卡的机构，则第22（4）条经所有必需的变通后，需就任何下述款项实施—

（a）如属由该认可机构或前认可机构（视情况而定）发行的多用途储值卡的储值卡，在“储值卡”定义中提述的款项；或

（b）为促进多用途储值卡的发行而支付给该认可机构或前认可机构（视情况而定）的款项，犹如任何该等款项为第22（4）条提述的存款，而金融管理专员可就该笔存款行使根据第22（4）条赋予他的权利（而该权利可据此行使）一样。

（由1997年第4号第3条增补）

（15）现宣布—

（a）在“储值卡”定义中凡提述“出示”，即使用储值卡的操作机器或其他装置，包括：

（i）由发卡人或第三人提供的任何服务或商品，那么就必须直接或间接为其收款或付款；

（ii）直接或间接将金钱或金钱的等值转移给另一个人；

（b）凡多用途储值卡的发卡人现时或以往是一家银行，则符合以下说明的任何义务—

（i）该发卡人赎回、退还或以其他方式给予任何现时或曾经储存于该卡上的价值的义务；及

（ii）该发卡人资产负债表上记录或需记录的事项，是该发卡人的责任义务，根据《公司条例》（第32章）第265（1）（db）条规定；

（a）凡本条例提述某人以货币经纪身份行事（或相同意思的措辞），即包括某人显示自己为货币经纪；

（b）第（14）款所指的公告是附属法例。

第14A章　多用途储值卡只可由认可机构发行等

（1）除在连同第16（9）条一并理解的第16（5）条的规定下而根据第16（3A）（a）条获批准如此行事的认可机构（不属当时其认可已根据第24或25条暂停的认可机构）外，任何人不得—

（a）发行多用途储值卡；或

（b）促进多用途储值卡的发行。

（2）第11、12及14条不适用于符合以下说明的款项—

（a）就属于以下性质的卡而言，在“储值卡”的定义中提述的款项—

（i）属于多用途储值卡的储值卡；或

（ii）若非因第2（14）（d）条所作的宣布本会属于多用途储值卡的储值卡；或

（b）为促进属于以下性质的卡的发行而支付的款项—

（i）多用途储值卡；或

（ii）若非因第2（14）（d）条所作的宣布本会属于多用途储值卡的储值卡，上述规定在以下情况下（并仅在以下情况下）适用—

（i）该等款项已直接或间接支付给任何已获第（1）款所提述的有关批准的认可机构；或

（ii）该等款项已直接或间接支付给储值卡的发卡人，而该储值卡若非因第2（14）（d）条所作的宣布本会属于多用途储值卡。

（3）任何人违反第（1）款，即属犯罪；任何公司违反第（1）款，其每名董事及每名经理均属犯罪—

（a）一经公诉程序定罪，可处第8级罚款及监禁5年；或

（b）一经简易程序定罪，可处第5级罚款及监禁6个月。

（4）任何人订立任何合约、合同或计划，其目的或为了其目的是规避第（1）款的限制的，该人即属犯罪—

（a）一经公诉程序定罪，可处第8级罚款及监禁5年；或

（b）一经简易程序定罪，可处第5级罚款及监禁6个月。

（由1997年第4号第5条增补）

第16章　发卡授权的批准或拒绝等

（3A）凡金管局已根据第（1）（a）款认可任何公司，根据第15（3）条审

核该公司的申请，则金融管理局—

（a）可批准该公司发行或促进发行多用途储值卡，但需限制在该发卡机构或公司的申请条件符合特定的规定条件；

（b）在符合第（6）款的规定下，可拒绝批准该公司。

（由1997年第4号第7条增补）

（3B）任何银行需当做根据第（3A）（a）款获批准发行或促进发行多用途储值卡而本条例其他条文须据此解释（但不得损害第（9）（ac）款的实施）。

（由1997年第4号第7条增补）

第22章　发卡授权的撤销

（3）如—

（a）任何认可机构向金管局送达书面通知，述明其根据第132A（2）条就其认可根据第（1）款被提议撤销一事而提出上述；

（b）任何认可机构的发卡授权根据第（1）款被提议撤销一事在《行政上诉规则》（第1章，附属法例A）内所指明的根据第132A（2）条指定的期限而未提出上诉的；或

（c）根据第132A（2）条第（1）款规定，任何认可机构的发卡授权被提议撤销一事而提出的上诉并不成功，（由1997年第4号第7条增补）金管局需在合理切实可行的范围内，尽快向该机构送达相应的书面通知，指明该项撤销的生效日期（而该项认可即据此于该日期及由该日期起予以撤销）。

（4）金管局可向任何认可机构（包括前认可机构）送达的书面通知，同意该机构继续持有存款—

（a）而该笔存款，是该机构在其发卡授权根据第（1）款被提议撤销的生效日期（在根据第（3）款向其送达的通知书内指明者）前所合法接受的；

（b）而如非有本款的规定，在该日期或该日期之后持有该笔存款是会违反第11、12或23（2）条的条文的；及

（c）除非发卡机构有其他特定的符合规定的条件，且经金管局同意的情况下，而据此该机构如在该日期或该日期之后，依据该项同意并按照该等条件（如有的话）继续持有该笔存款，则需当做没有因此而违反任何该等条文。

二、《银行营运守则》第三章“卡的服务”

《银行营运守则》第三章对银行卡业务的自律监管做了较为详尽的规定。该章从发卡、用卡说明、费用及利率说明、抵消债务的权利、银行卡及其密码的保存、交易记录、未经授权交易、遗失银行卡及其密码、损失责任承担、账户余额处理等角度，对发卡机构的业务运营提出较多要求。

第三章 卡片服务

24. 适用范围

本章适用于机构直接或通过其附属公司或受其控制的联营公司提供的卡片服务。除另有指明外，本章适用于所有由发卡机构发行的卡片（“卡”的定义见释义部分）。

25. 卡片发行

25.1 发卡机构在发行及促销信用卡时，尤其是向没有独立财务能力的人士（如学生）发卡或促销，应以负责任的态度行事。

25.2 尽管有上文第 11.5 条的规定，发卡机构在下列情况下方可向客户发卡：

（a）客户要求发卡机构发出新卡；或

（b）新卡为取代已发出的卡或为已发出的卡续期（但需符合下文第 25.8 条的规定）。

25.3 发卡机构应确定申请人的身份，并向申请人详细说明所需的证明文件。

25.4 除详尽的章则及条款外，发卡机构应向持卡人说明卡片的使用流程，包括：

（a）卡片/个人识别码（PIN）的安全（见下文第 28 节）；

（b）停止使用卡或报告遗失或被盗用卡的程序（包括报告人的电话号码）（见下文第 31 节）；

（c）持卡人对卡的未经授权使用应负的责任（见下文第 32 节）；

（d）持卡人可使用的任何信贷设施；

（e）通过该卡账户的操作可以进行多种的交易类型；

（f）卡片使用的任何限制（包括提款和交易限额）；

（g）商户就卡的使用提出投诉的程序；

（h）如何使用发卡机构解决错误或争议的程序（包括对定期结单上的账项提出质疑的程序）；

（i）取消常行付款的程序；

（j）适用于用外币进行的交易或跨境交易的汇率及/或征费的计算方法；

（k）所有适用的费用和收费，包括年费、与现金贷款有关的任何费用（包括任何手续费和任何额外现金贷款收费）、任何滞纳金以及其他有关费用及收费的程序，若有关费用及收费的厘定在发卡机构的控制范围以外则除外；

（l）厘定利息或财务费用所用的基准，以及有关支付期限，包括（如适用）年利率（见上文第12节）、免息期、因使用信用卡进行交易（包括现金贷款）而产生的未偿还余额开始累计利息或财务费用的时间，以及将征收该等利息或财务费用的期限；及

（m）发卡机构拥有的任何以持卡人其他账户进行抵消债务的权利（见下文第27节）。

25.5 发卡机构如接获主卡持有人的指示，被要求发行附属信用卡，发卡机构应：

（a）向主卡和附属卡持有人提供明确的通知，说明其各自对所发行的卡引致的债务应负的责任；

（b）通知主卡及附属卡持有人可取消和暂停附属卡的方法，包括需要尽快退还有关的附属卡。如没有退还有关附属卡，但主卡持有人提出有关要求时，则发卡机构应迅速采取行动，按照处理失卡的程序，阻止附属卡被进一步使用。发卡机构应提醒主卡持有人，说明在附属卡退还于发卡机构或发卡机构能够采取适用于处理失卡的程序前，他/她可能要负责支付因附属卡的使用而引致的任何款项，发卡机构应通知主卡持有人因该等程序而产生的任何有关费用。

25.6 虽然发卡机构可要求主卡持有人对附属卡持有人的债项负责，但不应要求附属卡持有人对主卡持有人或其他附属卡持有人的债项负责。

25.7 发卡机构应通知持卡人发行卡的多种功能。如持卡人不打算运用以个人密码操作的功能，则发卡机构应遵从持卡人的要求，不发行个人密码。

25.8 发卡机构不得自动将卡续期，其应给予持卡人由续期日起计最少30日的时间，让持卡人可取消卡而无须缴付续期费用。

26. 章则及条款、费用及收费以及利率

26.1 发卡机构应遵守第一章的有关条款，尤其是：

（a）如客户（或准客户）提出要求，发卡机构应向其提供一份章则及条款；

（b）发卡机构应特别提示客户留意可对他们构成重大债务或责任的章则及条款。该等章则及条款应在卡片服务的申请表上以浅白的文字（包括中英文）

阐述或标明。有关描述的印刷形式及字体大小应便于阅读；且

（c）发卡机构应分别列明通用于零售购物及现金透支信用卡产品的年利率及年费，以便客户可以比较不同的收费结构。机构应按照业内公会的有关指导所载的方法计算年利率。每当列出信用卡产品的利率时，都应以同样显著的方式列明信用卡年利率与年费。

27. 抵消债务的权利

27.1　发卡机构提供予持卡人的说明数据（见上文第25节）应载有明确清晰的通知，列明发卡机构对持卡人的不同账户（包括信用卡及其他存款账户）的贷方和借方结余是否拥有任何抵消债务的权利。

27.2　如发行附属卡，发卡机构应对主卡持有人说明，发卡机构是否拥有抵消债务的权利，可将主卡持有人所持有的其他账户的贷方结余用于抵消主卡或附属卡持有人中任何一位的信用卡账户的借方余额。此外，发卡机构应对所有附属卡持有人说明，发卡机构是否拥有权利，可将附属卡持有人所持有的其他账户的贷方结余用于抵消其信用卡账户的借方余额。根据上文第25.6条，发卡机构不应把附属卡持有人所持有账户的贷方结余用于抵消主卡或其他附属卡持有人信用卡账户的借方结余。

27.3　发卡机构在行使任何抵消债务的权利后，应迅速通知持卡人。

28. 卡片/个人密码的安全

28.1　发卡机构应分开发行卡片和个人密码，并采取合理步骤确保持卡人已收到卡片和个人密码（不论是由持卡人亲自领取或以邮递方式送递）。如持卡人亲自领取卡片或个人密码，发卡机构应确定领取人士的身份。

28.2　发卡机构应忠告持卡人需采取合理步骤妥善存放卡片，并将个人密码保密以防欺诈行为[①]。尤其，发卡机构应忠告持卡人：

（a）应毁灭印有个人密码的文件；

（b）不应让任何其他人使用他们的卡片或个人密码；

（c）绝对不可在卡片上、任何其他经常与卡片放在一起或放在卡片附近的物品上，写上个人密码；且

（d）不应直接写下或记下个人密码，而不加掩藏。

28.3　如发卡机构让持卡人自行选取个人密码，发卡机构应向持卡人提出忠告，不宜使用容易让人获取的个人数据，如电话号码或生日作为密码。发卡机构应建议持卡人不要以该密码访问其他服务（如接连互联网或其他网址）[②]。

---

① 密码就是“防盗门”。

② 对持卡人的忠告和教育，有利于防范银行卡犯罪。提供安全、有效的支付工具是发卡机构的天职。

28.4 发卡机构应确保通过电子终端进行的交易是可以追索和查核的，以便能够找出和更正任何错误。

28.5 发卡机构应告知持卡人需查阅发卡机构不时提供的保安建议。此外，发卡机构应定期审核有关建议，确保在技术环境的变化下，该保安建议仍然是足够和合适的。

29. 交易记录

经电子终端进行的交易。

29.1 在符合安全要求的情况下，持卡人通过电子终端进行交易时，应获提供载有下述数据的交易记录：

（a）交易金额；

（b）付款或收款的账户；

（c）交易日期和时间；

（d）交易类别，如存款、提款或转账；

（e）如属以借记卡或信用卡进行的交易，向其作出支付的商户名称；及

（f）终端机的号码或编号，以便能找出执行交易的有关终端机。

29.2 对于通过自动柜员机（ATM）提取现金，如持卡人选择不需要交易记录，则无需打印有关交易记录。

定期结单

29.3 发卡机构应按月向持卡人提供账户结单，除非：

（a）已向持卡人提供存折或其他交易记录；

（b）自上一份结单后，没有进行任何交易，账户亦没有任何未偿还余额；或

（c）已与客户另行商定。

29.4 结单应列出[①]：

（a）自上一份结单后所进行的每项交易的数据：

（i）交易金额；

（ii）交易款额拨入有关账户或自有关账户扣除交易款额的日期；

（iii）交易类别；

（iv）交易记录编号或其他形式的数据，以便能将交易记录与结单上的记录进行核对；及

（v）如属借记卡或信用卡，应列明向其作出支付的商户名称。

（b）查询或报告结单出错的地址或电话号码。

① 商业机构习惯做法或主动提供的服务不等于法律责任。但法律一旦规定，习惯做法或服务项目就上升到标准统一的法律责任。

30. 未经授权交易

30.1　发卡机构应忠告持卡人查阅他们的信用卡账户结单，并于结单日期起计60日内向发卡机构报告结单内的任何未经授权交易。发卡机构也应提醒持卡人，发卡机构保留权利，如持卡人没有在指定期限内报告任何未经授权交易，发卡机构即可视有关结单为正确的。唯在下列情况下发卡机构不应运用这项权利：

（a）因任何第三方（包括持卡人的任何雇员、代理人或佣工）的伪造或欺诈行为而产生的未经授权交易，而发卡机构没有以合理的谨慎态度和技巧来处理这些交易；

（b）因发卡机构的任何雇员、代理人或佣工的伪造或欺诈行为而产生的未经授权交易；或

（c）因发卡机构或其任何雇员、代理人或佣工的过失或疏忽而引致的其他未经授权交易。

30.2　除非在发卡机构控制范围以外的情况，否则发卡机构应在收到未经授权交易通知后90日内完成有关调查。

30.3　如持卡人在到期付款日前向发卡机构作出未经授权交易的报告，持卡人应有权在调查期间拒绝支付涉及争议的款额。发卡机构不应在调查期间对涉及争议的款额征收任何利息或财务费用，或对有关的持卡人作出任何不利的信贷报告。然而，若最后发现持卡人所作的报告是毫无根据的，则发卡机构可保留权利就整个期间（包括调查期间）对涉及争议的款额重新征收利息或财务费用。发卡机构应通知持卡人其保留的任何该等权利。

30.4　如查实有未经授权交易，发卡机构应实时作出有关更正，并向持卡人发出更正通知。如证明没有发生未经授权交易，发卡机构应向持卡人解释，并提供证明文件①。

31. 遗失卡片/个人密码

31.1　发卡机构应忠告持卡人，如发现遗失或被盗用卡片/个人密码，或有其他人知道他们的个人密码，持卡人必须在可能的情况下尽快通知发卡机构。

31.2　发卡机构应提供有效、方便的途径，便于持卡人可将任何遗失、被盗取卡片或卡片遭未经授权使用等情况通知发卡机构；热线电话等设施应24小时可供使用，让持卡人可作出举报并确认机构已收到举报通知。发卡机构应提醒持卡人这些途径，例如在寄予持卡人的定期结单上列载有关通知设施的详情。

31.3　如发卡机构在某些特定时间不能提供这些设施，而持卡人在设施可再供使用后一段合理时间内通知发卡机构，则发卡机构应对因无法作出通知而引致的任何损失负责。

---

①　发卡机构举证。

31.4　发卡机构在接到电话通知后，如能确定持卡人身份，应立即采取行动。发卡机构可要求持卡人以书面形式确认其通过电话提供的详情。

31.5　发卡机构在收到有关卡片/个人密码丢失、被盗用或被误用的情况时，应采取行动防止卡片/个人密码被进一步使用。

32. 损失须负责任①

32.1　发卡机构应承担因下述情况而引起的全部损失：

（a）在持卡人未收到卡片前，卡片被误用；

（b）在持卡人给予发卡机构足够通知，表示片卡/个人密码遗失或被盗用，或有其他人知道其个人密码后，所发生的所有未经持卡人授权的交易所招致的损失（须受下文第32.4条限制）；

（c）终端机或其他系统发生故障，引致持卡人直接蒙受损失，除非有关故障是明显的，或已显示故障信息或通告；及

（d）交易是通过伪造的卡片进行的。

32.2　发卡机构的责任应限于错误地记入持卡人账户的款项，以及就这些款项所收取的利息。

32.3　发卡机构应发出明确清晰的通知，列明如果在持卡人通知发卡机构其卡片/个人密码遗失或被盗取或有其他人知道其个人密码前，有关的卡片被用做未经授权交易，则持卡人可能需要承担有关的损失。如持卡人并无作出任何欺诈或严重疏忽行为，并在发现信用卡遗失或被盗后，在可能情况下尽快通知发卡机构，持卡人就此类信用卡损失所需承担的责任应以发卡机构指明的限额为限，而有关的限额不应超过500港元。此限额仅适用于与有关信用卡账户相关的损失，且并不涵盖现金透支。发卡机构应给予持卡人清晰明确的通知，列明有关限额。

32.4　发卡机构应提醒持卡人，如损失是因持卡人的欺诈行为所引致，持卡人将要承担所有损失；如损失是因持卡人的严重疏忽所引致，或在发现信用卡遗失或被盗后，未能在可能的情况下尽快通知发卡机构，持卡人将有可能要承担所有损失。发卡机构应忠告持卡人，如因他们未能遵守或履行上文第28.2条及第31.1条所载的保障措施或责任而引致任何损失，本条所述的规定也可适用。

32.5　发卡机构如属共享电子系统的一方，而损失是因为系统的另一方造成或引起的，发卡机构也不应就这些损失逃避对持卡人的责任。

33. 账户结余的处理

发卡机构应在收到持卡人的要求之日起7个工作日内，将持卡人信用卡账户内的任何结余，按持卡人的指示退回持卡人。发卡机构在任何时间均不得没收任

① 损失责任界定极其繁杂但极其重要，要尽可能总结经验教训，分析研究案情案例，作出公正合理的判断。

何持卡人未要求退回的结余[①]。这些款项应在日后退回予证明对账户结余拥有有效债权的人士。

34. 直接邮购

如发卡机构与供货商就向持卡人推销商品订立直接邮购协议，协议应订明退款予持卡人的条件（例如是否是持卡人在指定期间内将商品退还予供货商），以及需进行退款的期限。

① 金融机构不应拥有任何账户余额的处置权，即使账户上只有一分钱，金融机构也不应有没收等处置权力。必须确保存款人对其账户拥有绝对的支配权，除非法律另有规定。

三、《支付卡计划营运机构实务守则》

根据于2004年11月4日生效的《结算及交收系统条例》，金管局有权指定并监察结算及交收系统。该系统对香港在货币或金融方面的稳定性，或对香港发挥作为国际金融中心的功能至关重要。此举旨在促进指定的结算及交收系统的整体安全及效率。该《结算及交收系统条例》生效至今共指定了五个大额结算及交收系统。金管局作为监察机构，负责监察指定支付系统遵守该条例订明的安全及效率规定的情况。

目前，香港的支付卡计划处理大量金额相对较小的交易，同时与指定支付系统相比，支付卡计划的系统性风险（如有）也会较小。因此，金管局并没有根据该《结算及交收系统条例》指定该等支付卡计划，而是鼓励支付卡业界采取自我监管模式，由支付卡计划营运机构自行制定实务守则并监察遵守守则的情况，金管局则会监察该自我监管模式的整体执行情况。

《支付卡计划营运机构实务守则》拟作为香港零售支付服务机构自我监管模式的一部分。《支付卡计划营运机构实务守则》列明支付卡计划营运机构①须遵守的一般原则，以促进香港支付卡的整体安全及效率，并加强公众对支付卡的信心。

《支付卡计划营运机构实务守则》为香港支付卡计划营运机构拟订的非法定守则。进入香港市场的新支付卡计划营运机构亦应遵守《支付卡计划营运机构实务守则》内所列明的一般原则。

《支付卡计划营运机构实务守则》适用于香港的支付卡计划营运机构。《支付卡计划营运机构实务守则》只适用于支付卡计划营运机构在香港的业务，不具有境外效力。

① 就《支付卡计划营运机构实务守则》而言，“支付卡计划营运机构”指通过支付网络提供赊账以及扣款功能，用于支付商品或服务费用的多用途支付卡计划。但多用途储值卡除外，因为有关多用途储值卡的营运，已另行在八达通卡系统营运商于2005年8月发行的非法定守则《多用途储值卡营运实务守则》中予以规定。该《多用途储值卡营运实务守则》旨在促进多用途储值卡的整体安全和效率，并加强公众对该系统的信心。

结构

引　言

1.《支付卡计划营运机构实务守则》的地位

1.1　《支付卡计划营运机构实务守则》（以下简称《守则》）由八家目前于香港设有支付卡业务的支付卡计划营运机构拟订①。这八家营运机构为美国运通国际股份有限公司、中国银联股份有限公司、大莱信用证国际（香港）有限公

① 零售支付系统和市场自律极为重要。

司、JCB International (Asia) Ltd.、万事达卡国际组织亚太区(香港)有限公司、维萨国际组织香港代表处、易办事(香港)有限公司及银联通宝有限公司。《守则》的制定由香港金融管理局(金管局)监察,并得到金管局的认可。

支付卡计划一般涉及下述其中一项:

(a) 三个运作单位,即支付卡计划营运机构(同时为发卡机构及收单机构,但有时会以外判或专营权形式,由第三者代为执行这些业务活动)、商户及持卡人——这些计划称为"三方计划";或

(b) 若计划是在支付卡计划营运机构①提供的平台上运作,便会有四个运作单位参与,即发卡机构、收单机构(虽然有时支付卡计划营运机构亦会作为收单机构)、商户及持卡人——这些计划称为"四方计划"②。

1.2 《守则》并无法律约束力,亦不会向任何支付卡计划营运机构、金管局或任何其他人士或法律实体赋予法定权利,或对任何支付卡计划营运机构、金管局或任何其他人士或法律实体引起法律权利或法律责任。然而,为促进香港支付卡营运业务的整体安全及效率,并加强公众对该等业务的信心,支付卡计划营运机构通过签署《守则》以表示会尽合理的努力遵守《守则》的内容。每个支付卡计划营运机构都将监察其遵守《守则》的情况,并向金管局汇报。金管局将监察各机构自行遵守《守则》的整体情况,并与各机构一起跟进任何(如有)不遵守《守则》的事项。

1.3 即使支付卡计划营运机构各自有其自身的运作模式,但在适用情况下,《守则》的原则仍适用于香港支付卡计划营运机构的日常运作。《守则》的原则亦适用于支付卡营运机构与其香港的持卡人及商户的整体关系(如属三方计划),或与其香港的发卡机构及收单机构的整体关系(如属四方计划)。

1.4 《守则》条文用做补充《银行业条例》认可机构,或《结算及交收系统条例》指定系统制定的有关适用法例、守则、指引或规则,并不能取代该等法例、守则、指导或规则。

1.5 经由金管局认可,《守则》将不时由支付卡计划营运机构作出审核及修订。

2. 目标

2.1 《守则》旨在促进香港支付卡营运业务的整体安全及效率,并加强公

① 支付卡计划营运机构提供的平台分为两部分,该平台(1)许可或授权发卡机构使用其接受交易标记发行支付卡,以及/或许可或授权收单机构受理以该等支付卡进行的交易;及(2)为该等发卡机构及收单机构提供结算以及/或交收服务。

② 银行卡业务涉及当事人很多,因此相对复杂,责、权、利界定特别重要。

众对支付卡营运业务的信心。

3. 查询

3.1　由于支付卡计划的所有权或成员结构、发展阶段、业务模型及运作模式各有不同，个别支付卡计划营运机构对《守则》的解释都只适用于其本身，并不一定代表或反映任何一家或多家或所有其他支付卡计划营运机构对《守则》的解释。

3.2　有关《守则》的查询应向有关的支付卡计划营运机构提出，联络资料载于营运机构的香港网站或其总公司网站。

3.3　《守则》可于支付卡计划营运机构的网站（如有）及金管局网站查阅或下载。

安全

4. 营运的法律依据

4.1　支付卡计划营运机构在香港的支付卡营运业务应有充分的法律依据，并备有适当的规则及程序。

4.2　支付卡计划营运机构应有适当措施，以确保规则和程序以及与有关单位［如收单机构及发卡机构、商户及持卡人（如适用）］的合约关系是有效且可执行的。在适当情况下，这应包括清晰的规则及程序，用做规管本地及跨境交易的授权、结算及交收。

5. 规则及程序

5.1　四方计划①的支付卡计划营运机构应为其计划订有规则及程序，使其收单机构及发卡机构能就参与其支付卡计划所涉及的各自权利与义务，取得足够资料。该等权利与义务必须清晰界定，并披露予其收单机构及发卡机构。计划的规则及程序应是完整、最新的并可随时供其所有收单机构及发卡机构索取；同时如规则及程序有任何相关修订，应适当地通知该等收单机构及发卡机构。

5.2　三方计划的支付卡计划营运机构应订立，且四方计划的支付卡计划营运机构则应鼓励其发卡机构及/或收单机构（如适用）订立涵盖以下范畴的规则及程序：

---

①　如果考虑到转接机构，本计划就是“五方计划”。因为，本守则由支付卡计划营运机构（转接机构）拟定，所以剩下“四方”。

(a) 持卡人对卡片被未经授权使用而引致的任何损失应负的责任；及

(b) 有关处理退款（如适用）及处理持卡人对未经授权交易的责任之争议的安排。

5.3 三方计划的支付卡计划营运机构应订立，且四方计划的支付卡计划营运机构则应订立并鼓励其收单机构及发卡机构订立厘定费用及收费的清晰程序。

6. 运作可靠性及业务持续性

6.1 支付卡计划营运机构应订立稳健及审慎的管理、行政、会计及管控程序，以管理其合理认为其可能会承担的财务及非财务风险。

6.2 支付卡计划营运机构应对新支付卡产品进行风险分析。此外，若支付卡计划营运机构合理认为有关情况有所变化，则应审核现有产品的风险状况，以评估有关产品安全及持续运作的风险。

6.3 支付卡计划营运机构应力求确保其拥有足够、经妥善训练且有能力的人员，以便在其认为可合理预测的所有情况下，其系统仍能以其认为的适当水平运作。

6.4 四方计划的支付卡计划营运机构应向其收单机构及发卡机构提供（从支付卡计划运作的角度来看）其合理认为与提高防范欺诈意识相关的资料。三方计划的支付卡计划营运机构应向其持卡人及商户提供，且四方计划的支付卡计划营运机构则应鼓励其发卡机构及收单机构向其持卡人及商户提供，其合理认为与提高防范欺诈意识及卡片的妥善运用或处理，以减低欺诈风险相关的教育。

6.5 支付卡计划营运机构应备有全面、严格及完备记录的运作及技术细则，以便在故障、系统中断及传送失败或延误时，仍能维持运作合理的可靠性、保持网络合理的完整性，并保证交易合理的及时性。支付卡计划营运机构亦应备有合理、有效、完备记录且定期测试的业务应急计划，以便在出现突发的中断事故时能确保有关系统的正常运作。

6.6 支付卡计划营运机构应订立全面的尽职调查及管理层监察程序，以管理其认为可能会影响支付卡系统运作的外包关系（如有）。支付卡计划营运机构及其外包服务供货商之间的义务与责任应予清晰界定。

6.7 支付卡计划营运机构应确保其支付卡处理技术系统有足够的能力持续运作，并应定期监察有关系统，并在支付卡计划营运机构合理认为有需要时，更新有关系统。

6.8 支付卡计划营运机构应订立充足的结算及交收安排，使其支付卡系统有效、可靠并安全地运作。

6.9 支付卡计划营运机构应定期审核其安全目标、政策及运作服务。

6.10 三方计划的支付卡计划营运机构应订立，且四方计划的支付卡计划营运机构应鼓励其收单机构及发卡机构订立清晰明确的程序以应对与支付卡安全有关的事故。该程序应包含一个一致、系统化的事故处理方法。

6.11　为跟进每一件严重影响支付卡计划营运机构、其收单机构、发卡机构及/或接受其支付卡的商户的安全事故，受影响的支付卡计划营运机构应根据事故的性质，要求其认为合适的人士对有关情况展开保密的事后评估，以期识别事故的根本成因、触发事故的问题，以及其他可能与事故相关的潜在问题。

7. 安全

7.1　三方计划的支付卡计划营运机构应采纳，且四方计划的支付卡计划营运机构应鼓励其收单机构及发卡机构采纳合适且在商业上合理的技术性安全措施及保障程序，以保障其系统的安全。在适当情况下，支付卡计划营运机构亦应考虑采纳国际性技术安全标准。该等措施可包括：

（a）建立及维护安全网络的规定，包括安装及维护防火墙以保护数据，以及更改供货商提供的预设系统密码及其他安全密码等条件；

（b）在整个交易周期内设有帮助保护数据的规定，尤其是获取数据的管控措施、储存持卡人及交易数据的程序，以及处置使用后的持卡人及交易数据；及

（c）使用及定期更新防御计算机病毒软件，以及开发及维护安全系统及应用程序的条件。

7.2　此外，支付卡计划营运机构应备有机制，以持续监察可能危及其系统的潜在安全漏洞。支付卡计划营运机构应制定措施管控数据的获取，并定期监察、测试卡片的运作网络。在可能的情况下，支付卡计划营运机构应制定政策，以处理所有有关人士（如雇员及承包商）的资料安全事宜。

7.3　支付卡计划营运机构应定期对其系统进行安全审核。该等审核可由支付卡计划营运机构进行，或由其酌情决定交由其委任的独立方进行。

8. 管治安排

8.1　支付卡计划营运机构应编制明确界定且清楚记录的组织架构，如所有权及管理层结构。支付卡计划营运机构应按其认为适合的方式运作，并适当分隔职责，安排内部管控，以减低出现管理失误及欺诈的可能性。

8.2　支付卡计划营运机构应采用合理有效的措施及管控机制，以确保遵守《守则》。

9. 数据安全及完整性

9.1　支付卡计划营运机构应负责其保存或控制的所有支付卡数据及记录（如交易数据）的安全及完整性。三方计划的支付卡计划营运机构应订立，且四

方计划的支付卡计划营运机构应鼓励其收单机构及发卡机构订立规则及程序，为其控制的所有数据及记录（包括持卡人及交易数据）提供必要的保密。三方计划的支付卡计划营运机构应遵守，且四方计划的支付卡计划营运机构应鼓励其收单机构及发卡机构遵守其认为适用于其业务运作的一般公认的业内数据安全标准。

9.2　在可能的情况下，支付卡计划营运机构应制定并维持其认为合理的程序，以在系统发生故障时能恢复其日常运作所需的交易数据。

10. 财务要求

10.1　支付卡计划营运机构的财政状况应稳健且适用。

运作效率

11. 运作效率

11.1　支付卡计划营运机构应致力为其香港的持卡人提供合理方便且切实可行的支付模式。

11.2　支付卡计划营运机构应确保其系统可以合理有效的速度处理交易。

11.3　三方计划的支付卡计划营运机构应与其商户订立协议，且四方计划的支付卡计划营运机构应鼓励其收单机构与其商户订立协议，以指明有关支付卡的接受交易标记应清楚明显地向持卡人展示（除非有关商户受相关的规则及程序限制而不能如此展示标记）。

透明度

12. 参与准则

12.1　支付卡计划营运机构应有既定程序，用做审阅有意成为其收单机构或发卡机构（如适用）的申请。

12.2　支付卡计划营运机构（如适用）应制定程序，让有意申请成为其收单机构及发卡机构的人士接触或获取所需资料，以决定是否申请成为收单机构或发卡机构。

12.3　一般的资格及参与准则应在收到要求时，提供予诚恳的申请人。

13. 透明度及竞争

13.1　如支付卡计划营运机构认为其有关措施的目的为不公平地限制香港支付卡业务竞争，便应避免采取该措施。

13.2　有关费用及收费应清楚记录并向发卡机构、收单机构、商户及/或持卡人（如适用）清楚交代。

13.3　支付卡计划营运机构的支付卡系统若有任何变更，以致会严重影响有关各方在香港的财务风险、业务运作风险、数据安全风险及法律风险，支付卡计划营运机构应告知会受影响的各方。

监察要求

14. 审慎监管

14.1　若支付卡计划营运机构的收单机构及发卡机构为香港的认可机构，则该等收单机构及发卡机构须遵守《银行业条例》下的发牌规定，并受金管局的审慎监管。

15. 数据收集

15.1　支付卡计划营运机构应在切实可行及法律许可的情况下，按金管局指定的合理期限并以金管局指定的合理方法，向金管局提交所保有的统计数据或数据①，如已发行且在市面流通的支付卡数目、交易总宗数及总额、终端机数目、系统表现及相关财务数据。未经有关支付卡计划营运机构书面明示同意，所提交的该等数据不会以任何形式被公开。金管局亦可能会合理要求支付卡计划营运机构特别提供某些数据，以便金管局评估其遵守《守则》的情况。若金管局认为该等数据有助于支付系统研究工作的开展，可在法律许可的范围内，以合计形式公布该等资料，而个别支付卡计划营运机构的数据在所有时间均应保密。

15.2　在法律许可的范围内，支付卡计划营运机构应以保密方式知会金管局有关其得悉及合理认为会对其于香港的支付卡业务的整体安全及效率造成重大不利影响的重大决定。

16. 事故报告

16.1　就其合理认为可能会对其于香港的持卡人，或对其于香港的支付卡业

---

①　必须履行报告义务。

务的整体安全及效率造成重大不利影响的事故（如数据安全遭破坏），支付卡计划营运机构应确保尽快并迅速地将相关数据知会金管局。

17. 合规性

17.1　支付卡计划营运机构应就其遵守《守则》的情况进行年度自我评估。其内部审计师、内部合规人员或指派的独立评估人员应进行有关的自我评估，将其作为持续的职责之一，并应向金管局提交合规性报告。支付卡计划营运机构所提交的自我评估报告为保密且由支付卡计划营运机构享有所有者权益，不得向第三方透露。

第七篇　中国台湾银行卡法规[1]

我国台湾地区银行卡产业的监管主体主要有“中央银行”、“财政部”、“金融监督管理委员会”等机构。“中华民国银行商业同业公会全国联合会信用卡业务委员会”（以下简称“银行公会”）作为行业自律机构，在银行卡产业的发展过程中发挥了重大作用。

“中央银行”对台湾地区的金融支付结算系统具有监管职责，确保台湾地区的各项支付系统能高效、稳定运行。除金融支付系统外，“中央银行”还主管银行卡外汇事务。“财政部”是台湾地区主要的信用卡行业监管机构之一，“财政部”下设的“金融局”具体承担监管职责，对银行从事的银行卡业务实施监管。根据2004年7月正式颁行的《“行政院金融监督管理委员会”组织法》，“金融监督管理委员会”是台湾地区金融服务业的最高监管机构，其监管范围涵盖银行卡业务。

由于银行卡产业涉及消费者权益及社会公共福利，“经济部”、“法务部”、“消费者文教基金会”、“公平交易委员会”等机构在产业监管过程中也发挥着重要作用。依据台湾地区的《公司法》、《商业登记法》等法律文件，“经济部”对第三方专业化服务机构实施监管。“法务部”比较关注信用卡犯罪、反洗钱、计算机处理持卡人数据。“消费者文教基金会”重在保护持卡人在用卡过程中的知情权、选择权等权益。“公平交易委员会”则从促进市场竞争角度规范产业发展。

“银行公会”对信用卡的发卡、收单业务实施自律性监管，制定了“中华民国银行商业同业公会全国联合会信用卡业务委员会所属机构办理信用卡业务自律公约”，向各银行提示业务风险。据台湾地区的相关“法律”，信用卡业务机构必须申请加入“银行公会”信用卡委员会，信用卡业务机构应遵守自律公约，如有违反的，“财政部”可施以处罚。“银行公会”还与公安部门合作，建立信用卡欺诈预警机制，遏制信用卡犯罪。

台湾地区比较注重对银行卡产业实施监管，形成了一系列“法律”文件，主要有《信用卡业务机构管理办法》、《银行发行现金储值卡许可及管理办法》、

---

① 为便于读者理解，在不影响原文意思的前提下，编者对本篇所选法规的个别词语及有关机构名称进行了适当修订。——编者注

《办理信用卡预借现金业务之有关规定》、《银行间资金移转账务清算之金融资讯服务事业许可及管理办法》、《信用卡业务机构内部控制及稽核制度实施办法》、《联合信用卡遗失被窃风险免责办法》、《消费者债务清理条例》、《现金卡监理措施》、《信用卡逾期账款之监理指标、相关监理措施》、《有关学生申请信用卡之规范》、《信用卡红利点数之产生及使用范围之规定》、《重申金融机构将信用卡、现金卡、车辆贷款与房屋贷款行销暨催收及其他相关业务等作业委外处理时，应落实客户资料保密管理》、《信用卡定型化契约范本》、《办理信用卡业务机构防止洗钱注意事项模板》、《金融机构作业委托他人处理应注意事项》、《信用卡重要业务及财务资讯应揭露项目、认定标准及揭露方式》、《联合信用卡循环信用实施纲要》、《金融机构自动柜员机安全防护准则》、《银行业暨保险业办理消费者信用交易广告应揭示总费用范围及年百分率计算方式标准》、《金融机构办理信用卡及现金卡业务订定差别利率应注意事项》、《办理信用卡业务机构防止洗钱注意事项范本》等。

这些“法律”文件主要对信用卡、储值卡、现金卡业务进行监管。对于金融卡（即台湾地区发卡机构发行的借记卡），监管部门主要参照一般的银行账户加以监管，并未颁布专项“法律”文件。

本书主要节选了《信用卡业务机构管理办法》、《银行发行现金储值卡许可及管理办法》、《信用卡业务自律公约》、《信用卡定型化契约范本》的有关内容。

一、《信用卡业务机构管理办法》

《信用卡业务机构管理办法》原名《信用卡业务管理办法》，由台湾地区“财政部”于1993年颁布，2003年经过重大修订后改为现名，可以称之为台湾地区信用卡行业的“基本法”。该办法对设立信用卡公司和外国信用卡公司制定了市场准入要求，如具有最低实收资本2亿元新台币；对信用卡从业机构的业务操作、风险管理提出要求，并从消费者权益保护的角度对发卡机构的业务运作提出具体要求，如规定应以浅显文字辅以实例具体说明循环利息计算方式，当提高利率、费用或变更利息计算方式时，应提前60天向持卡人说明。《信用卡业务机构管理办法》规定信用卡发卡机构制定定型化契约条款时，对消费者权益的保障不得低于“财政部”发布的契约模板；信用卡业务机构应对信用卡申请人或持卡人的信息保密。《信用卡业务机构管理办法》还对从业机构的财务制度、同业公会的自律作用等方面作出规定，使行业监管的透明度大大提升。

第1条　本办法依银行法第四十七条之一订定之。

第2条　本办法用词定义如下：

一、信用卡：指持卡人凭发卡机构之信用，向特约之第三人取得金钱、物品、劳务或其他利益，而得延后或依其他约定方式清偿账款所使用之卡片。

二、信用卡业务：指下列业务：

（一）发行信用卡及办理相关事宜。

（二）办理信用卡循环信用、预借现金业务。

（三）签订特约商店及办理相关事宜。

（四）代理收付特约商店信用卡消费账款。

（五）授权使用信用卡之商标或服务标章。

（六）提供信用卡交易授权或清算服务。

（七）办理其他经“财政部”核准之业务。

三、发卡业务：指前款第一目及第二目之业务。

四、收单业务：指第二款第三目及第四目之业务。

五、信用卡公司：指经“财政部”许可，以股份有限公司组织并专业经营信用卡业务之机构。

六、外国信用卡公司：指依照外国法律组织登记，经台湾地区政府认许，在台湾地区依公司法及本办法规定专业经营信用卡业务之分公司。

七、信用卡业务机构：指下列机构：

（一）信用卡公司。

（二）外国信用卡公司。

（三）经“财政部”许可兼营信用卡业务之银行、信用合作社或其他机构。

（四）其他经“财政部”许可经营信用卡业务之机构。

八、专营信用卡业务机构：指前款第一目、第二目或第四目之机构。

九、电子文件：指电子签章法第二条第一项第一款所称之电子文件。

第3条 专营信用卡业务机构办理发卡或收单业务者，其最低实收资本额，或捐助基金及其孳息，或专拨营运资金为新台币二亿元，“财政部”并得视社会经济情况及实际需要调整之。

前项最低实收资本额，发起人应于发起时一次认足。

第4条 申请设立信用卡公司者，应由发起人检具下列书件各二份，向“财政部”申请设立许可：

一、申请书。

二、发起人名册及证明文件。

三、发起人会议记录。

四、发起人之资金来源说明。

五、营业计划书：载明业务之范围、业务经营之原则与方针及具体执行之方法、市场展望及风险、效益评估。

六、预定总经理、副总经理等负责人之资料。

七、信用卡公司章程。

八、信用卡业务章则及业务流程。

九、信用卡业务各关系人间权利义务关系约定书。

十、其他经“财政部”规定之文件。

第5条 申请设立外国信用卡公司，应检送下列书件各二份，向“财政部”申请许可：

一、申请书。

二、董事会对于申请在台湾地区设立分公司之决议录或相当文件认证书。

三、分公司之营业计划书：载明业务之范围、业务经营之原则与方针及具体执行之方法、市场展望及风险、效益评估。

四、拟指派担任台湾地区之分公司经理人履历及相关证明文件。

五、分公司之信用卡业务章则及业务流程。

六、分公司之信用卡业务各关系人间权利义务关系约定书。

七、章程认证书。

八、法人资格证明文件及经母国主管机关核发之许可证照认证书。

九、委托律师或会计师申请者，该外国信用卡公司负责人出具之委托书。

十、其他经“财政部”规定之文件。前项有关书表之认证书，应经该信用卡公司母国公证人或台湾驻外领务人员予以认证。

第6条　兼营信用卡业务之银行、信用合作社及其他机构，应检具下列书件向“财政部”申请许可：

一、申请书。

二、营业执照影本。

三、公司章程或相当公司章程文件。

四、营业计划书：载明业务之范围、业务经营之原则与方针及具体执行之方法、市场展望及风险、效益评估。

五、董事会或理事会会议记录。

六、信用卡业务章则及业务流程。

七、信用卡业务各关系人间权利义务关系约定书。

八、其他经“财政部”规定之文件。

前项申请设立经“财政部”许可后，应于其营业执照上登载之。

第7条　本办法所称之信用卡业务章则应记载下列事项：

一、组织结构与部门职责。

二、人员配置、管理与培训。

三、内部控制制度（包括业务管理及会计制度）。

四、内部稽核制度。

五、营业之原则与政策。

六、消费纠纷处理程序。

七、作业手册及权责划分。

八、其他经“财政部”规定之事项。

第8条　信用卡业务机构申请设立许可或兼营许可时，有下列情形之一者，“财政部”得不予许可：

一、申请文件内容有虚伪不实者。

二、经“财政部”限期补正事项未补正者。

三、经“财政部”认定无法健全有效经营者。

四、其他不符合本办法规定者。

第9条　信用卡公司及外国信用卡公司应自“财政部”许可设立之日起，6个月内办妥公司设立登记，并检同下列之书件，向“财政部”申请核发营业执照：

一、信用卡公司应检具书件如下：

（一）营业执照申请书。

（二）公司登记证件。

（三）会计师资本缴足查核报告书。

（四）公司章程。

（五）股东名册。

（六）董事名册及董事会会议记录。设有常务董事者，其常务董事名册及常务董事会会议记录。

（七）监察人名册及监察人会议记录。

（八）其他经“财政部”规定之文件。

二、外国信用卡公司应检具书件如下：

（一）营业执照申请书。

（二）分公司登记证件。

（三）汇入专拨在台湾地区营业所用资金之证明文件。

（四）其他经“财政部”规定之文件。

前项规定期限届满前，如有正当理由，得申请延展，延展期限不得超过 6 个月，并以一次为限。未经核准延展者，“财政部”得撤销或废止其许可。

第 10 条 信用卡业务机构经核发营业执照后经发觉原申请事项有虚伪情事，其情节重大者，或满六个月尚未开始营业者，“财政部”应撤销或废止其设立许可，限期缴销执照，并通知“经济部”。但有正当理由经“财政部”核准者，得予延展开业，延展期限不得超过 6 个月，并以一次为限。

第 11 条 信用卡业务机构营业执照所载事项有变更者，应经“财政部”之许可，并申请换发营业执照。

申请核发或换发营业执照时，应缴纳执照费，其金额准用“财政部”依“银行法”第六十条所定之收费标准。

第 12 条 专营信用卡业务机构于增设分支机构时，应检具申请书及营业计划书，报请“财政部”许可，并核发营业执照。迁移或裁撤时，亦应申请“财政部”许可。

第 13 条 “财政部”得视岛内经济、金融情形，限制信用卡业务机构之增设。

第 14 条 在岛内发行之国际通用信用卡于岛内使用时，应以新台币结算，并于岛内完成清算程序；于岛外使用时，或岛外所发行之信用卡于岛内使用时，应以外币结算，其涉及外汇部分，应依据“中央银行”有关规定办理。

第 15 条 信用卡业务机构于增加办理其他信用卡业务，应检具营业计划书向“财政部”申请，“财政部”自申请书送达之次日起 30 日内，未表示反对者，视为已核准。

前项营业计划书应载明下列事项：

一、办理业务缘起。

二、信用卡业务各关系人间权利义务关系约定书。

三、信用卡业务章则及业务流程。

四、市场展望及风险、效益评估。

第16条 信用卡业务机构终止办理部分或全部之信用卡业务，应检具计划书，向“财政部”申请核准。

前项计划书应载明下列事项：

一、拟变更或无法继续办理信用卡业务之理由。

二、具体说明对原有客户权利义务之处理或其他替代服务方式。

第17条 信用卡业务机构应依“财政部”及“中央银行”之规定，定期向“财政部”、“中央银行”及“财政部”指定机构申报信用卡业务有关资料。

前项“财政部”指定机构应拟订信用卡业务机构申报资料之范围及建文件作业规范，报“财政部”备查。

信用卡业务机构依第一项规定申报之资料，不得有虚伪不实之情事，以确保资料之正确性。

第18条 发卡机构未接到信用卡申请人书面或电子文件申请前，不得制发信用卡。但已持有原发卡机构制发之信用卡且有下列情形之一者，不在此限：

一、因持卡人发生信用卡遗失、被窃、遭制作伪卡或有遭制作伪卡之虞等情形或污损、消磁、刮伤或其他原因致信用卡不堪使用而补发新卡。

二、因信用卡有效期间届满时，持卡人未终止契约而续发新卡。

三、因联名卡、认同卡或店内卡合作契约终止，依发卡机构与持卡人原申请契约规定换发新卡，唯应事先通知持卡人。

四、因原发卡机构发生分割、合并或其他信用卡资产移转等情形而换发新卡，唯应事先通知持卡人。

五、因发卡机构将信用卡由磁条卡升级为芯片卡或将芯片卡功能调整而换发新卡，唯应事先通知持卡人。

六、其他经“财政部”规定之事项。

前项第三款至第五款之通知，持卡人于一定期间未表示异议，得视为同意。

第19条 发卡机构于办理申请信用卡作业时，应以书面或电子文件告知申请人下列事项：

一、向持卡人收取之年费、各项手续费及循环信用利率、循环信用利息及违约金等之计算方式及可能负担之一切费用。其中利率应以年率表示，循环利息计算方式应以浅显文字辅以实例具体说明之。

二、信用卡遗失、被窃或灭失时之处理方式。

三、持卡人对他人无权使用其信用卡后所发生之权利义务关系。

四、有关信用卡交易账款疑义之处理程序。

五、提供持卡人之权益或服务。

六、其他经“财政部”规定之事项。

前项告知内容应通俗简明，攸关消费者权益之重要事项，应以显著方式标示之。

发卡机构应受第一项告知内容之拘束，倘有增加向持卡人收取之年费、手续费及提高其利率、变更利息计算方式、增加可能负担之一切费用或第一项第二款至第五款事项有变更时，应于60日前以书面或事先与持卡人约定之电子文件通知持卡人，持卡人如有异议得终止契约。

第20条 发卡机构于持卡人收到所申请信用卡之日起七日内，经持卡人通知解除契约者，不得向持卡人请求负担任何费用。但持卡人已使用者，不在此限。

第21条 发卡机构应定期将持卡人交易账款明细资料，以书面或事先与持卡人约定之电子文件通知持卡人。

前项明细资料应充分揭露交易日期、交易地区与国家、交易项目、交易金额、币别、起息日、折算新台币金额及折算新台币日期等项目，并应说明持卡人负担之各种费用计算方法。

第22条 未经核准办理信用卡业务前，不得为任何有关之广告或促销之行为。

第23条 发卡机构应建立核发信用卡管理机制，以审慎核与信用额度。

发卡机构办理学生申请信用卡业务，应依据“财政部”之规定办理。

第24条 收单机构于签立特约商店时，应确实征信，并加强教育训练及稽核管理。

第25条 信用卡业务机构办理信用卡业务之作业委托他人处理，应依据“财政部”之规定办理。

前项委托作业，信用卡业务机构应定期稽核受委托机构之内部控制机制。

第26条 兼营信用卡业务之银行、信用合作社及其他机构，其会计应独立。

信用卡业务之会计处理准则，由银行公会信用卡委员会报请“财政部”核定之。

第27条 发卡机构应依下列规定办理逾期账款之备抵呆账提列及转销事宜：

一、备抵呆账之提列[①]：当期应缴最低付款金额超过指定缴款期限1个月至3个月者，应提列全部垫款金额百分之二之备抵呆账；超过3个月至6个月者，应提列全部垫款金额百分之五十之备抵呆账；超过6个月者，应将全部垫款金额提列备抵呆账。

---

① 要确定发卡机构合理损失率，并以此建立呆账核销机制，严格推行责任制。

二、呆账之转销：当期应缴最低付款金额超过指定缴款期限6个月者，应于3个月内，将全部垫款金额转销为呆账。

三、逾期账款之转销，应按董（理）事会授权额度标准，由有权人员核准转销，并汇报董（理）事会备查。但外国信用卡公司得依其总公司授权程序办理。

第28条　信用卡业务机构应建立内部控制及稽核制度；其实施办法，由“财政部”定之。

第29条　专营信用卡业务机构每届营业年度终了4个月内，应将下列之资料，报请“财政部”备查：

一、营业报告书。

二、资产负债表及损益表。

三、其他经“财政部”指定之资料。

专营信用卡业务机构除检送前项规定之资料外，并应检送经会计师查核之财务报告。

第30条　专营信用卡业务机构办理发卡或收单业务者，有下列情形者，应即将财务报表及亏损原因，函报“财政部”：

一、累积亏损逾实收资本额、捐助基金及其孳息之三分之一。

二、净值低于专拨营运资金之三分之二。

“财政部”对具有前项情形之信用卡业务机构，得限期命其补足资本、捐助基金或其孳息、专拨营运资金，或限制其营业；届期未补足者，得勒令其停业。

第31条　信用卡业务机构应申请加入银行公会信用卡委员会。

银行公会信用卡委员会处理信用卡业务之章则暨议事规程，应报请“财政部”核定之。

第32条　银行公会信用卡委员会为会员之健全经营及维护同业声誉，应办理下列事项：

一、协助“财政部”推行、研究信用卡业务之相关政策及法令。

二、订定并定期检讨共同性业务规章或自律公约，并报请“财政部”备查。

三、就会员所经营业务，为必要监督或调处其间之纠纷。

四、“财政部”指定办理之事项。

信用卡业务机构应确实遵守前项第二款之业务规章及自律公约。

第33条　发卡机构应订定信用卡申诉处理程序，并对外公布申诉处理之电话专线，以保障持卡人之权益。

第34条　发卡机构应依据下列规定办理信用卡相关信息之揭露：

一、信用卡循环信用利率应于营业场所牌告。

二、信用卡循环信用利率、年费、各项费用、账款计算方式、遗失或被窃处理、持卡人之权益或服务等相关信息，应于刊物或网络刊登。

三、其他经“财政部”或“中央银行”规定之事项。

第35条 发卡机构自行或委托他人处理应收账款催收时，不得违反公共利益，或以损害他人为主要目的，且应依诚实及信用原则行使权利。

第36条 发卡机构订定信用卡定型化契约条款之内容时，其对消费者权益之保障，不得低于“财政部”发布信用卡定型化契约模板之内容。

第37条 信用卡业务机构及特约商店因信用卡申请人申请或持卡人使用信用卡而知悉关于申请人或持卡人之一切资料，除其他法律或“财政部”另有规定者外，应保守秘密。

因职务或契约关系知悉前项资料者，亦同。

第38条 违反本办法之规定者，依银行法有关规定处罚之。

第39条 信用卡业务机构未能符合第二十六条或第二十七条之规定者，应于本办法中华民国九十二年①十月七日修正施行之日起一年内调整之。

第40条 本办法自发布日施行。

① 中华民国九十二年即公元2003年。——编者注

二、《银行发行现金储值卡许可及管理办法》

2001 年，台湾地区“财政部”出台了《银行发行现金储值卡许可及管理办法》，明确规定了现金储值卡的发行准入条件，同时还对业务操作、风险管理提出要求，有效地规范了产业发展。

第 1 条　本办法依银行法第四十二条之一订定之。

第 2 条　本办法所称银行包括台湾本地银行、信用合作社、农渔会信用部及外国银行在台分行。

第 3 条　本办法所称现金储值卡，谓发卡人以电子、磁力或光学形式储存金钱价值，持卡人得以所储存金钱价值之全部或一部分交换货物或劳务，作为多用途之支付使用者。

前项所称多用途系指现金储值卡之使用，可跨越不同营运系统间使用，或应用于不同之商业体系。非银行不得发行现金储值卡。

第 4 条　银行发行现金储值卡所储存金钱价值之方式，得采重复加值式或抛弃式。

前项所称重复加值式，谓持卡人得重复透过转账或支付相当金钱予发卡人方式，以增加卡片所储存之金钱价值；所称抛弃式，谓持卡人无法重复透过转账或支付相当金钱予发卡人方式，增加卡片所储存之金钱价值。

第 5 条　银行发行现金储值卡之交易方式得采线上实时交易及非线上实时交易。

第 6 条　银行发行现金储值卡之发行方式，得以卡片或非卡片方式发行。

第 7 条　银行发行现金储值卡预先吸收款项，为银行法第五条之一规定收受存款之行为。该预先收取之款项，为存款保险条例第四条之保险标的，并应提列准备金。

第 8 条　银行发行现金储值卡应检具营业计划书一式两份，报请“财政部”许可。

前项营业计划书内容应包括下列各款：

一、市场展望及风险、效益评估。

二、人员配置及设备评估。

三、发行重复加值式现金储值卡所采行之加值机制。

四、业务作业、内部控制、稽核制度、安全控管作业、风险管理与账务处理流程等规范。

五、业务往来约定书、申请书、保证书及其他相关书面文件。

六、其他经“财政部”规定之事项。

银行经许可办理现金储值卡业务者，应在其营业执照上登载之。

第9条 银行有下列情形之一者，不得申请发行现金储值卡：

一、银行自有资本与风险性资产比率不符银行法第四十四条规定者。

二、备抵呆提列不足及申请前一季度逾放比率高于全体金融机构逾放比率平均数者。

第10条 银行经“财政部”核准发行现金储值卡，可办理下列业务：

一、发行现金储值卡。

二、签订特约商店。

三、其他经“财政部”核准之前列各款相关业务。

银行未经“财政部”核准，不得变更前项业务之全部或一部分。

第11条 银行发行现金储值卡，其发行额度不得超过银行上年度净值百分之十；每一单张现金储值卡之储存金额上限为新台币一万元①。

第12条 发行现金储值卡之银行，在可确定储值卡之金钱价值余额下，持卡人得要求发行银行应以“中央银行”发行之等值货币赎回②其所发行储值卡之余额。

第13条 经“财政部”许可发行现金储值卡之银行，得发行国际通用现金储值卡或与国外机构合作，并以银行为发行机构。

在台湾地区发行之国际通用现金储值卡，于岛内使用时，应以新台币计价，并于岛内完成结算及清算程序；于岛外使用时，应以外币结算，其涉及外汇之汇出汇入部分，应依据外汇管理之相关规定，透过外汇指定银行为之。

第14条 银行经许可发行现金储值卡，其所订定之业务作业、内部控制、稽核制度、安全控管作业、风险管理及账务处理等规范，应适时检讨改进，并报“财政部”备查。

第15条 银行发行现金储值卡应将特约商店、合作对象及发行情形等相关资料，送交“财政部”指定机构建立档案。

第16条 发行现金储值卡之银行及其特约商店，对申请人或持卡人之一切资料，除其他法律或“财政部”另有规定者外，应保守秘密。

第17条 银行发行或销售现金储值卡时，应向持卡人以书面告知下列事项：

一、现金储值卡持卡人之权利义务。

---

① “礼尚往来”，故设置存储金额上限实为必要。

② 银行能做到这一点，而一些企业滥发储值卡就做不到这一点。

二、现金储值卡遭冒用、变造或伪造之权利义务关系。

三、现金储值卡遗失、被窃或灭失时，通知发行银行之方式与双方之权利义务。

四、现金储值卡之使用方式、终止事由及余额赎回方式。

五、发行抛弃式现金储值卡应标明有效期间及回收作业。

六、银行向持卡人收取手续费及可能负担之一切费用；并应以浅显文字辅以实例具体说明之。

七、现金储值卡交易账款疑义之处理程序。

八、其他经“财政部”规定之事项。

前项书面告知内容应通俗简明，攸关持卡人权益之重要事项，应以显著方式标示。

第 18 条　现金储值卡之交易，不得为持卡人卡片对持卡人卡片之资金移转，但持卡人主卡对其附卡之资金移转不在此限。

第 19 条　银行发行现金储值卡采线上实时交易方式者，应保存持卡人交易账款明细资料，并至少保存五年，供账务查核与钩稽使用。

前项明细资料应充分揭露交易日期、使用卡号、交易项目、交易金额、交易设备代号及币别等项目。

第 20 条　银行发行现金储值卡因业务拓展需要与非金融业合作时，应依下列各款办理：

一、明定合作双方之权利义务关系。

二、合作对象应配合银行作业安全及风险管理之要求。

三、客户之资金移转交易信息应统由银行控管。

四、银行不得将发行现金储值卡所预先收取之款项一部分或全部，移转予非金融业。

五、其他经“财政部”规定之事项。

第 21 条　本办法施行前已办理现金储值卡业务之银行亦适用本办法，并应于本办法施行后 1 个月内，准用第七条规定陈报“财政部”，其业务内容有不符本办法之规定者，“财政部”得要求银行限期补正或调整，逾期未补正或调整者，得命其限期结束本项业务。

第 22 条　本办法自发布日施行。

三、《信用卡业务自律公约》

《信用卡业务自律公约》于2000年由“中华民国银行商业同业公会全国联合会（以下简称本会）信用卡业务委员会”制定，初衷是“建立岛内市场秩序并随时与国际市场接轨，并有效照顾消费者权益及弥补法令与约定条款之不足”。《信用卡业务自律公约》对于台湾地区信用卡发卡业务的推广、征信、发卡、账务、客户服务、风险管理、催收等业务，收单业务的推广、征信、签约服务及管理、风险管理、取消等业务以及信用卡业务外包等，均作出了规定。

前言：信用卡业务涉及五大主体（品牌所有者如维萨、万事达、JCB、AMEX、Diners和NCCC等发卡机构、收单机构、特约商店和持卡人）且为一国际性产品，交易涵盖岛内及岛外。为建立岛内市场秩序并随时与国际市场接轨，并有效照顾消费者权益及弥补法令与约定条款之不足，特由本会信用卡业务委员会综合各界意见订定本规范事项以为共同遵循。

本自律公约经本会信用卡业务委员会议或联席会议通过并报请本会理事会议及“财政部”核备后实施，修正时亦同。

第一章　发卡业务

一、推广

1. 发卡机构发卡营销活动赠送之赠品，需明订赠送条件（例如为申请、核准或发卡时赠送）和寄送日期等规定，以减少纠纷。

已送出之赠品不应追回。

2. 发卡机构录用信用卡业务代表前应先过滤查核是否有在其他同业之不良记录；处置不良信用卡业务代表后应互相通报以供同业参考。

3. 信用卡业务代表推广卡片前，发卡机构应施予对相关法令规章适当且有效之训练课程。

4. 信用卡业务代表推广卡片时，应注意服装仪容、配带名牌及名片，并明确标示发卡机构名称。

5. 发卡机构应约束推广人员不得故意毁损或破坏其他发卡机构之申请书（Take－One）架与各项宣传品，或将空白申请书寄回，增加发卡机构之困扰。

6. 发卡机构在营销推广活动诉求中，不得有攻击或诋毁同业之行为。

7. 发卡机构为信用卡促销广告，应确保广告内容真实并应揭露消费者应负担费用、税捐及其他义务等事项。

二、征信

1. 发卡机构办理信用卡征信业务，应查询金融联合征信中心信用数据库，如申请人有强制停卡记录，必要时应照会报送机构，并应对申请人办理征信，尚不得以该资讯作为申请核准或驳回之唯一依据。

2. 发卡机构若因申请人持有之信用卡遭其他机构强制停用而拒绝发卡时，不得将原登录机构泄露给申请人，必要时应请申请人直接向金融联合征信中心申请个人信用报告。

3. 发卡机构在征信作业过程中或接获被害人反映，发现有冒名申请信用卡案件时，无论是否造成损失均必需于三日内主动通报金融联合征信中心建档管制，避免损害扩大。

4. 发卡机构应依“财政部金融局”规定，严格执行金融联合征信中心持卡人基本信用资料及额度之报送。

5. 发卡机构办理信用卡征信作业，如申请人系当面申请，应详细核阅申请人身份证件原本，如申请人系邮寄或传真申请应依“财政部”同意且本会八十九年[①]十一月二日全信字一六四三号函各信用卡机构之确认申请人身份之替代征信程序办理，以防冒名申请；倘因未妥慎办理发卡征信作业而发生伪冒申请案件时，发卡机构应负伪冒损失之责任。

三、发卡

1. 发卡机构受理未满二十岁之人申请信用卡时应取得法定代理人之同意并以书面告知使用信用卡应注意事项，使申请人及其法定代理人了解并于该书面签名后方得受理。

2. 未满二十岁之持卡人的法定代理人或父母有权以书面通知方式调阅持卡人账单或要求终止契约。

3. 发行学生卡（在申请书职业栏填注学生之申请人，如该申请人无法提出独立经济来源证明如薪资证明、存款证明），各发卡机构应将其发卡情事函知其父母，请其注意持卡人使用信用卡之情形。

4. 为避免持卡人（含学生卡）消费过度扩张，发卡机构对于已持超过三家以上发卡机构卡片之申请人核发卡片应审慎评估。

5. 发卡机构订定信用卡定型化契约条款之内容，其对于消费者权益保障之

---

① 指的是中华民国八十九年，即公元2000年。——编者注

程度，不得低于主管机关发布信用卡定型化契约范本条款之标准。

6. 发卡机构拟提高持卡人之信用额度时，如有信用卡保证人存在，应事先通知保证人并获其书面同意。

7. 发卡机构接受持卡人申请调高信用卡额度时，应要求须本人为之，并有一定之个人身份辨识程序。

8. 发卡机构提供信用卡预借现金功能之服务，应遵守下列事项：

（1）持卡人得要求发卡机构暂不寄发预借现金密码函以及锁定其信用卡预借现金之固定额度。

（2）发卡机构拟自动调高持卡人之信用额度时，请征得持卡人同意。

（3）持卡人因信用卡被窃、被抢或遗失，于办理挂失前被冒领之现金，若非可归责于持卡人故意行为，持卡人之负担以原约定额度为上限。原约定额度系指其固定信用额度或持卡人来电意思表示之调整额度，不包括冒用者来电冒用所调整之信用额度以及发卡机构未征得持卡人同意而调高之额度。

（4）持卡人预借现金之额度，依各发卡机构与持卡人之约定为准，唯最高不得超过其信用卡之固定额度，并应遵守自动化服务设备关于每日提领限额之规定。

（5）发卡机构提供持卡人电话语音预借现金服务，除须有一定之个人身份辨识及密码输入程序外，并应以汇入持卡人本人之账户为限。

四、账务

1. 发卡机构在争议款项尚未查明确实原因时，发卡机构不得将该持卡人资料挂入金融联合征信中心不良档。

2. 发卡机构对争议款项应于受理后 14 日内告知持卡人处理状况及进度，调查期间应该停止计算利息。当确定为持卡人责任时方得收取争议款项处理期间之利息。

3. 发卡机构应于契约或账单中明确告知持卡人账务的归属方式，例如是依据身份证字号或是依据账户或是依据卡片。

4. 发卡机构对持卡人应缴纳信用卡之消费账款，不得委由金融机构以外第三人代收。

5. 发卡机构应按信用卡业务特性及信用卡逾期垫款应尽速转销呆账原则，订定适用信用卡业务之逾期垫款、催收款及呆账处理制度。

五、客户服务

1. 发卡机构应于申请书、使用手册或其他文件详细告知持卡人使用信用卡时可能产生的各项费用与费用之计算方式，对于较复杂之费用如循环利息及违约金等并辅以图例说明。

2. 发卡机构应设立信用卡申诉专线或消费者服务专线，并刊登于刊物或网络。

3. 针对学生卡持卡人，除发给一般持卡人手册外，应另行发给学生持卡人专属手册或说明章节，详细告知并提醒持卡人如何善用信用卡并避免信用过度扩张而影响日后个人之信用记录及可能之后果。

4. 若原持卡人强制停卡资料报送错误发生，应立即通知相关征信机构更改，以免其他机构以原资料作出不利该持卡人信用之判断。

5. 发卡机构报送金融联合征信中心之持卡人资料，应尽量详述停用原因，以供其他机构作出合理之判断。

6. 发卡机构对于部分行业之特殊签账方式，应善尽告知消费者之义务。

7. 发卡机构信用卡循环信用利率应以年利率表示，并于营业场所牌告之。

8. 信用卡消费账单应充分揭露消费日期、可辨识之消费卡别、消费地区与国家、签账金额、签账币别及折算新台币金额等项目，并应说明持卡人负担之各种费用计算方法。

六、风险管理

1. 发卡机构发现可疑之交易应立即通知其他发卡机构共同防止冒用或恶用情事产生，以维护同业间之共同利益。

2. 发卡机构对于恶意诈欺之持卡人，应配合收单机构之书面要求，提供有关持卡人必要之调查资料。

3. 发卡机构经客户选择以邮寄方式领取信用卡者，应于信用卡加设管制程序，经客户通知并完成辨识身份手续后，方得解除管制程序及启用卡片功能。

4. 发卡机构如发现伪冒信用卡案件，应积极主动通知检调单位。

七、催收

1. 发卡机构于自行或委外办理催收欠款业务时，不得违反公共利益，或以损害他人为主要目的，且应依诚实及信用原则行使权利；尚应配合建立申诉制度，处理催收相关纠纷，以落实消费者权益之保护。

2. 发卡机构将持卡人之债信不良之记录登录于金融联合征信中心前，需将登录债信不良原因与日后对持卡人可能之影响情形告知持卡人，使其有提出异议之机会。

3. 通报强制停用持卡人资料时务必确实谨慎，极力避免报送资料错误之情事发生。

第二章　收单业务

一、推广

1. 收单机构签订特约商店及其连锁店或加盟店前应亲自到访查核，对于可疑之商店应不定时访查。

2. 收单机构严禁特约商店加收手续费，若经查属实，应予惩罚或停止往来。

3. 收单机构间应禁止恶性价格竞争，以维护收单市场之健全发展。

二、征信

1. 收单机构应依规定严格执行金融联合征信中心签约特约商店数据及解约特约商店数据之报送以充分揭露信息，供其他收单机构判断。

2. 收单机构签订特约商店前应透过金融联合征信中心查询风险特约商店之档案，且不可因竞争因素再与已确定风险之特约商店签约。

3. 收单机构应加强对特约商店之征信审核与监控。

三、签约

收单机构与特约商店之合约应涵盖下列事项：

1. 收单机构有要求特约商店收银人员接受教育训练之权利与义务；同时特约商店不应允许未经教育训练之收银人员从事信用卡收银工作。

2. 特约商店于收银员异动时应就新进人员给予必要之教育训练，或通知收单机构配合办理。

3. 特约商店不得将信用卡手续费转嫁予持卡人负担。

4. 特约商店应依约定核对持卡人之身份及检查持卡人于签账单据之签名，应与持卡人本人及其信用卡背面之签字相同，并应注意是否有异常刷卡之情形。

5. 收单机构应严格约束特约商店不得为规避发卡机构为确认持卡人（CALL BANK）之交易指示而以化整为零方式分刷账单。

6. 收单机构应要求商店分类代码（MCC CODE）为4812和5944之特约商店于接受信用卡出示签账时，收银员必须于签账单上签名。

四、服务及管理

1. 收单机构应定时提供特约商店必要之教育训练与法令宣道，共同防止信用卡犯罪。

2. 收单机构应确实查核各签约特约商店有无未依约定不得将信用卡手续费

转嫁予持卡人负担之情事。

五、风险管理

1. 收单机构应确实依“财政部金融局”规定提报金融联合征信中心风险特约商店资料。

2. 收单机构应对特约商店进行辨别卡片真伪作例释。

3. 调查可疑交易时为争取时效并兼顾个人数据保护法之规定，发卡机构得就已清款之岛内刷卡交易以传真方式向收单机构请求调单，同时要求收单机构提供该交易特约商店之名称、地址、电话和联络人等基本数据，收单机构不得拒绝。对于已授权之交易，收单机构应配合发卡机构之书面要求，提供必要之调查资料（如商店监视录像带等）。

4. 发卡及收单机构皆应派员参加本会信用卡业务委员会风险小组并遵守相关规定以共同防范信用卡之犯罪行为。

5. 收单机构向发卡机构收取特约商店没收卡片之处理费统一订定收取新台币 1000 元。

6. 为鼓励特约商店协助发卡机构查缉伪卡冒用等情事，针对商店配合发卡机构或收单机构之指示而能自行或报警逮捕诈骗者，则根据嫌犯现场取得之伪卡（白卡除外），由该发卡机构核发每卡新台币 1000 元没收卡片处理费外，另查获卡号之每一发卡机构加发新台币 2000 元以资奖励。若现场破获卡片数量众多，每一发卡机构之核发奖金以新台币 1 万元为上限。

六、取消

1. 从事不法情事之特约商店应立即取消特约商店资格，并采取法律行动予以制裁。

第三章　其他

一、金融联合征信中心应随时更新个人之信用记录。

二、发卡机构委请第三者处理业务时，应慎选合作对象，以避免持卡人个人数据或重要数据外流而予伪冒集团以可乘之机。

三、发卡机构委托第三者处理催收款项时，应寻找合法之业者处理，并严禁任何暴力胁迫之情事发生。

四、信用卡业务机构于委托其他机构办理信用卡认证业务时，该受委托机构应须通过信用卡组织安全电子商务之查核，并取得其认证授权者。

五、信用卡业者应主动采取一切必要措施与检调单位密切配合，共同打击犯罪。

六、本会对信用卡会员机构不常处理信用卡消费争议案件得适度介入。

七、信用卡业者应恪遵主管机关有关信用卡之各项规定。

八、本自律公约如有未尽事项依相关法规及惯例办理。

四、《信用卡定型化契约范本》

1995年，台湾地区“财政部”发布了《信用卡定型化契约范本》，旨在维护信用卡市场的健康发展，保护消费者权益，减少纠纷，其后进行了数次修订。《信用卡定型化契约范本》属于行政指导，对于发卡机构无强制约束力，但由于银行公会在《信用卡业务自律公约》第三条第五项中规定“发卡机构订定信用卡定型化契约条款之内容，其对于消费者权益保障之程度，不得低于主管机关发布信用卡定型化契约范本条款之标准”，因此《信用卡定型化契约范本》对于保护消费者权益具有重要意义。《信用卡定型化契约范本》主要从保护持卡人信息、加强对持卡人的信息披露、信用卡伪冒风险免责、规范卡债偿还、规范信用额度提高等角度对持卡人权益进行了保护。

第一条　定义

本契约所用名词定义如下：

一、持卡人：指经贵行同意并核发信用卡之人，且无其他特别约定时，包含正卡及附卡持卡人。

二、收单机构：指经各信用卡组织授权办理特约商店签约事宜，并于特约商店请款时，先行垫付持卡人交易账款予特约商店之机构。

三、特约商店：指与收单机构签订特约商店契约，并依该契约接受信用卡交易之商店，且无其他特别约定时，包含办理预借现金之机构。

四、信用额度：指如无其他特别约定时，系指贵行依持卡人之财务收入状况、职业、职务或与金融机构往来记录等信用资料，核给持卡人累计使用信用卡所生账款之最高限额。

五、应付账款：指如无其他特别约定时，系指当期及前期累计未缴信用卡消费全部款项、预借现金金额，加上循环信用利息、年费、预借现金手续费、挂失手续费或调阅签账单手续费等其他应缴款项。

六、得计入循环信用本金之账款：指依第十五条第一项或第二项计算循环信用时，自：

1. 各笔账款入账之日起。
2. 各笔账款结账日起。
3. 各笔账款当期缴款截止日起。

七、入账日：指贵行代持卡人给付款项予收单机构或特约商店或为持卡人负担款项义务，并登录于持卡人账上之日。

八、结汇日：系指持卡人于国外持卡销费后，由贵行或贵行授权之代理人依各信用卡组织按约所列汇率，将持卡人之外币应付账款折算为新台币结付之日。

九、结账日：系指贵行按期结算持卡人应付账款之截止日。超过结账日后始入账之应付账款列入次期计算之。

十、缴款截止日：指持卡人每期缴纳应付账款最后期限之日。

第二条　申请

信用卡申请人应将个人、财务资料及其他相关资料据实填载于申请表格各栏，并依贵行要求提出真实及正确之有关资料或证明文件。

信用卡持卡人于原申请时填载资料之联络地址、电话、职业或职务有所变动时，应通知贵行（注：各银行如特别要求以书面通知者，应于契约中明定之）。

第三条　附卡持卡人

正卡持卡人得为经贵行同意之第三人申请发附卡，且正卡持卡人或附卡持卡人就各别使用信用卡所生应付账款互负连带清偿责任。

附卡持卡人如未成年且未婚者，仅就使用该附卡所生应付账款负清偿责任，不适用前项与正卡持卡人互负连带清偿责任之约定。

第四条　个人资料之搜集、利用、电脑处理及国际传递

信用卡申请人或持卡人同意贵行、往来之金融机构、财团法人金融联合正新中心及财团法人联合信用卡处理中心，得依法令规定搜集、电脑处理、国际传递及利用其个人资料。贵行非经持卡人明示同意或依其他法令规定，不得将其个人资料提供与上述机构之第三人利用。

第五条　信用额度

贵行得视持卡人之信用状况核给信用额度，且得由贵行自行或依持卡人之申请调整之，并以书面通知持卡人，持卡人如不同意者，得通知贵行终止本契约（注：各银行如特别要求以书面通知者，应于契约中明定之）。

持卡人除有第八条第二项第五款但书所定情形外，不得超过贵行核给之信用额度使用信用卡。但持卡人对超过信用额度使用之款项仍负清偿责任。

第六条　契约双方之基本义务

贵行应以善良管理人之注意为持卡人处理使用信用卡交易款项之清偿事宜，并自行或由各收单机构提供特约商店供持卡人使用信用卡交易。如经贵行同意减

收或免收年费者，亦同。

持卡人之信用卡属于贵行之财产，持卡人应妥善保管及使用信用卡。贵行仅授权正卡持卡人或附卡持卡人本人在信用卡有效期限内分别适用，不得让与、转借、提供担保或以其他方式将信用卡之占有转让与第三人或叫其使用。

持卡人使用自动化设备办理预借现金或进行其他交易，就其交易密码或其他辨识持卡人同一性之方式，应予以保密，不得告知第三人。

持卡人不得与第三人或特约商店伪造虚构不实交易行为或共谋诈欺，以信用卡签账方式或其他方式折换现金或取得利益。

持卡人违反第二项至第四项约定至生之应付账款者，亦应对之负清偿责任。

贵行应确保广告内容之真实，对持卡人所负之义务不得低于广告之内容。

第七条 年费

信用卡申请人与贵行核发信用卡后，除经贵行同意免收或减收年费外，应与贵行指定期限内缴纳年费（各卡年费详见信用卡申请书），且不得以第二十一条，或第二十二条第四项及第五项之事由或其他事由请求退还年费（注：各银行得视其情况自行约定是否收取年费及其收取方式，但应明定于契约中）。但本条第二项、第十八条第三项及第二十条约定之情形，不在此限。

因不可归责于持卡人之事由，致终止契约或暂停持卡人使用信用卡之权利达1个月以上者，持卡人得请求按实际持卡月数（未满1个月者，该月不予计算）比例退还部分年费。

申请人与收到核发之信用卡7日内（注：各银行得视自行状况酌予延长，但应明定契约中），得通知贵行解除契约，无须说明理由及负担任何费用或价款。但已使用核发新卡者，不在此限（注：各银行如特别要求申请人以书面通知，或原则上应以信用卡截断寄回而例外得以其他方式解除契约者，应予契约中明定之）。

第八条 一般交易

申请人收到信用卡后，应立即在信用卡上签名，以降低遭第三人冒用之可能性。

持卡人使用信用卡交易时，于出示信用卡刷卡后，经查对无误，应予签账单上签名确认，并自行妥善保管签账单收支联，以供查证之用。

持卡人与特约商店同意持卡人就原使用信用卡交易办理退货、取消交易、终止服务、变更货品或其价格时，应向特约商店索取退款单，经查对无误后，应予退款单上签名确认，并自行妥善保管退款单收支联，以供查证之用。但经持卡人及特约商店同意，得以特约商店自行签认，并以持卡人保留退货凭证或其他足资质证明文件之方式代之。

特约商店于下列情况得拒绝接受持卡人使用信用卡交易：

1. 信用卡为伪造、变造或有破损、断裂、缺角、打洞、签名模糊无法辨认及签名涂改之情事者。

2. 信用卡有效期限届至、业依第十七条第一项办理挂失或本契约已解除或终止者。

3. 贵行已暂停持卡人使用信用卡之权利者。

4. 持卡之人在签账单上之签名与信用卡上之签名不符、持卡之人与信用卡上之照片不符，或得以其他方式证明持卡人之人非贵行同意核发信用卡之本人者。

5. 持卡人累计本次交易后，已超过贵行原核给信用额度。但超过部分经持卡人以现金补足，或经贵行考量持卡人之信用及往来状况，特别授权特约商店得接受其使用信用卡交易者，不在此限。

前项第一款、第二款或第四款之情形者，特约商店得拒绝返还该信用卡。

持卡人如遇有特约商店或办理预借现金机构依第二项各款以外之事由拒绝持卡人使用信用卡交易，或以使用信用卡为由要求增加商品或服务价格者，得向贵行提出申诉，贵行应自行或与转请寿诞机构查明后，将处理情形告知持卡人。如经查明就特约商店或预借现金机构上述情势，贵行有故意或重大过失者，应对持卡人负损害赔偿责任。

第九条　特殊交易

依一般交易习惯或交易特殊性质，其系以邮购、电话订购、传真等其他类似方式订购商品、取得服务、代付费用而使用信用卡付款，或使用信用卡与自动化设备上预借现金等情形，贵行得以密码、电话确认、收货单上之方式代之，无须使用签账单或当场签名。

持卡人如以网际网路（Internet）或电子资料交换（EDI）方式直接进行信用卡之电子交易服务时，应事先与贵行另行签订相关契约。

第十条　预借现金

持卡人以信用卡办理预借现金时，须依贵行及办理预借现金之机构有关规定及程序办理，并应缴付贵行依每笔预借现金金额百分之计算之手续费（注：各银行得视状况自行约定是否收取预借现金手续费，或载明收取方式及计算公式，但应明定于契约中），并得随时清偿。预借现金金额与当期缴款期限截止日前如未全部清偿，贵行得就未清偿部分依第十五条约定计收循环信用利息。

持卡人不得以信用卡向未经主管机构核准或非各信用卡组织委托办理预借现

金之机构或向第三人直接或间接取得资金融通。

第十一条　暂停支付

持卡人如与特约商店就有关商品或服务之品质、数量、金额，或与委托办理预借现金机构就取得金钱之金额有所争议时，应向特约商店或委托办理预借现金机构寻求解决，不得以此作为向贵行拒缴应付账款之抗辩。

持卡人使用信用卡时，如符合各信用卡组织作业规定指下列特殊情形：如预定商品未获特约商店转移商品或其数量不符、预定服务未获提供，或与自动化设备上预借现金而未取得金钱或数量不符时，应先向特约商店或办理预借现金机构寻求解决。如无法解决时，应予缴款截止日前（注：各银行得视自行状况酌予延长，但应明定于契约中），检具贵行要求之相关证明文件，请求贵行就该笔交易以第十三条账款疑义处理程序办理，不受前项约定之限制。

持卡人使用信用卡进行邮购买卖或访问贩卖交易后，依销费者保护法第十九条规定向特约商店解除契约者，准用前项之约定。

第十二条　账单

银行应按期寄发交易明细及缴款通知书。如持卡人与当期缴款截止日期七日前（注：各银行得视自行状况酌予缩短，但应明定于契约中），仍未收到交易明细及缴款通知书，应即向贵行查询，并得请求以挂号邮件、普通邮件、传真或其他适当方式补送，其费用由贵行负担。

信用卡持卡人与申请表格所载之联络地址或其他联络方式有所变更而未通知贵行者，则以最后通知之联络地址或申请表格所载联络地址发出后，经通常邮递之期间，即视为已合法送达。

第十三条　账款疑义之处理程序

持卡人与当期缴款或截止日前（注：各银行得视自行状况酌予延长，但应明定于契约中），如对交易明细及账款通知书所载事项有疑义，得检具理由及贵行要求之证明文件（如签账单或退款单收支联等）通知贵行，或请求贵行向收单机构调阅签账单或退款单，或请求贵行就该笔交易依各信用卡组织之作业规定，向收单机构或特约商店、办理预借现金机构主张扣款，并得就该笔交易对贵行暂停付款。

持卡人未依前项约定通知贵行者，推定交易明细及账款通知书所载事项无错误。

因发生疑义而暂停付款之账款，如经贵行证明无误或因非可归责于贵行之事由而不得扣款时，持卡人与受贵行通知后应立即缴付之，并自原缴款期限之次日起，以年息百分之　计付利息与贵行（注：各银行得视本身资金成本自行约定是否收取利息或其计算方式，但应明定于契约中，唯不得高于循环信用利率）。如有请求贵行向收单机构调阅签账单或退款单时，并应给付贵行调阅签账单手续费，岛内销费为每笔新台币　元，岛外销费为每笔新台币　元（注：各银行得视其状况自行约定是否收取调阅签账单手续费，但应明定于契约中）。

第十四条　一般缴款

持卡人同意当期之应付账款，应于当期缴款截止日前全数交付贵行。前项缴款截止日，如遇银行未对外营业之日者，得延至次一营业日。贵行就持卡人已缴付款项，应依民法第三百二十一条至第三百二十三条规定抵充之。但贵行指定之顺序及方法较民法第三百二十三条之规定更有利于持卡人者，从其指定。

持卡人如有溢缴应付账款之情形，与持卡人申请领回钱，其余额度得由贵行暂时无息保管。且持卡人如无其他特别指示，得以之抵付后续须给付贵行之应付账款。

第十五条　循环信用（注：本条约款应全部以红色文字标示）

持卡人得选择以循环信用方式缴款，与当期缴款截止日前将最低应缴金额以上（或等于最低应缴金额）款项缴付贵行，不适用前条第一项当期清偿全部之应付账款约定。持卡人就剩余未付款项得延后付款，并依第三项计付循环信用利息，且得随时清偿原延后付款金额之全部或一部。持卡人每期最低应缴金额为应付账款之百分之　（如低于新台币　元），以新台币　元计），加计超过信用额度之全部使用信用卡交易金额、累计以前各期逾期未付最低应缴款项之总和，循环信用利息及年费、预借现金手续费、挂失补发手续费、调阅签账单手续费等其他应缴费用（注：各银行得视本身状况自行约定最低应缴金额之计算方式，但应明定于契约中）。

各笔循环信用利息之计算，系将每笔（得计入循环信用本金之账款），自：

各笔账款入账日起

各笔账款结账日起

各笔账款当期缴纳截止日起

（但不得早于实际拨款日），就该账款之余额以年息百分之　（日息万分之　）计算至该笔账款结清之日止（　元以下四舍五入）：持卡人与当期缴款截止日前结清全部应付账款，或缴款后剩余未付款项不足新台币一千元，则当期结账日后发生之循环信用利息，不予计收［注：银行对同时持有贵行两张以上信用卡之持卡人，其循环信用之使用及（得计入循环信用本金之账款）之计算，如采持卡人归户合并处理者（非依卡片类别分开处理者），应明定于契约］。

持卡人如未于每月缴款截止日前付清当期最低应缴金额或迟误缴款期限者，应依第三项约定计付循环信用利息，并同意贵行得依本约款收取违约金或催收费用，各账单周期之违约金或催收费用之计算方式为。

（各银行得自行决定是否收取违约金或催收费用以及收取标准，但拟收取者应明定于契约，并应注意符合衡平原则）

[注：各银行就（得计入循环信用本金之账款），循环信用利息及违约金或催收费用之计算方式，应于实际契约及持卡人手册中以浅显文字辅以案例具体说明其范围、计息方式、起止期间及利率，又各银行计收之循环信用利息与违约金，若两者合计实质之利率逾年利率百分之二十，各银行应于契约中举例计算公式，并以显著方式标示，以利持卡人了解]

第十六条　国外交易授权结汇

持卡人所有使用信用卡交易账款均应以新台币结付，如交易（含办理退款）之货币非为新台币时，则授权贵行依各信用卡组织依约所列之结汇日汇率换算为新台币，并加收百分之　手续费后结付（注：各银行得视其状况约定是否收取手续费，但应明定于契约中）。

持卡人授权贵行为其在于台湾地区之结汇代理人，办理信用卡在岛外使用信用卡交易之结汇手续，但持卡人应支付之外币结汇金额超过法定限额者，持卡人应以外币支付该超过法定限额之款项。

第十七条　卡片被窃、遗失或其他丧失占有（注：本条约款应全部以红色文字标示）

持卡人之信用卡如有遗失、被窃、被抢、诈取或其他遭持卡人以外之第三人占有之情形（以下简称遗失或被窃等情形），应尽速以电话或其他方式通知贵行或其他经贵行指定机构办理挂失停用手续，并缴交挂失手续费新台币　元（注：各银行得视其状况自行约定是否收取挂失手续费，但应明定于契约）。唯知贵行认为有必要时，应于受理挂失手续日起 10 日内通知持卡人，要求于受通知日起 3 日内向当地警察机关报案或以书面补行通知贵行。

持卡人自办理挂失停用手续时起被冒用所发生之损失，概由贵行负担。但有下列情形之一者，持卡人仍应负担办理挂失停用手续后被冒用之损失：

第三人之冒用为持卡人容许或故意将信用卡交其使用者。

持卡人与第三人或特约商店伪造虚构不实交易行为或共谋诈欺者。办理挂失手续前持卡人被冒用之自负额以新台币　元为上限（各银行得视本身状况自行约定收取金额，但不得超过新台币三千元，且应明定于契约中）。但有下列情形之一者，持卡人免负担自负额：持卡人于办理信用卡挂失手续时提前二十四小时以后被冒用者，冒用者在签单上之签名，以肉眼即可辨识之与持卡人之签名明显不相同或以善良管理人之注意而可辨识与持卡人之签名不相同者，持卡人于2年内未有失卡记录者（注：第3点各银行得斟酌是否列入契约中。在自动化设备办理预借现金部分，持卡人办理挂失手续前之冒用损失，由持卡人负担，不适用本项自负额之约定）。

持卡人有本条第二项但书及以下情形之一者，且贵行能证明已尽善良管理人之注意义务者，其被冒用之自负额不适用前项约定：

持卡人得知信用卡遗失或被窃等情形而怠于立即通知贵行，或持卡人发生信用卡遗失或被窃等情形后，自当期缴纳截止日起已逾20日仍未通知贵行者。

持卡人违反第八条第一项约定，未于信用卡签名致第三人冒用者。持卡人于办理信用卡挂失手续后，未提出贵行所请求之文件、拒绝协助调查或其他违反诚信原则之行为者。

第十八条　补发新卡、换发新卡及届期续发新卡

持卡人发生信用卡遗失或被窃等情形或污损、消磁、刮伤或其他原因致令信用卡不堪使用，贵行得依持卡人之申请补发新卡。

贵行于信用卡有效期间届满时，如未依第二十二条终止契约者，应续发新卡供持卡人继续使用。

信用卡有效期届满前，持卡人如无续用之意愿，须于有效期届满前，事先通知贵行终止本契约，或于接获续发新卡后7日内（注：各银行得视自行状况酌予延长，但应明定于契约中）通知贵行终止本契约，无须说明理由及负担任何费用或价款，但已使用核发新卡者，不在此限（注：各银行如特别要求持卡人以书面通知，或原则上应以信用卡截断寄回而例外得以其他方式终止契约者，应于契约中明定之）。

第十九条　抵消及抵充

持卡人经贵行依第二十二条主张视为全部到期之权利时，贵行得将持卡人寄存于贵行之各种存款（支票存款除外）及对贵行之一切债权期前清偿，并得将期前清偿之款项抵消持卡人对贵行所负之义务（注：有关支票存款抵消之约定部分，各银行得参照“财政部金融局”授权，金融人员研究训练中心发行之“银行定型化契约之研究——授信及催收有关契约”第156页，以适当文字于支票存款约定书中订定之）。

贵行预定抵消之意思表示，自登账抵扣时即生抵消之效力。同时贵行发给持卡人之存折、存单及其他债权凭证，在抵消范围内失去其效力。如抵消之金额不足抵偿持卡人对贵行所负之全部债务者，依“民法”第三百二十一条至第三百

二十三条规定抵充之。但贵行指定之顺序及方法较“民法”第三百二十三条之规定更有利于持卡人者，从其指定。

第二十条　契约之变更

本契约约款有修改或增删时，贵行以书面通知持卡人后，持卡人于7日内不为异议者，视同承认该修改或增删约款。但下列事项如有变更，应于变更前60日以书面通知持卡人，并于该书面以显著明确文字载明其变更事项、新旧约款内容，及告知持卡人得于变更事项生效前表示异议，及持卡人未于该期间内异议者，视同承认该修改或增删约款；并告知持卡人如有异议，应于前项得异议时间内通知贵行终止契约，且除第五款事由外，并得请求按实际持卡月份（不满1个月者，该月不予计算）比例退还部分年费：

1. 增加向持卡人收取之年费、手续费及提高利率、变更利息计算方式及增加可能负担之一切费用。
2. 信用卡发生遗失、被窃等情况或灭失时，通知贵行之方式。
3. 持卡人对他人无权使用其信用卡后发生之权利义务关系。
4. 有关信用卡交易账款疑义之处理程序。
5. 其他经“财政部”规定之事项。

第二十一条　信用卡使用之限制

持卡人如有下列事由之一者，贵行无需事先通知或催告，得降低持卡人之信用额度、调整循环信用最低应缴比率或金额或暂时停止持卡人使用信用卡之权利：

1. 持卡人违反第二条第一项、第六条第二项或第四项或第十条第二项者。
2. 持卡人故意将使用自动化设备办理预借现金或进行其他交易之交易密码或其他辨识持卡人同一性之方式告知第三人者。
3. 持卡人连续二期缴付最低应缴金额或所缴付款项未达贵行所定最低应缴金额者。
4. 持卡人依破产法申请和解、申请宣告破产、申请公司重组、经票据交换所宣告拒绝往来、停止营业或清理债务者。
5. 持卡人为法人或非法人团体之法定代理人、代表人、管理人者，关于该法人或非法人团体经票据交换所公告拒绝往来者。
6. 持卡人因刑事而受有期徒刑以上之宣告或没收主要财产之宣告者。

持卡人如有下列事由之一者，经贵行事先通知或催告后，得降低持卡人之信用额度、调整循环信用最低应缴比率或金额或暂时停止持卡人使用信用卡之权利：

1. 持卡人违反第二条第二项，贵行已依原申请时填载资料之联络地址、电话通知而无法取得联系，或持卡人职业或职务有所变动足以降低原先对持卡人信用之估计者。

2. 持卡人有一期未缴付最低应缴金额或所缴付款项未达贵行所定最低应缴金额者。

3. 持卡人违反第五条第二项约定超过信用额度使用信用卡交易者。

4. 持卡人存款不足而退票，或其为法人或非法人团体之法定代理人、代表人、管理人，而该法人或非法人团体存款不足而退票者。

5. 持卡人遭其他发卡机构暂停使用信用卡之权利或终止信用卡契约者。

6. 持卡人受强制执行或假扣押、假处分或其他保全处分者。

7. 持卡人因其他债务关系被提起诉讼，或因涉及刑事被侦查或起诉者。

8. 对贵行（包括总机构或分支机构）其他债务延不偿还，或其他债务有迟延缴纳本金或利息者。

9. 持卡人依约定负有提供担保之义务而不提供者。

（注：除本条第一项及第二项之事由外，发卡机构视持卡人信用状况及确保债权必要，得与持卡人以个别商议方式加列他种事由，该议定事项应于契约中以粗体或不同颜色之醒目方式记载之，并明示经通知或无需通知之不利后果）

贵行于第一项或第二项各款事由消灭后，或经贵行同意持卡人释明相当理由，或持卡人清偿部分款项或提供适当之担保者，得恢复原核给持卡人之信用额度、原循环信用最低应缴比率或金额或使用信用卡之权利。

第二十二条　丧失期限利益及契约之终止

持卡人如有前条第一项各款事由之一或本契约终止者，贵行无需事先通知或催告，得随时缩短持卡人延后付款期限或视为全部到期。持卡人如有前条第二项各款事由之一或持卡人死亡而其继承人声明为限定继承或抛弃继承者，经贵行事先通知或催告后，贵行得随时缩短持卡人延后付款期限或视为全部到期。

（注：除本条第一项及第二项之事由外，发卡机构视持卡人信用状况及确保债权必要，得与持卡人以个别商议方式加列其他种事由，该议定事项应于契约中以粗体或不同颜色之醒目方式记载之，并明示经通知或无需通知之不利后果）

贵行于第一项或第二项之事由消灭后，或经贵行同意持卡人释明相当理由，或持卡人清偿部分款项或提供适当之担保者，得恢复持卡人原得延后付款期限或使用循环利息之期限利益。

持卡人得随时通知贵行终止本契约（注：各银行如特别要求持卡人以书面通知，或原则上应以信用卡截断寄回而例外得其他方式终止契约者，应于契约中明定之）。

持卡人如有第一项或第二项之事由，或信用卡有效期限届至者，贵行得以书面通知持卡人终止契约（注：除本项之事由外，发卡机构视持卡人信用状况及确保债权必要，得与持卡人以个别商议方式加列他种事由，该议定事项应于契约中以粗体或不同颜色之醒目方式记载之，并明示经过或无需通知之不利后果）。

本契约终止或解除后，正卡持卡人及附卡持卡人均不得再使用信用卡（含有效期限尚未届至者）。但如终止或解除其中一种信用卡契约，则仅就该契约发生效力，其他信用卡契约仍为有效。

第二十三条　适用法律

本契约之准据法为台湾地区法律。

依本契约发生债权债务之关系者，其法律行为之成立要件、效力及方式适用台湾地区法律。

第二十四条　管辖法院

因本契约涉讼时，除法律所规定之法院有管辖权外，持卡人并同意以地方法院为第一审管辖法院。但法律有专属管辖之特别规定者，以其规定。

第二十五条　业务委托

持卡人同意贵行之交易账款收付业务、电脑处理业务或其他与本契约有关之附随业务，于必要时得委托适当之第三人或与各信用卡组织之会员机构合作办理。

第二十六条　其他约定事项

本契约或其他附件各项约定如有未尽事宜，应由双方另行协议订定之。

附录　中国内地银行卡规章和政策

一、银行卡业务管理办法

（2001 年 10 月 1 日起施行的《中国人民银行关于调整银行卡跨行交易收费及分配办法的通知》将本文第二十五条、第二十六条废止）

第一章 总 则

第一条 为加强银行卡业务的管理，防范银行卡业务风险，维护商业银行、持卡人、特约单位及其他当事人的合法权益，依据《中华人民共和国中国人民银行法》、《中华人民共和国商业银行法》、《中华人民共和国外汇管理条例》及有关行政法规制订本办法。

第二条 本办法所称银行卡，是指由商业银行（含邮政金融机构，下同）向社会发行的具有消费信用、转账结算、存取现金等全部或部分功能的信用支付工具。

商业银行未经中国人民银行批准不得发行银行卡。

第三条 凡在中华人民共和国境内办理银行卡业务的商业银行、持卡人、商户及其他当事人均应遵守本办法。

第四条 商业银行应在协商、互利的基础上开展信息共享、商户共享、机具共享等类型的银行卡业务联合。

第二章 分类及定义

第五条 银行卡包括信用卡和借记卡。

银行卡按币种不同分为人民币卡、外币卡；按发行对象不同分为单位卡（商务卡）、个人卡；按信息载体不同分为磁条卡、芯片（IC）卡。

第六条 信用卡按是否向发卡银行交存备用金分为贷记卡、准贷记卡两类。

贷记卡是指发卡银行给予持卡人一定的信用额度，持卡人可在信用额度内先消费、后还款的信用卡。

准贷记卡是指持卡人须先按发卡银行要求交存一定金额的备用金，当备用金账户余额不足支付时，可在发卡银行规定的信用额度内透支的信用卡。

第七条 借记卡按功能不同分为转账卡（含储蓄卡，下同）、专用卡、储值卡。借记卡不具备透支功能。

第八条 转账卡是实时扣账的借记卡。具有转账结算、存取现金和消费功能。

第九条 专用卡是具有专门用途、在特定区域使用的借记卡。具有转账结算、存取现金功能。

专门用途是指在百货、餐饮、饭店、娱乐行业以外的用途。

第十条 储值卡是发卡银行根据持卡人要求将其资金转至卡内储存，交易时直接从卡内扣款的预付钱包式借记卡。

第十一条 联名/认同卡是商业银行与盈利性机构/非盈利性机构合作发行的银行卡附属产品，其所依附的银行卡品种必须是已经中国人民银行批准的品种，并应当遵守相应品种的业务章程或管理办法。

发卡银行和联名单位应当为联名卡持卡人在联名单位用卡提供一定比例的折扣优惠或特殊服务；持卡人领用认同卡表示对认同单位事业的支持。

第十二条 芯片（IC）卡既可应用于单一的银行卡品种，又可应用于组合的银行卡品种。

第三章 银行卡业务审批

第十三条 商业银行开办银行卡业务应当具备下列条件：

（一）开业3年以上，具有办理零售业务的良好业务基础；

（二）符合中国人民银行颁布的资产负债比例管理监控指标，经营状况良好；

（三）已就该项业务建立了科学完善的内部控制制度，有明确的内部授权审批程序；

（四）合格的管理人员和技术人员、相应的管理机构；

（五）安全、高效的计算机处理系统；

（六）发行外币卡还须具备经营外汇业务的资格和相应的外汇业务经营管理水平；

（七）中国人民银行规定的其他条件。

第十四条 符合上述条件的商业银行，可向中国人民银行申请开办银行卡业务，并提交下列材料：

（一）申请报告：论证必要性、可行性，进行市场预测；

（二）银行卡章程或管理办法、卡样设计草案；

（三）内部控制制度、风险防范措施；

（四）由中国人民银行科技主管部门出具的有关系统安全性和技术标准合格的测试报告；

（五）中国人民银行要求提供的其他材料。

第十五条 发卡银行各类银行卡章程应载明下列事项：

（一）卡的名称、种类、功能、用途；

（二）卡的发行对象、申领条件、申领手续；

（三）卡的使用范围（包括使用方面的限制）及使用方法；

（四）卡的账户适用的利率，面向持卡人的收费项目及标准；

（五）发卡银行、持卡人及其他有关当事人的权利、义务；

（六）中国人民银行要求的其他事项。

第十六条 银行卡的管理权限和审批程序：

（一）商业银行开办各类银行卡业务，应当按照中国人民银行有关加强内部控制和授权授信管理的规定，分别制订统一的章程或业务管理办法，报中国人民银行总行审批。

商业银行总行不在北京的，应当先向中国人民银行当地中心支行申报，经审查同意后，由中国人民银行分行转报中国人民银行总行审批。

（二）已开办信用卡或转账卡业务的商业银行可向中国人民银行申请发行联名/认同卡、专用卡、储值卡；已开办人民币信用卡业务的商业银行可向中国人民银行申请发行外币信用卡。

（三）商业银行发行全国使用的联名卡、IC卡、储值卡应当报中国人民银行总行审批。

（四）商业银行分支机构办理经中国人民银行总行批准的银行卡业务应当持中国人民银行批准文件和其总行授权文件向中国人民银行当地行备案。

商业银行分支机构发行区域使用的专用卡、联名卡应当持商业银行总行授权文件、联名双方的协议书报中国人民银行当地中心支行备案。

（五）商业银行变更银行卡名称、修改银行卡章程应当报中国人民银行审批。

第十七条 外资金融机构经营银行卡收单业务应当报中国人民银行总行批准。

银行卡收单业务是指签约银行向商户提供的本外币资金结算服务。

第四章 计息和收费标准

第十八条 银行卡的计息包括计收利息和计付利息，均按照《金融保险企业财务制度》的规定进行核算。

第十九条 发卡银行对准贷记卡及借记卡（不含储值卡）账户内的存款，按照中国人民银行规定的同期同档次存款利率及计息办法计付利息。

发卡银行对贷记卡账户的存款、储值卡（含IC卡的电子钱包）内的币值不计付利息。

第二十条 贷记卡持卡人非现金交易享受如下优惠条件：

（一）免息还款期待遇。银行记账日至发卡银行规定的到期还款日之间为免息还款期。免息还款期最长为60天。持卡人在到期还款日前偿还所使用全部银行款项即可享受免息还款期待遇，无须支付非现金交易的利息。

（二）最低还款额待遇。持卡人在到期还款日前偿还所使用全部银行款项有困难的，可按照发卡银行规定的最低还款额还款。

第二十一条 贷记卡持卡人选择最低还款额方式或超过发卡银行批准的信用额度用卡时，不再享受免息还款期待遇，应当支付未偿还部分自银行记账日起，按规定利率计算的透支利息。

贷记卡持卡人支取现金、准贷记卡透支，不享受免息还款期和最低还款额待遇，应当支付现金交易额或透支额自银行记账日起，按规定利率计算的透支利息。

第二十二条 发卡银行对贷记卡持卡人未偿还最低还款额和超信用额度用卡的行为，应当分别按最低还款额未还部分、超过信用额度部分的5%收取滞纳金和超限费。

第二十三条 贷记卡透支按月计收复利，准贷记卡透支按月计收单利，透支利率为日利率万分之五，并根据中国人民银行的此项利率调整而调整。

第二十四条 商业银行办理银行卡收单业务应当按下列标准向商户收取结算手续费：

（一）宾馆、餐饮、娱乐、旅游等行业不得低于交易金额的2%；

（二）其他行业不得低于交易金额的1%。

第二十五条 跨行交易执行下列分润比例：

（一）未建信息交换中心的城市，从商户所得结算手续费，按发卡行90%，收单行10%的比例进行分配；

商业银行也可以通过协商，实行机具分摊、相互代理、互不收费的方式进行跨行交易。

（二）已建信息交换中心的城市，从商户所得结算手续费，按发卡行80%，收单行10%，信息交换中心10%的比例进行分配。

第二十六条 持卡人在ATM机跨行取款的费用由其本人承担，并执行如下收费标准：

（一）持卡人在其领卡城市之内取款，每笔收费不得超过2元人民币；

（二）持卡人在其领卡城市以外取款，每笔收费不得低于8元人民币。

从ATM机跨行取款所得的手续费，按机具所有行70%，信息交换中心30%的比例进行分配。

第二十七条 商业银行代理境外银行卡收单业务应当向商户收取结算手续费，其手续费标准不得低于交易金额的4%。

境内银行与境外机构签订信用卡代理收单协议，其分润比率按境内银行与境外机构分别占商户所交手续费的37.5%和62.5%执行。

第五章　账户及交易管理

第二十八条　个人申领银行卡（储值卡除外），应当向发卡银行提供公安部门规定的本人有效身份证件，经发卡银行审查合格后，为其开立记名账户；

凡在中国境内金融机构开立基本存款账户的单位，应当凭中国人民银行核发的开户许可证申领单位卡；

银行卡及其账户只限经发卡银行批准的持卡人本人使用，不得出租和转借。

第二十九条　单位人民币卡账户的资金一律从其基本存款账户转账存入，不得存取现金，不得将销货收入存入单位卡账户。

第三十条　单位外币卡账户的资金应从其单位的外汇账户转账存入，不得在境内存取外币现钞。其外汇账户应符合下列条件：

（一）按照中国人民银行境内外汇账户管理的有关规定开立；

（二）其外汇账户收支范围内具有相应的支付内容。

第三十一条　个人人民币卡账户的资金以其持有的现金存入或以其工资性款项、属于个人的合法的劳务报酬、投资回报等收入转账存入。

第三十二条　个人外币卡账户的资金以其个人持有的外币现钞存入或从其外汇账户（含外钞账户）转账存入。该账户的转账及存款均按国家外汇管理局《个人外汇管理办法》办理。

个人外币卡在境内提取外币现钞时应按照我国个人外汇管理制度办理。

第三十三条　除国家外汇管理局指定的范围和区域外，外币卡原则上不得在境内办理外币计价结算。

第三十四条　持卡人在还清全部交易款项、透支本息和有关费用后，可申请办理销户。销户时，单位人民币卡账户的资金应当转入其基本存款账户，单位外币卡账户的资金应当转回相应的外汇账户，不得提取现金。

第三十五条　单位人民币卡可办理商品交易和劳务供应款项的结算，但不得透支；超过中国人民银行规定起点的，应当经中国人民银行当地分行办理转汇。

第三十六条　发卡银行对贷记卡的取现应当每笔授权，每卡每日累计取现不得超过2000元人民币。

发卡银行应当对持卡人在自动柜员机（ATM）取款设定交易上限，每卡每日累计提款不得超过5000元人民币。

第三十七条　储值卡的面值或卡内币值不得超过1000元人民币。

第三十八条　商业银行发行认同卡时，不得从其收入中向认同单位支付捐赠等费用。

第三十九条　发卡银行依据密码等电子信息为持卡人办理的存取款、转账结算等各类交易所产生的电子信息记录，均为该项交易的有效凭据。发卡银行可凭交易明细记录或清单作为记账凭证。

第四十条 银行卡通过联网的各类终端交易的原始单据至少保留二年备查。

第六章 银行卡风险管理

第四十一条 发卡银行应当认真审查信用卡申请人的资信状况，根据申请人的资信状况确定有效担保及担保方式。

发卡银行应当对信用卡持卡人的资信状况进行定期复查，并应当根据资信状况的变化调整其信用额度。

第四十二条 发卡银行应当建立授权审批制度，明确对不同级别内部工作人员的授权权限和授权限额。

第四十三条 发卡银行应当加强对止付名单的管理，及时接收和发送止付名单。

第四十四条 通过借记卡办理的各项代理业务，发卡银行不得为持卡人或委托单位垫付资金。

第四十五条 发卡银行应当遵守下列信用卡业务风险控制指标：

（一）同一持卡人单笔透支发生额个人卡不得超过 2 万元（含等值外币）、单位卡不得超过 5 万元（含等值外币）。

（二）同一账户月透支余额个人卡不得超过 5 万元（含等值外币），单位卡不得超过发卡银行对该单位综合授信额度的 3%。无综合授信额度可参照的单位，其月透支余额不得超过 10 万元（含等值外币）。

（三）外币卡的透支额度不得超过持卡人保证金（含储蓄存单质押金额）的 80%。

（四）从本办法施行之日起新发生的 180 天（含 180 天，下同）以上的月均透支余额不得超过月均总透支余额的 15%。

第四十六条 准贷记卡的透支期限最长为 60 天。贷记卡的首月最低还款额不得低于其当月透支余额的 10%。

第四十七条 发卡银行通过下列途径追偿透支款项和诈骗款项：

（一）扣减持卡人保证金、依法处理抵押物和质物；

（二）向保证人追索透支款项；

（三）通过司法机关的诉讼程序进行追偿。

第四十八条 发卡银行采取了第四十七条所列措施后仍不足以弥补的，将按照财政部《呆账准备金管理办法》执行。

第四十九条 对已核销的透支款项又收回的，本金和利息作增加“呆账准备金”处理。

第五十条 商业银行分支机构出资加入所在城市的银行卡信息交换中心，应当报经其总行批准。

第七章 银行卡当事人之间的职责

第五十一条 发卡银行的权利：

（一）发卡银行有权审查申请人的资信状况、索取申请人的个人资料，并有权决定是否向申请人发卡及确定信用卡持卡人的透支额度。

（二）发卡银行对持卡人透支有追偿权。对持卡人不在规定期限内归还透支款项的，发卡银行有权申请法律保护并依法追究持卡人或有关当事人的法律责任。

（三）发卡银行对不遵守其章程规定的持卡人，有权取消其持卡人资格，并可授权有关单位收回其银行卡。

（四）发卡银行对储值卡和 IC 卡内的电子钱包可不予挂失。

第五十二条 发卡银行的义务：

（一）发卡银行应当向银行卡申请人提供有关银行卡的使用说明资料，包括章程、使用说明及收费标准。现有持卡人亦可索取上述资料。

（二）发卡银行应当设立针对银行卡服务的公平、有效的投诉制度，并公开投诉程序和投诉电话。发卡银行对持卡人关于账务情况的查询和改正要求应当在 30 天内给予答复。

（三）发卡银行应当向持卡人提供对账服务。按月向持卡人提供账户结单，在下列情况下发卡银行可不向持卡人提供账户结单：

1. 已向持卡人提供存折或其他交易记录；
2. 自上一份月结单后，没有进行任何交易，账户没有任何未偿还余额；
3. 已与持卡人另行商定。

（四）发卡银行向持卡人提供的银行卡对账单应当列出以下内容：

1. 交易金额、账户余额（贷记卡还应列出到期还款日、最低还款额、可用信用额度）；
2. 交易金额记入有关账户或自有关账户扣除的日期；
3. 交易日期与类别；
4. 交易记录号码；
5. 作为支付对象的商户名称或代号（异地交易除外）；
6. 查询或报告不符账务的地址或电话号码。

（五）发卡银行应当向持卡人提供银行卡挂失服务，应当设立 24 小时挂失服务电话，提供电话和书面两种挂失方式，书面挂失为正式挂失方式。并在章程或有关协议中明确发卡银行与持卡人之间的挂失责任。

（六）发卡银行应当在有关卡的章程或使用说明中向持卡人说明密码的重要

性及丢失的责任。

（七）发卡银行对持卡人的资信资料负有保密的责任。

第五十三条 持卡人的权利：

（一）持卡人享有发卡银行对其银行卡所承诺的各项服务的权利，有权监督服务质量并对不符服务质量进行投诉。

（二）申请人、持卡人有权知悉其选用的银行卡的功能、使用方法、收费项目、收费标准、适用利率及有关的计算公式。

（三）持卡人有权在规定时间内向发卡银行索取对账单，并有权要求对不符账务内容进行查询或改正。

（四）借记卡的挂失手续办妥后，持卡人不再承担相应卡账户资金变动的责任，司法机关、仲裁机关另有判决的除外。

（五）持卡人有权索取信用卡领用合约，并应妥善保管。

第五十四条 持卡人的义务：

（一）申请人应当向发卡银行提供真实的申请资料并按照发卡银行规定向其提供符合条件的担保。

（二）持卡人应当遵守发卡银行的章程及《领用合约》的有关条款。

（三）持卡人或保证人通讯地址、职业等发生变化，应当及时书面通知发卡银行。

（四）持卡人不得以和商户发生纠纷为由拒绝支付所欠银行款项。

第五十五条 商业银行发展受理银行卡的商户，应当与商户签订受理合约，受理合约不得包括排他性条款。受理合约中的手续费率标准低于本办法规定标准的不受法律保护。

第五十六条 银行卡申请表、领用合约是发卡银行向银行卡持卡人提供的明确双方权责的契约性文件，持卡人签字，即表示接受其中各项约定。

发卡银行应当本着权利与义务对等的原则制定银行卡申请表及信用卡领用合约。

第八章 罚 则

第五十七条 商业银行有下列情形之一者，中国人民银行应当责令改正，有违法所得的，处以违法所得一倍以上三倍以下的罚款，但最高不超过30000元；没有违法所得的，按有关法律、规章处以罚款；情节严重的，应当追究直接负责的主管人员和有关直接责任人员的行政责任，情节严重的追究有关领导人的责任：

（一）擅自发行银行卡或在申请开办银行卡业务过程中弄虚作假的；

（二）违反本办法规定的计息和收费标准的；

（三）违反本办法规定的银行卡账户及交易管理规定的。

第五十八条　发卡银行未遵守本办法规定的风险管理措施和控制指标的，中国人民银行应当责令改正，并给以通报批评。

第五十九条　持卡人出租或转借其信用卡及其账户的，发卡银行应当责令其改正，并对其处以1000元人民币以内的罚款（由发卡银行在申请表、领用合约等契约性文件中事先约定）。

第六十条　持卡人将单位的现金存入单位卡账户或将单位的款项存入个人卡账户的，中国人民银行应责令改正，并对单位卡所属单位及个人卡持卡人处以1000元人民币以内的罚款。

第六十一条　任何单位和个人有下列情形之一的，根据《中华人民共和国刑法》及相关法规进行处理：

（一）骗领、冒用信用卡的；

（二）伪造、变造银行卡的；

（三）恶意透支的；

（四）利用银行卡及其机具欺诈银行资金的。

第六十二条　外资金融机构擅自经营信用卡收单业务的，中国人民银行应当责令改正，并按照《外资金融机构管理条例》的有关规定予以处罚。

第六十三条　非金融机构、金融机构的代表机构经营银行卡业务的，由中国人民银行依法予以取缔。

第九章　附　则

第六十四条　中华人民共和国境内的商业银行（或金融机构）发行的各类银行卡，应当执行国家规定的技术标准，但发行带有国际信用卡组织标记的银行卡除外。

单位卡应当在卡面左下方的适当位置凸印“DWK”字样。

银行卡卡面应当载有以下要素：发卡银行一级法人名称、统一品牌名称、品牌标识（专用卡除外）、卡号（IC卡除外）、持卡人使用注意事项、客户服务电话、持卡人签名条（IC卡除外）等。

第六十五条　经中国人民银行批准办理银行卡业务的其他金融机构、境外机构发行的银行卡在境内流通使用适用本办法。

第六十六条　本办法由中国人民银行负责解释。

第六十七条　本办法从一九九九年三月一日起施行，发卡银行应当在半年内达到本办法有关要求。中国人民银行一九九六年颁布的《信用卡业务管理办法》（银发〔1996〕27号）同时废止；中国人民银行在本办法颁布之前制订的银行卡管理规定与本办法相抵触的，以本办法为准。

二、中央预算单位公务卡管理暂行办法

第一章 总 则

第一条 为进一步深化国库集中支付制度改革，规范中央预算单位财政授权支付业务，减少现金支付结算，提高支付透明度，加强财政监督，方便预算单位用款，根据《财政国库管理制度改革试点方案》（财库〔2001〕24 号）和《银行卡业务管理办法》（银发〔1999〕17 号）、《支付结算办法》（银发〔1997〕393 号）等相关规定，制定本办法。

第二条 本办法所称公务卡，是指中央预算单位工作人员持有的，主要用于日常公务支出和财务报销业务的信用卡。

第三条 中央预算单位财政授权支付业务中原使用现金结算的公用经费支出，包括差旅费、会议费、招待费和 5 万元（以人民币为单位，下同）以下的零星购买支出等，一般应当使用公务卡结算。中央预算单位应根据银行卡受理环境等情况，积极扩大公务卡使用范围，尽量减少现金支出。

第四条 公务卡的发卡银行（以下简称发卡行）是指办理国库集中支付业务的代理银行，预算单位在确定的代理银行范围内，自行选择本单位公务卡发卡行。

第五条 与公务卡管理有关的信息维护、财务报销、银行划款和动态监控等业务，通过专门的公务卡支持系统辅助办理。

第六条 持有公务卡的工作人员（以下统称持卡人）应当妥善保管公务卡，规范使用公务卡办理公务支出的支付结算业务，并及时向所在单位财务部门申请办理报销手续。

第七条 预算单位财务部门应当依托公务卡支持系统，认真审核公务卡报销事项。对于批准报销的公务卡消费支出，应当按规定时间，通过零余额账户办理向公务卡的资金还款手续。

第二章 公务卡日常管理

第八条 公务卡由中央预算单位统一组织本单位工作人员向发卡行申办。公务卡申办成功后，经预算单位确认核实，由发卡行将持卡人姓名和卡号等信息统一录入公务卡支持系统管理。

第九条 预算单位在工作人员新增或调动、退休时，应及时组织办理公务卡的申领或停止使用等手续，并通知发卡行及时维护公务卡支持系统。现有工作人员涉及公务卡的相关信息变动时，应及时通知发卡行维护公务卡支持系统。

第十条　公务卡应当使用银联标准信用卡。试点阶段，公务卡原则上仅用于办理人民币支出结算业务。

第十一条　公务卡主要用于公务支出的支付结算。公务支出发生后，由持卡人及时向所在单位财务部门申请办理报销手续。公务卡也可用于个人支付结算业务，但不得办理财务报销手续，单位不承担私人消费行为引致的一切责任。

第十二条　公务卡的信用额度，由预算单位根据银行卡管理规定和业务需要，与发卡行协商设定。原则上每张公务卡的信用额度不超过 5 万元、不少于 2 万元。持卡人在规定的信用额度和免息还款期内先支付，后还款。

第十三条　发卡行可根据持卡人资信情况对其公务卡信用额度进行调整，并及时通知持卡人和持卡人所在单位财务部门。其中，调增信用额度的，须事前商持卡人所在单位财务部门同意。

第十四条　公务卡的卡片和密码均由个人负责保管。公务卡遗失或损毁后的补办等事项由个人自行到发卡行申请办理，并通过单位财务部门及时通知发卡行维护公务卡支持系统。

第十五条　发卡行应按月向持卡人提供公务卡对账单，并按照与持卡人约定的方式，及时向持卡人提供公务卡账户资金变动情况和还款提示等重要信息。

第十六条　持卡人对公务消费交易发生疑义，可按发卡行的相关规定等提出交易查询。

第三章　公务卡支付管理

第十七条　对于差旅、会议、购买等公务支出，使用公务卡结算的，应在公务卡信用额度内，先通过公务卡结算，并须取得发票等财务报销凭证和有关银行卡消费凭证。持卡人所在单位财务部门对于公务支出有事前审批要求的，持卡人应事先按要求履行相关审批手续。

第十八条　原则上同一持卡人信用消费单笔不得超过 2 万元，月透支余额不得超过 5 万元。

第十九条　特殊情况下公务卡信用额度不能满足公务支付需要时，持卡人可通过单位财务部门提前向发卡行申请临时增加信用额度，增加的额度和使用期限等具体事项，按照发卡行有关规定执行。

第二十条　持卡人在执行公务中原则上不允许通过公务卡提取现金。确有特殊需要，应当事前经过单位财务部门批准，未经批准的提现业务，提现手续费等费用由持卡人承担。

第四章　公务卡财务报销管理

第二十一条　持卡人使用公务卡消费结算的各项公务支出，必须在发卡行规定的免息还款期内，到所在单位财务部门报销。因个人报销不及时造成的罚息、滞纳金等相关费用，由持卡人承担；因持卡人所在单位报销不及时造成的利息等费用，以及由此带来的对个人资信影响等责任，由单位承担。

第二十二条　持卡人办理公务卡消费支出报销业务时，应当按照所在单位财务部门要求填写报销审批单，并附有关财务报销凭证及公务卡消费凭证，按照单位规定的财务报销程序报请审批。

第二十三条　确因工作需要，持卡人不能在规定的免息还款期内返回单位办理报销手续的，可由持卡人或其所在单位相关人员向单位财务部门提供持卡人姓名、交易日期和每笔交易金额的明细信息，办理相关借款手续，经财务部门审核批准，于免息还款期之前，先将资金转入公务卡，持卡人返回单位后按财务部门规定时间补办报销手续。

第二十四条　单位财务人员登录公务卡支持系统，根据持卡人提供的姓名、交易日期和消费金额等信息，查询核对公务消费的真实性，审核确认后批准报销。

第二十五条　单位财务人员对批准报销的公务卡消费支出，按以下规定办理报销还款手续：

（一）通过公务卡支持系统，编制“还款明细表”，生成“还款汇总表”，并以电子文档形式将“还款汇总表”及“还款明细表”提交发卡行。

（二）签发财政授权支付指令（支票等支付凭证），附加盖单位财务公章的“还款汇总表”，通知发卡行向指定的公务卡还款。

（三）原则上应在公务卡免息还款期的前三个工作日内，统一办理报销资金的还款手续；对于确需提前还款的业务，预算单位可及时签发财政授权支付指令办理公务卡报销还款手续。

第二十六条　“还款明细表”应包含流水号、预算单位组织机构代码、零余额账户账号、持卡人姓名、公务卡号、交易日期、交易金额、报销金额、商户名称、预算管理类型、预算科目（功能分类和经济分类）、支出类型、用途、创建用户、创建时间、复核用户、复核时间、处理状态等要素。

第二十七条　“还款汇总表”在“还款明细表”基础上生成，应包含还款记录序号、持卡人姓名、公务卡号、报销金额、预算科目（功能分类）、支票号码、汇总还款金额等要素。

第二十八条　“还款汇总表”电子信息与纸质信息必须确保一致。预算单位提交发卡行的“还款汇总表”必须从公务卡支持系统直接打印，不得使用另行编辑或下载修改的“还款汇总表”。

第二十九条　中央预算单位填写所有用于公务卡还款的财政授权支付指令时，国库集中支付制度原规定必须填写的12位连续代码中的后四位代码（3位经济分类代码和1位支出类型代码），改为统一填写“3000”代码。“还款明细表”中经济分类代码和支出类型代码，填写规定不变。财政授权支付指令收款人统一填写持卡人所在单位名称。

第三十条　代理银行根据预算单位签发的支付指令和“还款汇总表”信息，于收到支付指令的当日，将资金支付到公务卡账户。

第三十一条　因特殊原因导致发卡行当日无法将资金划转到公务卡账户，发卡行应于第二个工作日上午与预算单位沟通核实并重新划款。3个工作日内仍无法完成划款的，须及时通知预算单位，由预算单位按照财政授权支付业务流程，签发《财政授权支付更正（退回）通知书》，向零余额账户办理资金退回手续。

第三十二条　因向供应商退货等原因导致已报销资金退回公务卡的，持卡人应及时将相应款项退回所在单位财务部门，并由单位财务部门及时退回零余额账户。持卡人退款的财务审核手续按所在单位内部财务制度规定执行。

第三十三条　预算单位办理公务卡报销和资金退回等业务的账务处理，按照《财政部关于印发〈财政国库管理制度改革试点会计核算暂行办法〉的通知》（财库〔2001〕54号）等规定执行。

第三十四条　发卡行应当按财政部要求，向财政部动态监控系统实时、全面、准确反馈零余额账户向公务卡还款的支付信息，以及该笔报销业务所对应的公务卡明细消费信息。

第三十五条　发卡行应以纸质或电子形式按月向预算单位提供公务卡报销信息对账单。对账单区分预算科目，按日期、姓名、卡号、报销金额、退回金额等内容编制。

第五章　管理职责

第三十六条　财政部在公务卡管理工作中的主要职责是：

（一）会同中国人民银行组织制定公务卡管理的有关制度规定，组织管理中央预算单位公务卡试点和实施工作。

（二）指导和督促发卡行按照双方签署的协议，做好公务卡实施的系统建设、信息传递和资金还款等工作。

（三）管理国库动态监控系统，对中央预算单位公务卡项下的公务消费支出和报销事项进行监控管理，对重大问题进行调研或组织核查。

（四）协调有关部门，解决公务卡实施中的有关政策衔接问题，并协同推动银行卡受理环境的改善和银行卡产业发展。

第三十七条 中国人民银行在公务卡管理中的主要职责是:

（一）配合财政部组织制定公务卡管理的有关制度规定，共同推进公务卡实施工作。

（二）加强对发卡行在公务卡应用推广方面的指导和管理，引导推动发卡行不断加强公务卡应用方面的软、硬件设施建设。

（三）加强与有关方面的协调配合，落实与公务卡有关的配套措施建设，推动有关方面共同创造良好的公务卡用卡环境。

第三十八条 预算单位在公务卡管理工作中的主要职责是:

（一）选择本单位公务卡发卡行，签订公务卡服务协议。

（二）组织本单位工作人员统一办理公务卡，做好新增、调动、退休等人员的公务卡管理工作。

（三）督促本单位持卡人及时办理公务卡项下公务消费支出的财务报销手续。协助发卡行向本单位有逾期欠款的持卡人催收欠款。

（四）通过公务卡支持系统，审核本单位持卡人提请报销的公务卡消费信息，及时办理公务卡报销还款和资金退回等业务，及时下载保存报销还款信息，做好相关账务处理工作，并按月与发卡行就公务卡报销还款情况进行对账。

（五）配合财政部做好公务卡监督管理等有关工作。

第三十九条 发卡行在公务卡管理工作中的主要职责是:

（一）加强与公务卡管理有关的内部制度规范和信息系统建设，积极扩大银行卡机具布设范围，规范有关银行卡机具使用和银行卡消费信息的收集、存储、传送等方面的管理，提供良好的公务卡应用环境。

（二）按照与财政部所签订协议的要求定制公务卡，在试点初期开发维护或协助维护公务卡支持系统，及时、准确为财政部传送零余额账户资金支付及公务卡中的公务消费支出等动态监控信息，并确保信息传送的及时性、准确性和保密性。

（三）按照与预算单位签订的公务卡服务协议，为预算单位工作人员办理公务卡，维护公务卡支持系统，为公务卡报销、审核与支付还款业务提供及时、准确、规范、便捷的服务。

（四）按照本办法规定，与预算单位协商设定公务卡信用额度，为持卡人提供公务卡使用、挂失、注销等方面的便捷优质服务，并及时向持卡人反馈资金还款信息。

第四十条 中央预算单位工作人员除有涉密任务外，原则上均应在单位统一组织下申请办理公务卡。持卡人的主要职责是:

（一）按规定申请办理公务卡，妥善保管卡片和密码，并承担因个人保管不善等原因引起的公务卡有关费用。

（二）执行公务所需支出，原则上应使用公务卡结算和报销，并接受财政部门和所在单位财务部门对公务支出的监控管理。

（三）及时归还公务卡项下银行欠款。因离职、退休等原因离开所在单位，应按单位要求清理公务卡项下债权债务，停止公务卡的使用。

（四）遵守国家关于银行卡使用管理的法律法规和本办法有关规定，规范使用公务卡。

第四十一条　严禁预算单位将非本单位工作人员纳入公务卡管理范围、违规办理公务卡报销业务或查询、泄露本单位公务卡持卡人的私人交易信息；严禁持卡人违规使用公务卡、恶意透支、拖欠还款或将非公务支出用于公务报销；严禁发卡行对外泄露与公务卡支出有关的各种数据资料。违反规定的，追究单位负责人和直接责任人的行政责任，情节严重涉嫌犯罪的，移交司法机关，依法追究刑事责任。

第六章　附　则

第四十二条　试点阶段，发卡行应为预算单位零余额账户的开户行。

第四十三条　试点阶段，对于特殊情况的，经单位财务部门审核同意，工作人员可向单位财务预借现金支付，并按现行财务规定办理报销手续。

第四十四条　中央预算单位财务部门应根据本办法规定，结合单位财务内部控制规范，制定本单位公务卡报销管理细则，加强财务管理，并认真做好对本单位持卡人的宣传培训等工作。

第四十五条　本办法未尽事宜，有相关规定的，按相关规定执行，没有相关规定的，由财政部会同中国人民银行负责解释。

第四十六条　本办法自印发之日起执行。

三、中国人民银行　财政部　教育部人力资源社会保障部关于全面推行中职学生资助卡　加强中职国家助学金发放监管工作的通知

银发〔2010〕273号

中国人民银行上海总部，各分行、营业管理部、省会（首府）城市中心支行、副省级城市中心支行；各省、自治区、直辖市财政厅、教育厅（教委）、人力资源社会保障厅（局），各计划单列市财政厅、教育局、人力资源社会保障（人事、劳动保障）局，新疆生产建设兵团财务局、教育局、人事局、劳动保障局；中国工商银行、中国农业银行、中国银行、中国建设银行、中国邮政储蓄银行，中国银联股份有限公司：

为进一步落实国家中等职业教育（以下简称：中职）学生资助政策，规范中职国家助学金发放管理工作，促进中职事业科学发展，现就全面推行中职学生资助卡（以下简称：中职卡）、加强中职国家助学金发放监管工作有关事项通知如下：

一、中职学生资助卡是面向享受国家助学金政策待遇的中职学生发行的、用于国家助学金发放的借记卡。中职卡使用专用发卡银行标识代码，卡面式样统一设计，并印有“中职学生资助卡”字样。该卡的办理工作从2010年秋季入学新生开始实施。

二、中职卡免收开卡手续（工本）费，自开卡之日起3年内享受免年费和小额账户管理费的优惠。优惠期过后，中职卡视同普通借记卡使用，不再具有中职国家助学金发放功能。

中职卡发卡银行暂定为：中国工商银行、中国农业银行、中国银行、中国建设银行、中国邮政储蓄银行。中职卡由各发卡银行制作。

三、中职国家助学金须严格按照财政部、教育部《中等职业学校国家助学金管理暂行办法》（财教〔2007〕84号）和《财政部、劳动保障部关于做好技工学校国家助学金发放管理工作的通知》（财教〔2007〕85号）要求，统一通过中职卡发放，不得以实物或服务等形式，抵项或扣减国家助学金。

因没有户籍或身份证明而无法办理中职卡的受助学生，由学生提供家庭所在

地开具的相关证明，再由学校统一向同级学生资助管理机构申请办理，采取特殊方式发放。受助学生的资助信息经同级资助管理机构审核后，由学校以特殊身份编码录入全国中等职业学校学生信息管理系统（以下简称中职信息系统）或全国技工院校电子注册与统计信息管理系统（以下简称技校信息系统）。

四、中职卡实行“一人一卡、集中申领、本人激活”。每位受助学生只能办理一张中职卡。学校或学生资助管理机构按照中职信息系统或技校信息系统中受助学生信息，向学校所在地发卡银行提供受助学生有效身份证件复印件（有效身份证件原则应为居民身份证，特殊情况可使用户口本），由发卡银行统一办理后负责分发给受助学生。学校或资助管理机构要为学生身份信息的真实性和准确性负责。中职卡由学生本人持有效身份证件原件和学生证到发卡银行网点柜台激活后方可使用。

发卡银行应及时将相关办卡信息（含学生姓名、身份证号和卡号）的电子及纸质清单反馈给学校或学生资助管理机构。申领学校须在办卡成功后5个工作日内，将学生办卡信息及时录入中职信息系统或技校信息系统。

五、中职卡发卡银行应免费提供助学金入账短信通知服务。学生或监护人手机号码由学校或学生资助管理机构集中办卡时提供给发卡银行。学生本人办理激活手续时，发卡银行应向学生确认接受短信通知的手机号码。

六、中职卡卡片遗失或损坏时，由学生本人持有效身份证件原件到发卡银行指定网点按相关规定办理挂失及补换卡手续，有关新卡信息要及时告知学校。学校须及时在中职信息系统或技校信息系统进行修改。优惠期过后，中职卡遗失或损坏需要补换时，发卡银行只能为学生补换普通借记卡。

七、中职卡持卡学生转学、退学时，学校应督促学生到发卡银行办理销户手续，否则不予办理转、退学手续。

八、各级财政、教育、人力资源社会保障部门应因地制宜，努力探索实行省或地市级国家助学金集中发放。发卡银行应免收国家助学金集中发放本行代发手续费。

九、中国银联应免收发卡银行有关中职卡发卡银行标识代码使用费、磁道格式检测费。人民银行应积极创造条件于2011年底前实现中职国家助学金发放跨行代发手续费的免收功能。

十、中职卡发卡银行总行应按月将中职卡办卡和助学金发放信息以及中职卡补换卡和销户信息报送教育部和人力资源社会保障部，报送期为每月结束后15个工作日内（报送内容及格式见附件1和附件2）。

十一、中职卡发卡银行总行应按季将中职卡发卡、交易、助学金发放情况汇总报送人民银行，报送期为每季度结束后20个工作日内（报送内容及格式见附件3）。

十二、工作要求

（一）统一思想，高度重视。中职是我国高中阶段教育的重要组成部分，担负着培养数以亿计高素质劳动者的重要任务，是我国经济社会发展的重要基础。中职实行以国家助学金政策为主的资助政策体系，是党中央、国务院为推动中职发展做出的一项重大战略决策和长期制度设计。全面推行中职卡，对于完善中职学生资助政策体系、加强中职国家助学金发放监管工作、防范利用注册虚假信息、流失学生信息等手段套取、骗取国家助学金等不法行为、促进中职健康发展具有重要意义。

各有关单位要从深入贯彻落实科学发展观、全面构建社会主义和谐社会的高度，从维护受助学生根本利益、促进教育公平和社会公平出发，充分认识中职卡推广应用工作的重要意义，认真探索运用中职卡解决国家助学金的及时、真实、准确发放问题，充分发挥银行卡在加强政府监管、信息监控中的重要作用。

（二）各负其责，密切配合，形成监管合力。各地人民银行分支机构要主动加强与当地财政、教育和人力资源社会保障部门的联系、沟通，组织发卡银行和中国银联做好相关工作，切实协调解决中职卡发卡、使用过程中存在的问题，加强中职卡发卡账户实名制管理，防范中职卡业务风险。各级财政部门要落实自身应承担的助学金份额，确保国家助学金经费不折不扣地落实到位，并及时、足额拨付学校。各级教育、人力资源社会保障部门应加强对中职学校的监督管理，杜绝套取、骗取国家助学金情况的发生；要与发卡银行相应分支机构建立信息沟通和应急处理机制，及时协商解决中职卡发放和助学金发放过程中出现的问题；要求各中职学校认真落实中职卡各项管理规定，严格中职卡办卡的资格审核和使用管理；要尽快启动中职信息系统、技校信息系统与各发卡银行总行信息系统有限对接工作。

（三）各级学生资助管理机构要加强对学生资助信息的审核和监管，将本级直属中职学校国家助学金受助学生名单及每月新增、减少受助学生信息，打印并加盖公章后张贴至相关学校，进行不少于 5 个工作日的公示。

（四）各发卡银行要成立分管行领导挂帅的领导小组，加大对中职卡项目的领导力度，确保中职卡业务顺利开展。要抓紧进行相关业务和技术准备，实现 2010 年 10 月份发卡的目标。要加快相关配套系统改造，切实做好中职卡发卡和业务管理、信息统计和报送工作，落实相关优惠政策，积极配合中职国家助学金的发放和监管工作。要加强对持卡学生安全用卡知识的宣传教育，防范风险。

各发卡银行总行在中职卡业务正式开办前，要将相关管理规定报告人民银行，同时抄报财政部、教育部和人力资源社会保障部。

（五）中国银联应尽快确定中职卡专用发卡银行标识代码，协助发卡银行做好卡片申请和入网工作。提升中职卡跨行交易服务水平，为中职卡使用提供安全、顺畅的受理环境。

（六）本通知下发前，当地有关部门或学校已与中国工商银行、中国农业银行、中国银行、中国建设银行、中国邮政储蓄银行以外的其他商业银行签订中职国家助学金银行卡发放协议的，要在协议到期后，按照本通知要求执行。对于2010年秋季入学新生要统一按本通知执行。若助学金发放银行与中职卡发卡银行不一致，当地人民银行分支机构要会同财政、教育、人力资源社会保障部门，做好跨行代发助学金监管协调工作，确保代发工作顺利进行。

各有关单位应将中职卡实施情况及相关问题及时报告人民银行、财政部、教育部和人力资源社会保障部。四部委将根据实施情况进一步完善相关政策、制度。

附件：1. 中职学生资助卡发卡及助学金发放信息月度统计表

2. 中职学生资助卡补换卡及销户信息月度统计表

3. 中职学生资助卡业务信息季度统计表

中国人民银行　财政部　教育部

人力资源社会保障部

二〇一〇年九月二十七日

附件1

____银行____年____月中职学生资助卡发卡及助学金发放信息月度统计表

填表日期：____年____月____日

累计发卡总量：________　本月新增发卡总量：________　本月发放额总计：________

（单位：张、元）

<table>
<tr><th>省（区、市）</th><th>地方</th><th>姓名</th><th>卡号</th><th>本月助学金批量发放额</th></tr>
<tr><td rowspan="10">北京市</td><td rowspan="4">东城区</td><td>张××</td><td></td><td></td></tr>
<tr><td>李××</td><td></td><td></td></tr>
<tr><td>……</td><td></td><td></td></tr>
<tr><td colspan="3">市（地、州）小计　累计发卡量：　本月新增发卡量：　本月发放总额：</td></tr>
<tr><td rowspan="4">朝阳区</td><td>王××</td><td></td><td></td></tr>
<tr><td>赵××</td><td></td><td></td></tr>
<tr><td>……</td><td></td><td></td></tr>
<tr><td colspan="3">市（地、州）小计　累计发卡量：　本月新增发卡量：　本月发放总额：</td></tr>
<tr><td>……</td><td>……</td><td>……</td><td>……</td></tr>
<tr><td colspan="4">全省（市、区）合计　累计发卡量：　本月新增发卡量：　本月发放总额：</td></tr>
<tr><td rowspan="10">河北省</td><td rowspan="4">石家庄</td><td>张××</td><td></td><td></td></tr>
<tr><td>李××</td><td></td><td></td></tr>
<tr><td>……</td><td></td><td></td></tr>
<tr><td colspan="3">市（地、州）小计　累计发卡量：　本月新增发卡量：　本月发放总额：</td></tr>
<tr><td rowspan="4">保定</td><td>王××</td><td></td><td></td></tr>
<tr><td>赵××</td><td></td><td></td></tr>
<tr><td>……</td><td></td><td></td></tr>
<tr><td colspan="3">市（地、州）小计　累计发卡量：　本月新增发卡量：　本月发放总额：</td></tr>
<tr><td>……</td><td>……</td><td>……</td><td>……</td></tr>
<tr><td colspan="4">全省（市、区）合计　累计发卡量：　本月新增发卡量：　本月发放总额：</td></tr>
<tr><td>……</td><td>……</td><td>……</td><td>……</td><td>……</td></tr>
</table>

1. 此表由发卡行总行个人金融部统一填报；

2. 每月结束后15个工作日内报送教育部和人力资源社会保障部，包括电子版和加盖个人金融部公章的纸质版。

附件 2

____银行____年____月中职学生资助卡
补换卡及销户信息月度统计表

填表日期：____年____月____日

本月补换卡总数：________　　本月销户总数：________　　（单位：张）

<table>
<tr><th>省（区、市）</th><th>地方</th><th>姓名</th><th>原卡号</th><th>新卡号（无新卡号表示销户）</th></tr>
<tr><td rowspan="10">北京市</td><td rowspan="4">东城区</td><td>张××</td><td></td><td></td></tr>
<tr><td>李××</td><td></td><td></td></tr>
<tr><td>……</td><td></td><td></td></tr>
<tr><td colspan="3">市（地、州）小计　补换卡数：　销户数：</td></tr>
<tr><td rowspan="4">朝阳区</td><td>王××</td><td></td><td></td></tr>
<tr><td>赵××</td><td></td><td></td></tr>
<tr><td>……</td><td></td><td></td></tr>
<tr><td colspan="3">市（地、州）小计　补换卡数：　销户数：</td></tr>
<tr><td>……</td><td>……</td><td>……</td><td>……</td></tr>
<tr><td colspan="4">全省（市、区）合计　补换卡数：　销户数：</td></tr>
<tr><td rowspan="10">河北省</td><td rowspan="4">石家庄</td><td>张××</td><td></td><td></td></tr>
<tr><td>李××</td><td></td><td></td></tr>
<tr><td>……</td><td></td><td></td></tr>
<tr><td colspan="3">市（地、州）小计　补换卡数：　销户数：</td></tr>
<tr><td rowspan="4">保定</td><td>王××</td><td></td><td></td></tr>
<tr><td>赵××</td><td></td><td></td></tr>
<tr><td>……</td><td></td><td></td></tr>
<tr><td colspan="3">市（地、州）小计　补换卡数：　销户数：</td></tr>
<tr><td>……</td><td>……</td><td>……</td><td>……</td></tr>
<tr><td colspan="4">全省（市、区）合计　补换卡数：　销户数：</td></tr>
<tr><td>……</td><td>……</td><td>……</td><td>……</td><td>……</td></tr>
</table>

1. 此表由发卡行总行个人金融部统一填报；

2. 每月结束后 15 个工作日内报送教育部和人力资源社会保障部，包括电子版和加盖个人金融部公章的纸质版。

附件3

____银行____年____季度中职学生资助卡业务信息统计表

填表日期：____年____月____日　　　　（单位：元、张、笔）

统计口径	助学金批量发放额	发卡量	交易情况							
			存取款		消费		转账		汇总	
			笔数	金额	笔数	金额	笔数	金额	笔数	金额
累计										
当年累计										
本季新增										

1. 此表由发卡行总行个人金融部统一填报；
2. 交易情况含本行卡发生的同行和跨行交易（表中存取款交易不包含查询交易）；
3. 每季度结束后20个工作日内报送人民银行，包括电子版和加盖个人金融部公章的纸质版。

四、中国人民银行 中国银行业监督管理委员会 公安部 国家工商总局关于加强银行卡安全管理 预防和打击银行卡犯罪的通知

银发〔2009〕142 号

中国人民银行上海总部，各分行、营业管理部、省会（首府）城市中心支行、副省级城市中心支行；各银监局；各省、自治区、直辖市公安厅、局，工商局；新疆生产建设兵团公安局；各政策性银行、国有商业银行、股份制商业银行，中国邮政储蓄银行，中国银联股份有限公司：

为预防和打击银行卡犯罪，规范银行卡市场秩序，维护持卡人权益和社会公众对银行卡支付的信心，更好地发挥银行卡促进经济增长的作用，现就加强银行卡安全管理、预防和打击银行卡犯罪有关问题通知如下：

一、切实规范银行卡发卡行为

（一）认真落实银行卡账户实名制。发卡机构应严格遵守《中华人民共和国反洗钱法》、《个人存款账户实名制规定》（国务院令第 285 号发布）、《人民币银行结算账户管理办法》（中国人民银行令〔2003〕第 5 号发布）、《金融机构客户身份识别和客户身份资料及交易记录保存管理办法》（中国人民银行令〔2007〕第 2 号发布）、《中国人民银行关于进一步落实个人人民币银行存款账户实名制的通知》（银发〔2008〕191 号）等法规制度要求，切实履行客户身份识别义务，确保申请人开户资料真实、完整、合规。要充分利用联网核查公民身份信息系统，验证客户身份信息。未履行责任导致匿名、假名账户开立的，要按反洗钱法予以处罚，造成客户资金损失的，要依法承担责任。联网核查公民身份信息系统运行前开立的银行卡存量账户要逐步进行联网核查，未经核实的，发卡机构要专门标识，采取更严格的风险控制措施。个人代理他人办卡的，发卡机构必须同时核对代理人和被代理人的真实身份。无正当理由不允许个人代理多人办卡。对已在银行大量开户或申卡的持卡人申请办卡，要从严审查，并加强风险防控。

（二）控制信用卡发卡风险。发卡机构可通过查询人民银行征信系统、中国银联银行卡风险信息共享系统、资信调查等方式分析申请人的资信状况，合理确定授信额度。对申领首张信用卡的客户，发卡机构要对客户亲访亲签，不

得采取全程自助发卡方式。谨慎发展无稳定工作、收入的客户群体，从严授信。发卡机构不得将信用卡发卡营销业务外包，不得擅自对信用卡透支利率、计息方式、免息期计算方式等进行调整。禁止单位代办信用卡，法律法规另有规定的除外。

二、加强银行卡交易监测和使用管理

（三）保护持卡人信息安全。发卡机构应建立有效的信息安全防护系统，保护持卡人信息安全。要为申请人提供安全可靠的密码设置和修改服务，密码应能通过柜台、电话银行等渠道快速、安全修改。向持卡人提供对账单及其他服务凭证时，应对卡号进行部分屏蔽（办理柜台业务打印的凭证除外）。发放的银行卡卡片应符合《银行卡卡片规范》（JR 0052—2009）和《银行卡联网联合技术规范》（JRM 55—2009）的要求。发卡机构应积极发行采用 PBOC2.0 标准的银行 IC 卡，提高卡片防伪能力。经持卡人同意，对大额交易，发卡机构可以采取电话、短信等渠道向持卡人确认或进行风险提示等风险管理措施。对于银行卡信息可能发生泄露的，发卡机构应联系持卡人，提示持卡人尽快换卡或修改密码，不能联系到持卡人且情况紧急的，可采取措施临时锁定持卡人账户。

（四）完善对交易信息的动态监测。发卡机构要建立和完善银行卡交易监测系统，建立持卡人主体交易信息数据库，实现对持卡人信息的风险防控。对信用卡授信额度及分期付款等业务的信用额度应合并计算，统一各项业务指标和风险指标的统计口径。

（五）加强大额、可疑交易信息监测和报送。发卡机构要严格执行反洗钱规定，履行大额、可疑交易报告义务，加强对银行卡资金交易的监测。对同一持卡人大量办卡、频繁开户销户、短期内资金分散汇入集中转出等异常情况，要及时进行反洗钱报送。对有疑似套现、欺诈行为的持卡人，发卡机构可采取临时锁定交易等措施，并及时向公安机关报案。对确认存在套现、欺诈行为的持卡人，发卡机构应采取止付卡片、追索欠款等措施。

发卡机构要将相关银行卡风险信息及时报送人民银行征信系统，并积极报送中国银联银行卡风险信息共享系统，充分利用共享机制进行风险防控。

（六）严格自助转账业务的处理。未经持卡人主动申请并书面确认，发卡机构不得为持卡人开通电话转账、ATM 转账、网上银行转账等自助转账类业务；为持卡人开通自助转账业务时，要向持卡人充分提示开通有关业务的风险，并要对持卡人进行更为严格的真实身份核查，确保实名开户；未履行职责，产生资金风险的，要依法承担责任。持卡人开通电话、ATM 转账的，每日每卡转出金额不得超过 5 万元人民币。持卡人开通网上银行转账的，应采用数字证书、电子签名等安全认证方式，否则单笔转账金额不应超过 1000 元人民币，每日累计转账金额不得超过 5000 元人民币。缴纳公共事业费及同一持卡人账户之间转账的除外。

三、进一步强化对受理市场的风险控管

（七）严把特约商户准入关，落实特约商户实名制。收单机构发展特约商户要建立严格的实名审核和现场调查制度，充分利用联网核查身份信息系统、人民银行征信系统、中国银联银行卡风险信息共享系统等核查方式，核实商户法定代表人或负责人、授权经办人的个人身份，了解商户的经营背景、营业场所、经营范围、财务状况、资信等，必要时，要向公安部门、工商行政管理部门、商户开户行或其他单位进一步核实。特别要关注批发、咨询、中介、公益类等低扣率、零扣率商户的审查。

（八）建立健全对特约商户的现场检查和非现场监控制度。收单机构要建立商户交易数据库和监控系统，设置可疑交易监控和分析指标，根据特约商户的经营状况和规律，建立风险控制模型。建立对特约商户的定期现场检查制度，对于新签约商户、出售易变现金商品（如珠宝、电脑等）商户，以及发生过可疑交易、涉嫌欺诈交易或涉嫌协助持卡人套现等有不良记录的高风险商户，要提高现场检查频率。严格对消费撤销、退货、消费调整等高风险业务的交易授权管理。

发现有关商户涉嫌违规受理银行卡的行为时，收单机构要及时调查核实，并予以纠正。对有疑似受理伪卡、盗录信息、套现、欺诈行为的，收单机构可暂停其银行卡交易。对确有受理伪卡、盗录信息、欺诈、套现等违法行为的商户，收单机构应立即终止其银行卡交易，并向公安部门报案，将有关情况报告人民银行，将商户和其法定代表人或负责人的相关信息报送人民银行征信系统，并积极向中国银联银行卡风险信息共享系统报送。

对于因管理不善，导致所拓展商户和所布放 POS 机多次发生故意受理伪卡、盗录信息、套现、欺诈等违法犯罪行为的收单机构，人民银行要予以通报并限期整改。

（九）完善收单协议和商户档案管理。收单机构应与商户签订书面协议，明确各方的权利、义务和责任。协议应包括：收单服务的终止条件、受理机具的使用要求、账户与交易数据保密条款、交易凭证的管理、各类风险损失情况下经济责任的承担等。要建立完备的商户档案，保存商户准入的证明文件复印件、风险评估报告、商户培训、POS 机管理、商户信息变化、对商户的现场检查和非现场监控情况等文件资料。要加强对特约商户的培训和风险教育，至少半年一次对商户收银员和相关人员进行义务培训。

（十）严格对收单外包服务机构的管理。收单机构可以委托收单外包服务机构为特约商户提供 POS 机布放、维修等一项或多项服务。但特约商户的资金清算责任和风险管理责任由收单机构承担。非金融机构作为外包服务机构参与外包服务的，必须具有健全的组织架构、内控制度和业务管理、风险控制措施，有熟悉银行卡相关业务的专业人员担任董事、高级管理职务，必须执行人民银行有关业务、技术标准。

收单机构要协调程序开发商加强 POS 终端程序的保密管理，不得将 POS 密钥管理、下载、程序灌装工作委托给外包服务机构，不得允许外包服务机构以商户名义入网。对于涉及客户信息和交易信息处理的外包服务机构，收单机构不得允许外包服务机构存储银行卡卡号以外的信息。由于外包服务机构的过失，造成发卡机构和持卡人资金损失的，应由收单机构先行赔付，再根据外包协议进行追偿。

（十一）遵守收单市场秩序。收单机构应严格遵守商户类别代码和扣率的有关规定，禁止套用、变造与真实商户类型不相符的商户编码以及多家商户共用一个商户编码和多台终端机具共用一个终端编号。要正确设置并向中国银联注册有关商户信息，在交易处理时向中国银联准确上送，同时确保受理终端能够完整、准确读取并传输卡片验证码。

收单机构原则上不得为经营场所地不在收单机构注册地的特约商户提供银行卡收单服务。如确有因财务、资金清算需要为经营场所不在收单机构注册地的特约商户提供收单服务的，应经收单机构总部审核同意，同时将有关收单事项向人民银行报告。严禁收单机构为了自身短期利益而出现争抢优质客户、一柜多机、不计成本降低商户结算手续费等非理性竞争行为。

四、改进银行卡受理终端的管理

（十二）加强 ATM 巡检、监控。收单机构布放的 ATM 终端要符合《银行卡自动柜员机（ATM）终端规范》（JR/T 0002—2009）的要求，确保 ATM 的安全技术防范能力。收单机构要对 ATM 建立定期巡检制度，及时发现和排除风险隐患。要加大傍晚、夜间等案件高发时段 ATM 的巡查和监控力度，完善技术措施，创造条件实现 ATM 的实时监控。要及时向客户提示犯罪分子利用 ATM 作案的新手段和新动向，提高客户的安全意识和自我保护能力。发现犯罪分子作案痕迹后，各收单机构应立即向公安部门报案，并协助破案。

（十三）落实 POS 机安全技术标准。收单机构要加强对 POS 机申请、参数设置、程序灌装、使用、更换、维护、撤销的管理，建立覆盖各环节完整的管理制度，规范 POS 机终端程序的版本控制。要严格落实 POS 机安全技术标准，各种 POS 机应符合《银行卡销售点（POS）终端规范》（JR/T 0001—2009）的要求。要改善 POS 机密钥和参数的安全管理，确保不同的 POS 机使用不同的终端主密钥并定期更换（即“一机一密”）。POS 机密钥和相关参数必须由收单机构指定专人管理。未达到要求和没有完成 POS 机“一机一密”改造工作的地区和机构，必须于 2010 年年底前完成改造。要严格按照规定设置和保管 POS 机终端维护人员密码、收银主管密码、收银员密码，并加大密码更换频率。

（十四）控制移动 POS 机的安装。收单机构应谨慎对待特约商户安装移动 POS 机的申请，除航空、交通罚款、上门收费、移动售货、物流配送等确有使用移动 POS 机需求的行业商户，其他类型商户原则上不得安装移动 POS 机。收单机构要使用更为严格的技术手段，对移动 POS 机的使用进行有效跟踪和监控，原则上不应允许移动 POS 机跨地区使用，要屏蔽移动 POS 商户 SIM 卡的漫游功能。对于确有移动 POS 机跨地区使用需求的商户，收单机构要对其进行严格核实确认并经总部审核同意后再予以开通，有关信息要同时向人民银行报告。要加强对移动 POS 机安装商户的回访工作，如发现商户私自移机使用或超出其经营范围使用的情况，一律取消其受理资格，并将有关信息录入人民银行征信系统和中国银联银行卡风险信息共享系统。收单机构要加强对电话 POS 等安全性较低的低成本受理终端的管理。

五、提高中国银联防风险服务水平

（十五）建立和完善银行卡风险防控体系。中国银联要建立交易数据记录、分析和监控系统，加强可疑交易监控和分析，对交易风险进行综合、动态评估和分类管理，保护账户和交易信息安全。要加强对受理市场风险的分析和研判，完善对高风险收单机构和特约商户的识别、监测措施。要敦促、协助收单机构加强对特约商户及机具的管理，研究建立全国统一的特约商户信息注册、登记、风险防控系统。要加强直联 POS 机的密钥管理和交易功能管理。在 2010 年年底前按照“一机一密”的要求完成直联 POS 机的改造。严格按照收单机构提交的入网申请开通 POS 交易功能，对于收单机构未提出开通联机退货等高风险交易功能的申请，不得擅自开通。

中国银联要加强对其分公司和子公司的规范管理，严格执行银行卡相关业务规范和技术标准，将跨行清算业务、收单业务、外包服务业务分离，对因收单和外包服务业务管理不善造成案件和损失的，须承担赔偿责任。要会同成员机构尽快制定信用卡还款、电话 POS 等现行联网联合业务规范中没有明确规定的跨行支付服务的业务规则和技术标准。未经商业银行同意，不得自行开通信用卡还款、电话 POS 等业务的跨行交易。

（十六）健全银行卡风险信息共享机制。中国银联要协调各成员机构建立防范银行卡风险的工作机制和信息共享平台，为成员机构报送银行卡交易可疑和违法违规信息、利用银行卡风险信息共享系统提供良好的服务，不断完善银行卡风险信息共享机制。要高度重视风险信息传递的时效性和有效性，对成员机构上报的风险信息及时在系统内共享，并迅速进行风险提示。对于成员机构有关涉嫌伪冒交易的调查请求，应尽快协助调查，并及时向成员机构反馈。

六、各负其责，密切配合

（十七）加强部门协调。加强银行卡安全管理、预防和打击银行卡违法犯罪是深入贯彻落实科学发展观、构建社会主义和谐社会的要求，是保障人民群众根本权益、维护银行良好声誉、建立诚信社会的重要举措，更是当前形势下支持扩大内需、促进消费、减少现金犯罪的现实需要。各人民银行分支机构、银监会派出机构、公安部门、工商行政管理部门要深刻认识加强银行卡安全管理、防范和打击银行卡违法犯罪的重要性和紧迫性，充分发挥各有关部门的职能作用和部门间的协同作用，共同采取有效措施，从源头上防范、治理银行卡违法犯罪行为，建立健全银行卡违法犯罪的联合防控机制。

（十八）人民银行、银监会要切实履行管理职责。人民银行要会同银监会认真查找银行卡业务存在的管理漏洞和风险，不断完善银行卡业务法规制度，尽快制定《银行卡条例》，配合有关部门制定和出台有关信用卡套现的司法解释，敦促各银行卡经营机构严格执行银行卡业务规范，全面开展银行卡市场的检查、监督。对于银行卡经营机构违反实名制、账户管理、利率管理、银行卡业务安全管理和反洗钱规定的，要依法实施处罚。

人民银行应会同公安部尽快建立联合整治银行卡违法犯罪的长效机制，协调两部门及各商业银行、中国银联的力量和资源，共同成立联合整治银行卡违法犯罪办公室，畅通情报信息渠道。

（十九）公安部门应保持对银行卡犯罪的高压态势。各地公安部门要把侦查破案放在突出的位置，集中精干力量，认真梳理各金融机构移送的犯罪线索，开展侦破工作，力争破获一批大要案件，打掉一批犯罪团伙，摧毁一批伪卡制造窝点。充分发挥服务、参谋职能，掌握银行卡犯罪的新手法、新趋势等情况，及时通报金融主管部门和有关商业银行。要配合检、法部门加强分析研究，为刑事打击提供法律支持。要完善并加强对银行卡犯罪活动形势的分析、研判，提高预防、打击犯罪的整体作战能力。积极受理银行卡犯罪案件，符合条件的，要尽快立案并快速侦破。要积极配合人民银行建立联合整治银行卡违法犯罪的长效机制，成立联合整治银行卡违法犯罪办公室。

（二十）工商行政管理部门要加强对信用卡相关广告的规范管理。各级工商行政管理部门要提示广告发布者加强对信用卡相关广告的审查，不得为无营业执照或没有发卡机构授权的中介机构发布信用卡广告。信用卡广告中不得含有“信用卡提现”、“信用卡贷款”、“POS 消费提现”、“刷卡取现”、“办卡刷卡一条龙服务”、“代还信用卡透支款”等违法违规提供信用卡办理和提现服务的内容。对发现的违法广告，工商行政管理部门要依法查处。

各级工商行政管理部门要依法打击不法中介。不得为企业经营范围核定信用卡咨询、金融咨询、资金借贷等业务，防止咨询类中介企业以金融咨询的名义非法从事信用卡贷款业务。要配合人民银行、公安部加大对违规以信用卡咨询、金融咨询等名义非法从事信用卡贷款业务的咨询类中介企业以及信用卡套现商户的清查力度。

中国人民银行　中国银行业监督管理委员会
公安部　国家工商总局
二〇〇九年四月二十七日

五、中国人民银行关于改善农村地区支付服务环境的指导意见

银发〔2009〕224号

中国人民银行上海总部，各分行、营业管理部，省会（首府）城市中心支行、副省级城市中心支行，各政策性银行、国有商业银行、股份制商业银行，中国邮政储蓄银行，中国银联股份有限公司、城市商业银行资金清算中心、农信银资金清算中心有限责任公司：

为贯彻落实党的十七届三中全会精神，提升农村地区金融服务水平，有效助推农村经济发展，现就大力改善农村地区支付服务环境提出以下指导意见。

一、指导思想和总体目标

指导思想：深入贯彻落实科学发展观，按照社会主义新农村建设确立的战略目标，以服务“三农”为宗旨，大力推广非现金支付工具和支付清算系统，全面提升农村地区支付服务效率和质量，促进城乡支付服务一体化发展。

总体目标：建立有利于实施各项惠农政策的银行账户服务体系，发展适用于农村地区的支付工具体系，建设覆盖所有涉农金融机构的安全、高效的支付清算系统，促进农村地区支付服务组织多元化发展。力争到2012年，农村地区非现金支付量比2009年增长20%，农村地区银行机构建成内部清算网络，能够以电子方式办理跨行支付业务；农村地区人均持卡量1张，持卡消费额占社会零售商品总额达到10%；受理银行卡的商户增长10%；ATM、POS机具在农村地区的布放数量分别达到6万台和24万台，在较贫困的县实现ATM、POS机具布放零突破。国家各项补贴全部通过银行账户和银行卡发放。

二、促进农村地区银行结算账户的开立与使用

（一）提高农村地区银行结算账户的普及率。人民银行各分支机构要会同地方政府相关部门研究便利农户和农村个体经济组织开立单位银行结算账户的政策措施。农村地区银行机构要在防范风险的前提下，为农村经济组织、种植（养殖）专业户等开立银行结算账户创造便利条件，适当简化开户手续，促进非现金支付结算业务的发展。

（二）加强农村地区银行结算账户管理，防范资金风险。支持符合条件的农村地区银行机构加入人民币银行结算账户管理系统和联网核查公民身份信息系统，实现对农村地区银行机构银行结算账户的非现场监管。

三、因地制宜，积极推动非现金支付工具的推广普及

（三）大力推广银行卡。对已推行农民工银行卡特色服务的农村地区，要进一步加强业务指导、安全管理和宣传引导，扩大农民工银行卡特色服务的受理范围；对符合条件但尚未开通农民工银行卡特色服务的农村地区，要做好指导、协调工作，创造条件尽快开通。鼓励农村地区银行机构面向农村养殖户、种粮大户、个体工商户和个体私营企业等推行支农、惠农信用卡，切实满足农民小额资金需求，有效解决短期资金周转难的问题。结合“家电下乡”等政策推动银行卡的使用。

（四）扩大非现金支付工具使用。创造条件，鼓励农村粮食、蔬菜、农产品、农业生产资料等各类专业市场使用银行卡、电子转账等多种非现金支付工具，支持国家粮食、农副产品收购机构使用非现金支付工具收购农副产品。改进补贴发放方式，实现财政转移支付资金的直接到达个人账户。

（五）加快电子支付创新和普及应用工作。在经济条件成熟、网络通信等基础设施较好的农村地区，各商业银行、专业化服务机构要积极研究推动手机支付、电话支付、有线电视网络支付和网上支付等支付业务创新，充分利用农村地区现有网络通信设施，开发面向广大农村地区、符合农民群众支付需要的电子支付产品，并加大宣传和营销力度，创造条件引导农民积极使用。

（六）发展票据业务。鼓励在农村地区的批发市场、农资交易市场、小商品市场等场所使用银行本票。支持农村地区银行机构推广银行汇票。指导农村信用社稳步发展银行承兑汇票业务，为经营状况好的农村地区银行机构承兑或贴现的涉农票据优先办理再贴现业务。鼓励银行机构在有条件的农村地区开展商业汇票业务，满足农村重点龙头企业的融资结算需求。

四、夯实基础、畅通渠道，拓展支付清算网络覆盖面

（七）发挥跨行支付清算系统的核心作用。积极引导农村地区银行机构充分利用大、小额支付系统、支票影像交换系统等办理支付业务。要采取灵活多样的接入方式，实现人民银行大、小额支付系统全面覆盖农村地区银行机构。指导农信银资金清算中心将农信银支付清算系统延伸到乡，充分发挥其连通城乡的支付清算网络优势。

（八）有效推进银行卡的联网通用。根据农村地区对 ATM、POS 机具的有效需求，合理推进 ATM、POS 机具的布放。鼓励中国银联向农村地区银行机构延伸服务，扩大农村地区的联网通用覆盖面。

（九）完善内部清算网络建设。人民银行各分支机构要加强对农村地区银行机构内部清算网络建设的跟踪指导，组织力量，研究农村小型金融机构业务处理系统标准软件和硬件配套以及外包处理，促进农村地区银行机构提高行（社）内支付业务处理效率。新设农村信用社及中国邮政储蓄银行分支机构必须实现与上级机构的清算网络连接。鼓励新型农村地区银行机构通过代理方式办理支付结算业务，允许符合条件的新型农村地区银行机构接入人民银行支付系统。

五、顺应需求、多措并举，不断完善支付服务市场

（十）建立多层次、多元化的支付服务渠道。农村信用社要发挥在农村地区支付服务主力军作用，完善配套设施，深化农民工银行卡特色服务；中国邮政储蓄银行要不断提高农村地区营业网点的服务水平，实现邮政电子汇兑系统全面覆盖所有营业网点；农业银行要抓住改善农村支付服务环境的契机，不断开发适合农村支付服务发展需要的惠农卡等非现金支付工具。城市地区银行机构要加强与农村地区银行机构的合作，利用农村地区银行机构自身资源优势，开创互利互惠、合作竞争的良好局面。

（十一）强化农村地区银行卡受理市场建设。推动农村信用社扩大开通农民工银行卡特色服务受理方业务的营业网点数量。促进中国邮政储蓄银行全面开通农民工银行卡特色服务，充分利用其遍布乡村的网点优势，拓展农民工银行卡特色服务的覆盖范围。协调农业银行、农村信用社和中国邮政储蓄银行等按照互利合作的原则，调整农村地区银行卡的收费策略，便利银行卡在农村地区的跨行使用。鼓励专业化服务机构参与农村地区银行卡受理市场建设，有针对性地面向医院、商店、市场、宾馆、旅游景点等发展特约商户，扩大特约商户覆盖面。指导农村地区收单机构拓展特约商户，特别是将比较大的零售消费品商店发展为银行卡特约商户。

六、注重风险防范，增强支付服务环境的安全性

（十二）认真落实制度，健全防控措施。农村地区银行机构要认真落实账户实名制，加强身份核实，严把特约商户准入关，建立健全特约商户检查监督制度。采取多种措施不断提高农民使用各类非现金支付工具时的自我保护意识，引导其正确使用非现金支付工具。提高非现金支付工具的防伪能力，加强 ATM、POS 机具的监控与维护，确保支付清算系统的运行可靠性。切实加强电话 POS 等新型终端设备的风险管理，完善安全措施。

（十三）完善报告制度，打击犯罪活动。要高度重视预防和打击支付领域违法犯罪活动，尽快建立和完善农村地区支付领域违法活动信息报告制度、联合预防机制等，对出现的犯罪手法和类型，按照有关规定及时上报，并向农村地区银行机构进行通报，或向社会公开发布风险提示。主动协调、积极配合公安机关依法打击支付领域的各类违法活动，切实保障广大农民群众利益，增强他们使用非现金支付工具的信心。

七、加强宣传、重视培训

（十四）深入开展形式多样的宣传工作。人民银行各分支机构和农村地区银行机构要精心策划具有针对性、操作性强的宣传方案，并切实做好组织实施工作。与地方宣传主管部门密切合作，充分利用地方电视台、广播电台、报纸以及其他宣传媒介加强宣传。在旅游景点、农贸市场、养殖基地等农民密集的场所可开展银行卡、票据等非现金支付工具的宣传推广活动。在已实施农民工银行卡特色服务的地区，可利用农民工返乡时机重点宣传农民工银行卡的使用。要让农民记得住、愿意用、用得好，真正使支付服务宣传走进千家万户，深入民心，有效提升农村地区对非现金支付方式的认可度。

（十五）突出重点和难点，做好培训工作。人民银行各分支机构要明确具体工作思路、方法、重点等。每年至少对辖内各县支行工作人员进行一次专业培训，要组织开展农村地区银行机构相关从业人员的专业知识、业务能力培训。通过不定期举办知识竞赛、开展业务技能考试与岗位练兵等形式，真正提高农村地区银行机构临柜人员的宣传和服务水平。

八、加强领导，统筹安排，有序推进，讲求实效

（十六）建立和强化组织领导工作机制。改善农村地区支付服务环境是一项长期的任务。要充分认识这项工作的重要性、必要性和长期性，增强紧迫感和使命感，加强领导、科学规划、精心部署，确保农村地区支付服务环境改善工作落实到位。人民银行各分支机构要与地方政府相关部门共同成立农村支付服务环境改善工作领导小组，统一组织、指导、协调和监督检查农村支付服务环境改善情况。充分发挥人民银行县支行贴近农村基层的作用，调动其积极性、主动性，做好推广、宣传、信息反馈等工作。

（十七）因地制宜，明确工作目标和方案，统筹安排实施进程。2009 年，人民银行各分支机构要根据所在省（自治区、直辖市、计划单列市）内农村地区的经济发展水平，划分较高、一般、较差三个层次，分别选取 1 ~2 个县作为改善农村支付服务环境的示范县，研究制定示范县的工作目标和方案，探索改善农村支付服务环境的具体做法，认真总结经验。自 2010 年起，根据农村地区实际情况推广示范县的经验做法，全面开展农村地区支付服务环境改善工作。要及时掌握辖内农村支付服务环境改善工作的进展情况，指导督促各项目标全面落实到位。

（十八）正向激励、按绩评优，务求实效。人民银行各分支机构要依据已制定的辖区内农村支付服务环境改善工作目标和实施方案，对农村地区银行机构各阶段工作目标的实现情况进行检查考评，总结表彰。同时，要认真分析存在的问题并研究改进措施，确保辖区内农村支付服务环境改善工作目标的顺利完成。人民银行将会同有关部门，对做出突出贡献的单位和个人进行表彰和奖励。

中国人民银行
二〇〇九年七月十六日

六、中国人民银行关于印发《银行卡组织和资金清算中心反洗钱和反恐怖融资指引》的通知

银发〔2009〕107号

中国银联股份有限公司，农信银资金清算中心有限责任公司，城市商业银行资金清算中心：

为了预防洗钱和恐怖融资活动，指导你单位开展反洗钱和反恐融资工作，根据《中华人民共和国反洗钱法》等有关法律和行政法规，我行制定了《银行卡组织和资金清算中心反洗钱和反恐怖融资指引》，现印发你们，请遵照执行。

附件：银行卡组织和资金清算中心反洗钱和反恐怖融资指引

附件

银行卡组织和资金清算中心反洗钱和反恐怖融资指引

第一条 为了预防洗钱和恐怖融资活动，指导和管理中国银联股份有限公司（以下简称中国银联）、农信银资金清算中心有限责任公司（以下简称农信银资金清算中心）和城市商业银行资金清算中心（以下简称城商行资金清算中心）的反洗钱和反恐怖融资工作，根据《中华人民共和国反洗钱法》、《金融机构反洗钱规定》等有关法律规定，制定本指引。

第二条 本指引适用于中国银联、农信银资金清算中心、城商行资金清算中心及其分支机构。

中国人民银行指定的其他银行卡组织和资金清算中心的反洗钱和反恐怖融资工作参照本指引。

第三条 中国银联、农信银资金清算中心、城商行资金清算中心应当根据反洗钱和反恐怖融资方面的法律规定，建立健全反洗钱和反恐怖融资内部控制制度，设立反洗钱专门机构或者指定内设机构负责反洗钱和反恐怖融资合规管理工作，为反洗钱和反恐怖融资工作人员履职提供所需的必要条件。

中国银联、农信银资金清算中心、城商行资金清算中心及其分支机构的负责人应当对反洗钱内部控制制度的有效实施负责。

中国银联、农信银资金清算中心、城商行资金清算中心及其分支机构应对管理层和工作人员进行反洗钱和反恐怖融资培训。

第四条　中国银联、农信银资金清算中心、城商行资金清算中心及其分支机构应要求直接参与者按照《中华人民共和国反洗钱法》、《金融机构反洗钱规定》等法律规定开展反洗钱工作，依法配合其反洗钱工作，加强对间接参与者反洗钱工作的管理。

第五条　中国银联应要求其境外分支机构在驻在国家（地区）法律规定允许的范围内，执行本指引的要求，驻在国家（地区）有更严格要求的，遵守其规定。驻在国家（地区）法律禁止或者限制中国银联境外分支机构实施本指引的，中国银联应向中国人民银行报告。

第六条　在与直接参与者建立业务关系时，中国银联、农信银资金清算中心、城商行资金清算中心及其分支机构应审核直接参与者的有效身份证件或有效身份证明文件，登记身份基本信息，留存有效身份证件或有效身份证明文件的复印件或者影印件，了解其经营活动基本状况。

对于境外的直接参与者，中国银联在建立业务关系前，还应当充分收集有关该直接参与者业务、声誉、内部控制、接受监管等方面的信息，以书面方式明确中国银联与该直接参与者在反洗钱方面的职责，预防银联卡相关业务被用于洗钱和恐怖融资。

第七条　中国银联、农信银资金清算中心、城商行资金清算中心及其分支机构应要求直接参与者，在与间接参与者建立业务关系时，审核间接参与者的有效身份证件或有效身份证明文件，登记身份基本信息，留存有效身份证件或有效身份证明文件的复印件或者影印件，了解其经营活动基本状况。

第八条　对于直接参与者中的非金融机构和个人，中国银联及其分支机构发现其所涉及的交易异常，或者有合理理由怀疑交易涉嫌洗钱、恐怖融资等犯罪活动的，应在交易发生后的10个工作日内由中国银联向中国反洗钱监测分析中心提交可疑交易报告，可疑交易报告的具体格式和报送方式另行确定。

第九条　除第八条所规定的情形外，中国银联、农信银资金清算中心、城商行资金清算中心及其分支机构发现直接参与者相关交易存在异常情况，或有合理理由怀疑直接参与者相关交易涉及洗钱、恐怖融资等犯罪活动的，应在交易发生后的10个工作日内向业务相关的直接参与者发出预警通知，提示直接参与者依法提交可疑交易报告。

经核实后，直接参与者认为不存在洗钱和恐怖融资风险的，应在收到预警通知后的10个工作日内向发出预警通知的机构提交情况说明。如果中国银联、农信银资金清算中心、城商行资金清算中心认为直接参与者所述理由不足以解除疑点的，应在收到情况说明的3个工作日内向中国反洗钱监测分析中心提交可疑交易报告，可疑交易报告的具体格式和报送方式另行确定。

第十条 中国银联、农信银资金清算中心、城商行资金清算中心及其分支机构应当按照安全、准确、完整、保密的原则，妥善保存直接参与者的身份资料和各类交易记录，以提供调查可疑交易活动和查处洗钱案件所需的信息。

中国银联、农信银资金清算中心、城商行资金清算中心及其分支机构应当要求直接参与者妥善保存间接参与者的身份资料和各类交易记录。

第十一条 直接参与者或间接参与者的身份资料、交易记录的保存期限如下：

（一）身份资料自业务关系结束之日起至少保存5年。

（二）交易记录自交易记账之日起至少保存5年。

上述资料和信息涉及正在被反洗钱调查的可疑交易活动，且反洗钱调查工作在前款规定的最低保存期届满时仍未结束的，应将其保存至反洗钱调查工作结束。

法律、行政法规和其他规章对身份资料和交易记录有更长保存期限要求的，遵守其规定。

第十二条 中国银联、农信银资金清算中心、城商行资金清算中心及其分支机构应当接受中国人民银行及其分支机构依法进行的现场检查。

第十三条 中国银联、农信银资金清算中心、城商行资金清算中心及其分支机构应当接受中国人民银行及其分支机构的反洗钱非现场监管，按照中国人民银行的规定报告非现场监管信息。

第十四条 中国银联、农信银资金清算中心、城商行资金清算中心及其分支机构应当积极配合中国人民银行及其省级分支机构依法进行的反洗钱调查，并协助中国人民银行及其省级分支机构做好对间接参与者进行的反洗钱调查。

第十五条 本指引下列用语含义如下：

直接参与者是指直接接入中国银联、农信银资金清算中心、城商行资金清算中心业务处理系统办理资金清算业务的法人、其他组织和个体工商户。

间接参与者是指直接参与者以外的、委托直接参与者利用中国银联、农信银资金清算中心、城商行资金清算中心的业务处理系统办理资金清算业务的机构。

身份基本信息包括名称、住所、经营范围，可证明该客户依法设立或者可依法开展经营、社会活动的执照、证件或者文件的名称、号码和有效期限。

第十六条 本指引由中国人民银行解释。

第十七条 本指引自发布之日起施行。

七、中国人民银行关于加强银行卡境外受理业务管理有关问题的通知

银发〔2007〕273 号

人民银行上海总部，各分行、营业管理部，省会（首府）城市中心支行，各国有商业银行、股份制商业银行、中国邮政储蓄银行，中国银联股份有限公司：

为进一步规范银行卡境外受理业务，防止不法分子利用银行卡套现参与赌博和进行跨境非法资金转移等违法犯罪活动，促进银行卡业务健康发展，现就加强银行卡境外受理业务管理有关问题通知如下：

一、严格执行大额交易和可疑交易报告制度

各商业银行和中国银联应遵守《金融机构反洗钱规定》（中国人民银行令〔2006〕第 1 号发布）、《金融机构大额交易和可疑交易报告管理办法》（中国人民银行令〔2006〕第 2 号发布）和《金融机构报告涉嫌恐怖融资的可疑交易管理办法》（中国人民银行令〔2007〕第 1 号发布）等有关规定，切实加强银行卡跨境资金交易监测，进一步做好银行卡境外受理业务大额交易和可疑交易报告工作。

二、加强对银行卡账户的重点核查工作

（一）加强持卡人身份审查。发卡银行要按照《人民币银行结算账户管理办法》（中国人民银行令〔2003〕第 5 号发布）、《个人外汇管理办法》（中国人民银行令〔2006〕第 3 号发布）和《金融机构客户身份识别和客户身份资料及交易记录保存管理办法》（中国人民银行　中国银行业监督管理委员会　中国证券监督管理委员会　中国保险监督管理委员会令〔2007〕第 2 号发布）的规定，加强对持卡人开户资料真实性、完整性、合规性的审查，确保银行卡账户实名制的落实。在办理业务过程中发现异常情况或对持卡人身份资料的真实性、有效性、完整性有疑问的，要重新识别持卡人身份。发卡银行未按规定进行持卡人身份审查、未履行客户身份识别义务，致使不法分子利用银行卡套现和进行非法资金转移的，要依法从重处罚。

（二）开展银行卡账户重点核查。发卡银行要对银行卡境外受理单笔等值人民币 20 万元（含）以上及单月累计等值人民币 50 万元（含）以上的银行卡账户交易行为进行重点核查，并将核查结果（包括银行卡卡号、发卡行、发卡省市、

受理地、交易时间、交易金额、商户名称和持卡人身份信息等）于每季后10个工作日内以电子方式报送中国反洗钱监测分析中心。对核查中认为涉嫌利用银行卡进行洗钱等违法犯罪活动的，要根据《金融机构大额交易和可疑交易报告管理办法》第十五条的规定，在报告中国反洗钱监测分析中心的同时，将核查结果报告中国人民银行当地分支机构。对伪造、变造证明文件欺骗银行开立银行卡账户的，应向当地公安部门和人民银行当地分支机构报告，并停止为其提供支付结算服务。

三、严格规范银行卡境外特约商户类别码设置

发卡银行和中国银联要根据《中国人民银行关于内地银行与香港和澳门银行办理个人人民币业务有关问题的通知》（银发〔2004〕254号）、《中国人民银行关于内地银行与香港银行办理人民币业务有关问题的补充通知》（银发〔2005〕359号）、《国家外汇管理局关于下发境内银行卡在境外使用的禁止类和限制类商户类别码的通知》（汇函〔2004〕19号）、《国家外汇管理局关于更新境内银行卡在境外使用的商户类别码的通知》（汇发〔2004〕110号）等文件要求，严格限定境内银行卡在境外使用的商户类别码。银行卡在境外仅用于购物、餐饮、住宿、交通、通讯、医疗、教育等消费支付，不得用于证券投资、房地产交易以及博彩等我国法律法规禁止交易的支付。

（一）发卡银行应按规定在发卡系统上对本行所发银行卡境外交易（包括经中国银联网络转接和经境外银行卡清算组织转接）的商户类别码进行严格设置，对禁止类交易应直接拒绝，对金额限制类交易要实施单笔金额限制。

（二）对经银联网络转接的银行卡境外交易，中国银联应按规定在跨行交换系统上对境外银行卡特约商户类别码进行严格控制和管理。

四、实施银行卡境外特约商户实名制，加强对境外收单机构的风险管理

中国银联应加强对加入银联网络的银行卡境外收单机构（以下简称“境外收单机构”）的风险管理，督促境外收单机构严格落实特约商户实名制，积极构建对特约商户的日常监控和定期检查机制。

（一）中国银联与境外收单机构要逐一签订合作协议，明确规定境外收单机构应承担的责任和义务：

1. 要求境外收单机构实行特约商户实名制。境外收单机构拓展新的特约商户须了解其经营范围、规模、运营周期、典型的支付类型等情况，并认真核实特约商户资料，商户资料至少应包括其法人和经办人的身份证、工商登记营业执照、税务登记证和相关纳税证明等资料。

2. 要求境外收单机构建立对特约商户的日常监控机制和定期检查机制。要求境外收单机构对交易异常或可疑的特约商户进行动态监控，定期实地检查全部特约商户，重点检查可疑交易特约商户的相关交易凭证，对存在套现和跨境非法资金转移等严重风险行为的，要立即终止其银行卡交易权限并撤除受理机具。

3. 要求境外收单机构遵守有关规定，规范设置商户编码、商户名称、商户类别码、商户地址、入网机构标识码等信息，为发卡银行判断交易风险和正常授权提供准确信息。

4. 要求境外收单机构定期对特约商户进行风险培训，切实提高商户的风险意识和风险识别能力。

对未遵守上述要求的境外收单机构，特别是未按规定正确设置商户类别码等商户信息，或者其拓展的特约商户有参与套现和跨境非法资金转移行为的，中国银联要依法追究境外收单机构的违约责任，直至取消其收单资格。

（二）中国银联应建立并逐步完善特约商户交易监控系统和处理机制，对同一终端、同一商户出现交易量突增、大额交易频繁等可疑现象的，应及时会同境外收单机构进行调查、处理。

五、建立银行卡风险信息共享和配合机制

发卡银行、中国银联要建立良好的银行卡风险信息共享和配合机制，共同防范银行卡境外交易风险。

（一）中国银联应加强“银行卡风险信息共享系统”建设，健全银行卡风险信息共享机制，为发卡银行、收单机构提供风险管理服务与支持。

（二）发卡银行和中国银联应分别将不良持卡人和境外不良特约商户信息及时报送至“银行卡风险信息共享系统”，实现有关信息的共享。

（三）发卡银行和中国银联对其中一方提交的境外异常交易协查要求，应积极配合，共同防范。

六、各发卡银行和中国银联应加强与公安、司法机关的合作，共同防范利用银行卡进行境外赌博和跨境非法资金转移等违法犯罪活动。

七、加强我国反洗钱部门与境外国家和地区反洗钱部门的沟通与协作

人民银行将认真履行反洗钱职责，加强我国与境外国家和地区反洗钱部门的沟通与协作。发卡银行和中国银联应如实提供反洗钱主管部门依法要求报送的各类信息资料，配合反洗钱主管部门对可疑交易的调查和国际反洗钱情报合作工作。

请人民银行上海总部，各分行、营业管理部，省会（首府）城市中心支行将本通知转发至辖区内城市商业银行、农村合作银行、农村信用社和外资银行。

本通知自发布之日起施行。

中国人民银行

二〇〇七年八月六日

八、中国人民银行、中国银行业监督管理委员会关于防范信用卡风险有关问题的通知

银发〔2006〕84号

人民银行上海总部，各分行、营业管理部、省会（首府）城市中心支行；各银监局；各政策性银行、国有商业银行、股份制商业银行，国家邮政局邮政储汇局，中国银联股份有限公司：

近期，一些不法分子以“银行中介代理公司”、“贷款中介”等名义，为客户代办信用卡并利用信用卡的透支额度和免息期，通过虚构POS机刷卡消费骗取高额手续费和银行资金，扰乱了信用卡发卡和受理市场，破坏了社会诚信环境。为规范信用卡发卡和受理行为，保障银行资金安全，维护持卡人对信用卡支付的信心，促进信用卡业务健康发展，现就防范信用卡业务风险的有关问题通知如下：

一、信用卡发卡机构应严格审核申请人的资料，加强风险控制与管理，做好对持卡人的安全用卡宣传教育

（一）信用卡发卡机构应对申请人的资料进行严格的资信审核，尤其要通过多种方式核实申请人资料的真实性。对于发卡营销外包服务商或单位批量提交的申请资料，发卡机构应加大资信审核力度。发卡机构要根据申请人的资信状况，严格审批信用额度，加强发卡源头的风险控制。

（二）信用卡发卡机构应慎重选择发卡营销外包服务商，并严格约束与发卡营销外包服务商之间的外包关系。

1. 发卡机构在选择发卡营销外包服务商前，应充分审查、了解发卡营销外包服务商的经营状况、财务状况以及实际的风险控制与责任承担能力。

2. 发卡机构确定发卡营销外包服务商后，要与发卡营销外包服务商签订书面合同，明确双方的责任、权利和义务。合同中要明确规定，发卡营销外包服务商对申请人信息负有保密义务，不得申请成为特约商户，不得将代理营销业务再转包其他单位。

3. 发卡机构应针对发卡营销外包服务商制定严格的内部控制制度，监督其建立完整的人员档案以及制作相关营销宣传材料。

（三）发卡机构一旦发现信用卡申请材料属于未与其签订发卡营销外包协议

的中介公司递交的，不得受理相关业务。

对于代领卡、邮寄卡等非本人领卡的卡片发放方式，发卡机构应通过制定风险防控措施等相关业务规则防范业务风险。

（四）发卡机构应加强对持卡人用卡情况的监控，对于已确认存在套现行为的信用卡持卡人，有权采取降低授信额度、止付等措施。

（五）发卡机构发现不法中介、个人骗领信用卡或违规使用信用卡的，应立即与工商、公安等有关部门进行沟通协调，并协助有关部门对其进行打击和处理。

（六）发卡机构应对公众加强有关信用卡知识的宣传教育和普及工作，使公众了解信用卡申请和使用的基本常识，提高风险防范意识，增强诚信观念。

二、收单机构应加强特约商户管理，强化对特约商户的风险控制，防范特约商户套现等风险

（一）收单机构应加强对特约商户资质的审核，实行商户实名制，防止拓展不合规商户。收单机构拓展新特约商户时，应对特约商户进行现场调查，认真核实特约商户资料，商户资料至少应包括营业执照、税务登记证或相关纳税证明、法定代表人身份证件。收单机构不得将个人银行结算账户设置为特约商户的单位结算账户。

（二）收单机构要规范商户签约行为，在有关收单协议中，至少应明确规定以下内容：

1. 特约商户不得将签购单、签购结算单、银联标识牌及 POS 机具等专用于银行卡受理的资源用于收单协议范围以外的用途，也不得转给第三方使用，不得将其他特约商户的交易假冒本特约商户交易与收单机构清算。

2. 特约商户不得协助持卡人进行信用卡套现、交易分单等违法经营行为。

3. 特约商户出现虚假申请、侧录、套现、恶意倒闭等严重风险行为的，收单机构有权立即终止银行卡交易并撤除机具。

4. 对违反上述协议内容的行为，收单机构应根据情节严重程度及造成损失的情况，追究特约商户的相关责任。

（三）收单机构应建立健全对特约商户和 POS 机具的管理机制。

1. 收单机构应在完成与特约商户的签约后，再布放 POS 机具，对于特约商户提出的新增、更换、维护 POS 机具的要求，应履行必要的核实程序，以避免不法分子冒充商户人员利用 POS 机具进行欺诈活动。

2. 收单机构应严格按照相关业务规范设置商户编码、商户名称、商户服务类别码、商户地址等关键信息，为发卡银行对交易风险度的判断和对交易的正常授权提供准确信息。

（四）收单机构应建立日常监控机制。对商户的交易量突增、频繁出现大额、整数交易等可疑、异常现象，收单机构应及时监控和调查处理，对于确认为套现等欺诈情况的商户，收单机构应及时终止其交易。

（五）收单机构对于发卡机构、中国银联股份有限公司（以下简称中国银联）提交的商户套现等风险协查要求，应积极配合，共同防范信用卡套现等风险。

三、中国银联应按有关部门的要求，积极协助成员机构和相关单位做好有关信用卡套现等违法行为的风险防控工作

（一）中国银联应配合收单机构加强对特约商户交易进行监控，对同一终端、同一商户出现的异常交易进行预警，并提示收单机构立即调查。

（二）中国银联要进一步加强“银联”标识的管理，协助收单机构对不具备资质的特约商户进行清理，对未经中国银联授权而特约商户私自违规张贴、使用的“银联”标识进行全面清除。

（三）中国银联应加强与成员机构、公安机关之间的合作与交流，协助成员机构、公安机关做好银行卡案件调查取证工作，建立健全银行卡风险防范合作机制。

（四）中国银联应联合各成员机构开展持卡人安全用卡教育、特约商户收银员培训，提高持卡人和特约商户风险防范意识。

四、各商业银行和中国银联在共同打击信用卡套现等违法行为的过程中，要及时沟通，充分交流，建立良好的信息共享机制

（一）各商业银行应对有关信用卡套现的典型案例进行跟踪调查和分析，并在行内通报或建立档案，防范不法中介和恶意申请人反复作案；同时要与其他银行加强合作，互相通报相关信息，共同维护银行卡诚信环境。

（二）中国银联在协查成员机构和公安机关调查取证的过程中，如发现具有扩散性、典型性的风险事件，应及时通过风险提示的方式通报给各成员机构，帮助其预防相关风险，防止同类风险在各行间扩散。

（三）鼓励各商业银行利用中国银联建立的“银行卡风险信息共享系统”和其他相关信息系统，提高对高风险持卡人和商户的风险识别和控制能力。

1. “银行卡风险信息共享系统”是中国银联建立的包括不良持卡人、黑名单商户等银行卡重要负面信息的系统，已在各行信用风险控管中发挥了较好的作用。发卡机构和收单机构在办理相关业务时应积极利用该系统。

2. 发卡机构寻找发卡营销外包服务商之前，应统一查询“银行卡风险信息共享系统”进行风险审核，对于已列入中国银联“银行卡风险信息共享系统”的“可疑营销代理机构”或“可疑商户”，发卡机构不得与其合作代理发卡。

对于已确认存在套现行为的信用卡，发卡机构在采取止付措施的同时，应将已止付套现信用卡持卡人信息报送至中国银联“银行卡风险信息共享系统”，以实现不良持卡人信息共享。

3. 收单机构拓展新商户前，可统一查询“银行卡风险信息共享系统”进行风险审核。对于已被作为“可疑商户”或“可疑营销代理机构”列入系统的，收单机构应禁止拓展其为银行卡特约商户。对于商户负责人已被作为“不良持卡人”或“欺诈嫌疑申领人”列入系统的，收单机构应从严审批、谨慎拓展。

对于确认有套现欺诈情况的商户，收单机构在终止其银联卡交易的同时，应及时将商户信息报送至中国银联“银行卡风险信息共享系统”，以实现不良商户信息共享。

4. 对于未经发卡机构委托而从事代办卡业务或利用信用卡实施套现的，发卡机构一经发现，应立即将相关信息报送至中国银联“银行卡风险信息共享系统”。

五、各商业银行和中国银联应加强对信用卡资金交易的监测，对于具有大额、异常和可疑支付交易特征的交易，应严格按照反洗钱的相关规定报告人民银行。

六、各商业银行和中国银联应加强对不法中介和个人从事非法金融活动的联合打击力度，并加强与公安、工商等部门的合作，共同打击信用卡套现等违法犯罪活动。

中国人民银行

二〇〇六年三月八日

九、中国人民银行关于规范和促进银行卡受理市场发展的指导意见

银发〔2005〕153号

中国人民银行各分行、营业管理部、省会（首府）城市中心支行，各政策性银行、国有独资商业银行、股份制商业银行，国家邮政局邮政储汇局，中国银联股份有限公司：

针对当前银行卡受理市场发展不规范和建设滞后等突出问题，为贯彻实施中国人民银行等九部门《关于促进银行卡产业发展的若干意见》（银发〔2005〕103号），促进银行卡受理市场健康发展，现就规范和促进银行卡受理市场发展提出如下指导意见：

一、关于银行卡受理市场主要参与方的职责

（一）关于特约商户收单机构。特约商户收单机构指与特约商户（以下简称商户）签约并向该商户承诺付款的金融机构以及有资质的专业化收单机构。其业务范围包括发展商户、POS机具布放和维护、交易处理及交易单据清分、为商户受理银行卡提供授权和结算、交易后的对账查询和差错处理、监控收单交易等。

商户收单机构为其商户提供收单服务，应按照市场化原则，在平等、自愿的基础上签订收单协议，明确双方的权利、义务和违约责任。

（二）关于银行卡清算组织。银行卡清算组织是提供银行卡跨行信息交换和清算服务的法人。

中国银联是目前国内专门从事人民币银行卡跨行信息转接的清算组织，主要职责是建立和运营安全、高效的银行卡跨行信息转换网络，实现银行卡跨行通用。银联应专注于这一主业，切实提高网络服务水平，并加强对“银联”品牌的管理和经营。

中国银联可以根据中国人民银行的相关规定制定由参与机构共同遵守的有关跨行信息交换和业务处理的规范和标准。

中国银联应建立企业化运作机制，进一步完善法人治理结构，建立严格有效的内控制度。要加强对其分支机构的管理，敦促其分支机构严格执行统一的业务规范和技术标准。

（三）关于商户收单业务第三方服务商。第三方服务商是接受商户收单机构委托从事银行卡收单业务中非核心业务的自主经营、自负盈亏的法人企业。

由于银行卡信息交换系统事关金融信息和支付体系的安全，从事银行卡信息交换业务有严格的准入和管理制度，第三方服务商不得从事银行卡信息交换业务。

二、关于商户收单业务开办中坚持的原则

在银行卡商户收单业务的开办过程中，各相关参与主体要坚持平等自愿、公平竞争和联网通用原则。

（一）商户可自主选择商户收单机构签订收单协议。同一商户应遵守“一柜一机”原则，实现资源共享，避免重复投资。

（二）商户收单机构自行布放或委托第三方服务商布放的POS机具应符合联网通用的业务规范和技术标准，张贴统一的“银联”标识，并能够受理所有“银联”标识卡。对不能实现所有“银联”标识卡受理或故意对非本行的银行卡设置障碍的商户收单机构，客户、商户和发卡机构有权向人民银行反映和投诉。

（三）严禁在拓展商户过程中采取不计成本降低商户结算手续费等恶性竞争行为。

三、关于商户收单业务外包规则

商户收单机构可根据自身业务发展情况自主决定是否将机具布放和服务、系统建设和维护、客户服务和培训等非核心业务外包给第三方服务商，但商户收单机构仍是商户协议签约和付款责任主体，也是收单风险的最终承担者。

商户收单机构可根据价格和服务质量自主选择符合人民银行安全管理要求和技术标准的第三方服务商。同时，根据业务需要与第三方服务商签订外包协议，明确双方的权利义务和责任，其中应明确第三方服务商在外包关系存续期间和终结之后对客户信息和交易信息的保密义务。

第三方服务商的收入来源是商户收单机构支付的外包服务费，由双方按照市场化原则协商确定，不得直接参与商户手续费分润。

四、关于商户终端网络连接方式

POS直联和间联是终端机具接入银联信息转接网络的两种基本模式，银联网络应同时支持直联和间联入网。为改善受理环境，促进市场有序竞争，鼓励商户收单机构选择POS直联接入方式。

商户收单机构开展直联POS业务要防范收单风险，加强对直联商户的日常培训工作；开展间联POS业务要符合联网通用的原则，向所有银联卡开放收单机具，严格遵守统一的跨行业务规范和技术标准。

为维护市场秩序，已形成的网络接入格局和存量市场应保持稳定，社会各方新的资源主要投入到增量市场建设中。

五、关于无银联分公司地区受理市场建设

一些地区在实现银行卡联网通用过程中，采用了“无中心模式”。“无中心模式”对于促进银行卡跨行通用发挥了积极作用，但也带来了受理市场发展不规范、市场共建机制落后的问题，为推动各地区受理市场均衡发展，加快和扩大受理市场建设，促进银行卡业务快速协调发展，“无中心模式”应加以调整。

经人民银行批准，中国银联可根据公司总体规划，在有市场需求的地区设立分支机构，提供银行卡信息交换和清算服务；尽快形成覆盖全国的跨行交易网络体系。

为规范支付清算服务市场，加强信息转接管理，当前中国银联在无银联分公司地区投资建立的从事POS跨行交易信息转接的专业化服务平台应由中国银联直接管理和经营，不得通过授权的方式间接对专业化服务平台进行管理和经营。

六、关于建立人民币银联卡的国际受理网络

人民币银联卡拓展境外受理市场不仅有利于满足境内居民出境旅游需要，增强国际交流和合作，而且是应对经济金融一体化挑战、提升国内银行卡产业整体竞争力的战略要求。国内商业银行和中国银联要向具有使用需求的国家和地区拓展受理业务，逐步建立人民币银联卡的国际受理网络。中国银联要统筹规划境外拓展计划，合理安排对境外受理市场的开发进度和业务开通时间。每开通一个国家的受理业务，要将其业务实施方案和技术方案向人民银行备案。

为促进人民币银联卡尽快实现国际通用，人民银行已按照国际规范制定了我国人民币银行卡的技术标准。商业银行发行新的人民币银行卡必须符合该技术标准，并尽快完成现有非标准卡的换发工作。

双币种信用卡和双币种借记卡在港澳和境外有银联网络的国家和地区使用时，国内发卡银行应支持经银联网络转接，要对银联网络开放人民币账户的交易和清算，其他任何机构不得设置障碍和进行干预。

为获得“银联”品牌的广泛认同度，中国银联要进一步改善对国内发卡行和境外收单机构的网络服务质量，增强交易处理和信息安全能力，形成国际化的运作机制，提高竞争水平。

七、关于增强银行卡跨行网络服务功能

中国银联要切实采取措施提高跨行网络利用效率，完善跨行服务功能。

（一）要确保跨行交易网络的可靠性、安全防范能力和系统管理能力，提高跨行交易成功率。要提高处理跨行交易差错和争议的效率，保护持卡人合法权益。

（二）要开发推广新的业务品种和服务项目，满足商业银行开展银行卡增值业务的需要，不断拓展银行卡应用领域。

当前，中国银联要切实响应党中央、国务院关于建立和谐社会、解决“三农”问题的号召，研究利用银联跨行网络的优势和功能，解决由农村信用社基层网点向农民工提供银行卡服务的问题，可先选择一些地区进行试点。

中国人民银行
二○○五年六月十六日

十、中国人民银行　国家发展和改革委员会　公安部　财政部　信息产业部　商务部　税务总局　中国银行业监督管理委员会　国家外汇管理局关于促进银行卡产业发展的若干意见

银发〔2005〕103 号

各省、自治区、直辖市、计划单列市人民政府，国务院各部委、各直属机构、直属事业单位：

近年来，我国银行卡业务快速发展，发卡量大幅上升，受理环境明显改善，银行卡联网通用的目标已基本实现，由多元化市场主体构成的银行卡产业链初步形成。但是，我国银行卡产业仍处于初级阶段，用卡频率、持卡消费比例、商户普及率等与发达国家相比存在较大差距，同时还存在相关法律制度建设滞后、产业扶持政策缺乏、受理市场不规范等突出问题。为促进银行卡产业快速健康发展，推广普及银行卡，现提出以下意见：

一、银行卡产业发展的指导思想和原则

银行卡产业发展是一项利国利民的工程，对于减少现金流通、降低交易成本、促进消费、扩大税收、促进相关产业发展、加强反洗钱工作和提升国际形象具有重要意义。

银行卡产业发展的指导思想是：按照为全面建设小康社会提供高质量的金融服务的要求，以向全社会提供安全、普遍、快捷、优质的银行卡服务为目标，通过健全法律制度、加大产业扶持力度、提高技术手段、完善用卡环境、加强持卡人权益保护和规范市场秩序，促进银行卡受理市场快速健康发展，有效提升本国银行卡产业竞争力，最大限度地降低风险，使我国银行卡产业步入良性发展轨道。

银行卡产业发展的原则是：政府推动、行业自律和市场机制相结合；统一规划和分步实施相结合；发展和规范相结合；全面发展和重点推进相结合；加强银行卡产业基础设施建设与培育用卡习惯、促进银行卡消费相结合；推进银行卡产业发展和提高银行服务质量相结合；提高银行卡安全风险防范水平和加强持卡人

安全教育相结合；维护持卡人合法权益和加快银行卡产业发展相结合。

二、促进银行卡产业发展的工作重点

（一）完善法律体系，营造良好制度环境

国务院正责成有关部门抓紧研究起草《银行卡条例》，要加快业务管理法规建设。有关部门要根据职责权限制定相关配套规章。要明确各参与方的权利、责任和义务，保障当事人合法权益；统一银行卡发行、使用和受理规则，规范银行卡支付行为，明确风险控制和信息安全要求，切实防范支付风险。

（二）面向需求，完善银行卡品种和功能

1. 鼓励推广公务卡。各级政府部门及所属预算单位应积极带头使用银行卡，在行政经费、差旅费等公务支出中使用银行卡支付，提高预算资金支出的透明度，加强对公务支出的监控。

2. 继续促进借记卡发展，稳步发展信用卡。进一步完善借记卡的功能，提升借记卡的服务质量，促进借记卡发展。在有效防范信用卡风险的前提下，稳妥发展信用卡。

3. 拓展银行卡使用空间，推进银行 IC 卡应用。促进银行卡功能与其他行业应用有机结合，实现资源共享与协调发展。有序规范以银行卡为介质的网上支付、移动支付等电子支付，促进其健康发展。积极开发适合不同群体需求的品种，满足客户个性化需要。人民银行要根据《中国金融集成电路（IC）卡规范》（2005 年版）新行业标准，推动银行 IC 卡应用的发展。

（三）促进受理市场快速健康发展，扩大受理范围

1. 加强受理市场建设。将完善用卡环境、推动银行卡普及应用作为当前银行卡产业发展的核心工作。以市场手段为主，辅之以必要的政府指导，力争至 2008 年，年营业额在 100 万元以上的商户受理银行卡的比例达到 60% 左右，大中城市重点商务区和商业街区、星级饭店、重点旅游景区要全部可以受理银行卡。全国大中城市持卡消费额占社会消费零售总额比例达到 30% 左右。

2. 规范发展受理市场。明确发卡机构、银行卡清算组织、收单机构、持卡人、特约商户、专业化服务机构等银行卡业务有关市场主体各自的权利义务和责任，按照权利义务相一致的原则，承担相应的风险和责任。加强对收单市场的管理，确保所有发卡机构发行的银行卡被受理。健全专业化服务体系，加强对银行卡业务外包的管理和风险控制，提高专业化服务水平。

3. 建立和完善合理的收费定价机制。坚持银行服务合理收费原则，综合考虑成本、利润和风险因素，兼顾各方利益，建立科学、合理的银行卡定价机制。按照市场化的发展要求，由各收单机构与商户协商定价。为鼓励商户受理银行卡的积极性，各地可根据商户刷卡消费额等因素建立适当的奖励机制。商业银行要科学制定银行卡财务管理制度，严格成本核算，降低成本。

4. 提高商业企业受理银行卡普及率。商务部等有关部门应积极引导商业、旅游、餐饮等零售和服务行业受理银行卡。

5. 扩大银行卡受理范围。有关部门应鼓励公共事业单位积极受理银行卡，促进银行卡在水、电、气等公用事业缴费领域应用。推动民航、铁路、公路售票以及医院、学校、加油站等与公众生活密切相关和现金使用量较大的领域受理银行卡。

6. 拓展人民币银行卡境外受理市场。研究出台支持人民币银行卡受理网络向境外拓展的有关政策措施，鼓励人民币卡受理业务向具有使用需求的国家和地区拓展，逐步建立人民币卡的国际受理网络。商业银行和银行卡清算组织要积极、稳妥地开拓人民币卡境外受理业务，切实采取措施防范汇率、欺诈、技术等各类风险。

（四）鼓励市场化竞争，增强服务意识

1. 鼓励竞争，建立市场化的运营机制。要充分发挥市场在产业资源配置上的基础性作用，在银行卡发行、受理、信息转接、机具布放等环节引入竞争机制，防止垄断，鼓励符合条件的机构和组织参与银行卡受理市场建设，营造公平竞争的市场环境。商业银行要按照建立现代金融企业制度的要求，探索改革银行卡经营模式，降低成本，提升竞争能力。

2. 强化服务意识，提高服务质量。银行卡业务的相关市场主体，要加强沟通协调，密切合作，并将维护持卡人合法权益作为银行卡服务的重要内容。商业银行要建立满足市场和客户需要的服务标准、服务流程和服务规范，吸引商户受理银行卡和公众使用银行卡。

（五）扩大联网通用范围，提高网络运行效率

1. 巩固和提高联网通用成果。认真总结和推广近年来联网通用工作经验，将联网通用范围进一步扩大到所有地市级以上城市和经济发达的县级市。确保所有银行卡机具都符合联网通用有关规范和标准，严格遵守“一柜一机”原则，实现资源共享。抓紧完善实施我国人民币银行卡技术标准，加大对按照国际规范制定的我国人民币银行卡技术标准的推广力度。商业银行发行新的人民币银行卡必须符合该技术标准，并尽快完成现有非该标准卡的换发工作。

2. 提高交易网络运行质量。银行卡业务的相关市场主体要保证内部网络和跨行交易网络的运行效率，电信运营企业要保证交易网络的通信通畅，力争到2008年，全国跨行交易成功率达到96%以上。不断改进服务水平，加快刷卡消费资金到账时间。建立高效率的差错、投诉和争议处理工作机制，提高差错处理效率，保护持卡人合法权益。

（六）加强银行卡风险管理，建立风险防范机制

1. 有关部门要按照国务院关于社会信用体系建设的总体要求，加快建立个

人征信体系，实现银行卡不良信息在人民银行、商业银行以及相关部门之间的资源共享。

2. 人民银行和银监会要根据各自的职责，加强银行卡技术风险管理，建立健全银行卡技术风险管理体系，采取有效的技术措施防范银行卡伪冒和欺诈交易，建立健全银行卡案件的报备、预警及通报制度。跟踪研究国际从银行磁条卡标准向芯片卡标准转移的趋势，按照“积极应对、谨慎实施”的方针制定相关策略，并带动我国电子信息产业的发展。

3. 有关部门要规范银行卡的准入管理，建立健全信用卡风险监管指标体系。要有效防止商业银行无序竞争和盲目发卡，使其发卡数量与风险管理能力和内控水平相适应。

4. 有关部门要加强对银行卡数据处理及相关业务外包的准入和监管，特别是对外资机构在国内从事相关业务的问题要有明确规定，确保交易信息和客户信息安全。

5. 公安部要会同人民银行、银监会、外汇局和商业银行等部门，建立防范和打击银行卡犯罪的情报信息交流机制和案件合作机制，坚持防范和打击并重，规范和治理并举，努力从源头上预防银行卡犯罪的发生。

6. 商业银行要加强内部安全风险管理，从技术手段、业务流程、内控制度、商户管理、培训教育等方面提高风险防范和反欺诈能力。要高度重视信用卡业务开办过程中的信用风险和欺诈风险，可依照有关征信管理法律制度充分发挥社会信用服务机构在防范信用卡风险方面的作用。要将保证持卡人安全使用银行卡作为风险防范的重要内容。

7. 银行卡业务的相关市场主体要根据反洗钱及其他有关规定，切实做好银行卡交易监测和大额可疑交易报告工作，通过完善制度和技术措施，防止不法分子利用银行卡从事洗钱等犯罪活动和跨境转移非法资金。

（七）制定产业激励政策，加大产业扶持力度

1. 研究出台财税支持政策。财政部、税务总局会同相关部门积极研究制定有关税收优惠政策。

2. 加强金卡金税工程合作。推动金卡和金税工程间的信息交换，促进信息资源与技术服务共享。税务总局会同信息产业部、人民银行按照国务院信息化工作办公室的计划，积极配合做好具有受理银行卡功能的金融税控收款机的试点和推广工作。

3. 引导企业降低通信成本。信息产业部鼓励电信运营企业按照市场化运作方式，对银行卡交易通信收费进行优惠。

4. 支持与银行卡相关的产业发展和技术创新。支持与银行卡产业密切相关的各类通讯、集成电路制造、软件开发、运营服务等高新技术产业的发展。经认

定，有关企业可享受国家鼓励软件产业和集成电路产业发展的各项优惠政策。加强对银行卡相关的各项技术和业务创新的专利保护。

（八）加强银行卡宣传教育

充分利用各新闻媒体，做好推广普及银行卡以及防范打击银行卡犯罪的宣传教育工作，使社会公众普遍掌握银行卡基本常识、积极作用和用卡安全知识等，增强参与、支持银行卡以及预防犯罪的自觉性和主动性，营造有利于银行卡产业健康发展的舆论环境。

三、加强组织领导，形成政策合力

银行卡产业发展牵涉面广，各部门要高度重视，统一思想，充分认识银行卡产业发展对改善支付环境、扩大消费、防止偷逃税款、维护市场秩序和全面建设小康社会的重要意义，加强组织领导，切实负起责任。国家金卡工程协调领导小组及其办公室要加大协调工作力度，做好有关监督、检查工作。2006 年底人民币银行卡业务全面对外开放，我国银行卡产业面临较大挑战，必须利用有限的时间提升产业的国际竞争力，2008 年北京奥运会和 2010 年上海世博会对完善用卡环境也提出了迫切的要求。各省、自治区、直辖市有关部门要建立健全银行卡工作领导和协调机制，统筹规划和指导本地区银行卡工作，制定并落实相关政策措施，协调解决银行卡产业发展中的突出问题，指导和推动本地区银行卡产业的发展。

二〇〇五年四月二十四日

十一、中国人民银行关于边境地区受理和使用人民币银行卡有关问题的通知

银发〔2004〕219号

中国人民银行各分行、营业管理部、省会（首府）城市中心支行，各国有独资商业银行、股份制商业银行、国家邮政局邮政储汇局，中国银联股份有限公司：

为保障边境贸易与经济合作的正常进行，防止人民币银行卡（以下简称人民币卡）被不法分子用于赌博、洗钱等违法犯罪活动，促进银行卡支付、清算业务的健康发展，维护支付体系正常运行，稳定经济金融秩序，现就边境地区人民币卡受理和使用的有关问题通知如下：

一、各有关金融机构在办理银行卡业务时，要认真履行职责，严格遵守国家有关账户管理和反洗钱规定。要加强银行结算账户开立和使用的管理以及资金交易的监控，严格执行大额、可疑支付交易报告制度。

二、人民币卡收单机构要加强商户风险管理，禁止发展国家法律制度禁止银行卡交易支付的商户。

三、边境地区人民币卡收单机构要规范商户签约行为。有关人民币卡收单协议中要明确规定，商户不得将签购单、签购结算单、银联标识牌及POS机具用于收单协议范围以外的用途，不得将POS机带出境外使用，不得将受理人民币卡的业务委托或转让给第三方，不得将其他商户的交易假冒本商户交易与收单机构清算，不得使用POS机虚构交易为客户提取现金。

四、边境地区人民币卡收单机构要加强机具管理，规范机具布放行为。收单机构完成商户签约后，再布放POS机具，且要承担对POS机具新增、更换、维护和撤销等工作的核实责任；收单机构不得在境外布放人民币卡POS机具受理终端。

五、中国银联股份有限公司要进一步加强“银联”标识的管理，在自身职责范围内严格对加入银联网络的收单机构和商户的风险控制措施，维护“银联”标识的良好形象。

六、人民银行有关分支行要加强对边境地区人民币卡支付、清算业务的监督管理。组织对本辖区内收单机构在边境地区布放POS机具的情况进行一次全面检查。通过检查，核实各收单机构发展商户和布放POS机具情况，纠正收单机构在境外违规布放POS机具、商户违规转让POS机具等行为，检查清查情况要

书面报送总行。对于检查后仍然违规在境外布放 POS 机具的收单机构和商户，要依法按有关金融管理规定进行处理；对情节严重的，要依法追究有关人员的责任。

七、各商业银行总行要加强对所辖分支行银行卡业务的指导和管理，特别要规范所辖分支机构在边境地区从事银行卡受理业务的行为，严禁违规布放人民币卡终端受理机具。

八、本通知自发文之日起执行。

二〇〇四年九月二十一日

十二、中国人民银行关于《中国银联入网机构银行卡跨行交易收益分配办法》的批复

银复〔2003〕126 号

中国银联股份有限公司：

你公司《关于呈请批复执行〈中国银联入网机构银行卡跨行交易收益分配办法〉的请示》（银联发〔2003〕81 号）收悉。批复如下：

一、同意印发执行《中国银联入网机构银行卡跨行交易收益分配办法》。你公司要配合各商业银行（含邮政储汇局）做好执行前的各项准备工作。

二、该办法自 2004 年 3 月 1 日起实施。《中国人民银行关于调整银行卡跨行交易收费及分配办法的通知》（银发〔2001〕144 号）中的有关规定同时废止。

附件：中国银联入网机构银行卡跨行交易收益分配办法

二〇〇三年十二月八日

附件

中国银联入网机构银行卡跨行交易收益分配办法

为推动银行卡联网通用工作的深入开展，给各参与方创造良好的竞争环境，充分调动各方面的积极性，在中国银联与各入网机构充分协商的基础上，对银行卡跨行交易收益分配办法确定如下：

一、ATM 跨行交易手续费

ATM 跨行交易分为取款和查询两种交易，交易手续费分配涉及发卡银行（简称发卡行）、提供机具和代理业务的代理银行（简称代理行），以及提供跨行信息转接的中国银联（简称银联）。

ATM 跨行取款交易收益分配采用固定代理行手续费和银联网络服务费方式。持卡人在他行 ATM 机上成功办理取款时，无论同城或异地，发卡行均按每笔

3.0 元的标准向代理行支付代理手续费，同时按每笔 0.6 元的标准向银联支付网络服务费。

暂不规定 ATM 跨行查询收费。

二、POS 跨行交易商户结算手续费

POS 跨行交易商户结算手续费的分配涉及发卡行，提供 POS 机具和完成对商户资金结算的收单机构（统称收单方），以及提供跨行信息转接的中国银联。

POS 跨行交易的商户结算手续费收益分配，采用固定发卡行收益和银联网络服务费方式，即每笔商户结算手续费，发卡行获得的固定收益和银联收取的网络服务费执行如下标准：

（一）对宾馆、餐饮、娱乐、珠宝金饰、工艺美术品类的商户，发卡行的固定收益为交易金额的 1.4%，银联网络服务费标准为交易金额的 0.2%。

（二）对一般类型的商户，发卡行的固定收益为交易金额的 0.7%，银联网络服务费的标准为交易金额的 0.1%。

（三）在上述（二）的基础上，对以下几类特殊行业或商户，现阶段可通过降低发卡行收益比例和银联网络服务费标准的方式予以适当优惠：

1. 对房地产、汽车销售类商户，发卡行固定收益及银联网络服务费比照一般类型商户的办法和标准收取，但发卡行收益每笔最高不超过 40 元，银联网络服务费最高不超过 5 元；对批发类的商户，发卡行固定收益及银联网络服务费比照一般类型商户的办法和标准收取，但发卡行收益每笔最高不超过 16 元，银联网络服务费最高不超过 2 元。

2. 对航空售票、加油、超市等类型的商户，发卡行固定收益及银联网络服务费比照一般类型商户减半收取，即发卡行的固定收益为交易金额的 0.35%，银联网络服务费标准为交易金额的 0.05%。

3. 对公立医院和公立学校，发卡行和银联暂不参与收益分配。

三、本办法自 2004 年 3 月 1 日起施行。

十三、中国人民银行办公厅关于加强银行卡业务反洗钱监管工作的通知

银办发〔2009〕151号

人民银行上海总部；各分行、营业管理部；各省会（首府）城市中心支行；各副省级城市中心支行；各国有商业银行、股份制商业银行；中国邮政储蓄银行：

为有效预防和打击利用银行卡业务进行的洗钱等违法犯罪活动，进一步提高反洗钱监管工作的有效性，现就加强银行卡业务反洗钱监管工作的有关事项通知如下：

一、认真贯彻落实《中国人民银行　中国银行业监督管理委员会　公安部　国家工商总局关于加强银行卡安全管理　预防和打击银行卡犯罪的通知》（银发〔2009〕142号）精神，切实履行反洗钱职责，预防银行卡业务洗钱风险。

二、加强对银行卡业务的反洗钱现场检查。除专项检查外，各级人民银行分支机构应将金融机构在办理银行卡业务过程中履行反洗钱义务的情况，列入反洗钱现场检查的重点内容，特别是涉及以下业务环节的反洗钱工作：

（一）金融机构在办理批量发卡业务时，开展客户身份识别工作的情况。

（二）金融机构对于持有多张信用卡的客户，开展客户身份识别的情况。

（三）金融机构委托第三方开展客户身份识别工作的情况。

（四）金融机构对于特约商户开展客户身份识别、可疑交易监测的情况。

（五）金融机构在办理网上银行、ATM等非面对面业务过程中是否采取了必要的反洗钱风险管理措施。

（六）金融机构对于高风险客户的可疑交易监测和报告情况。

（七）金融机构是否有效保存了客户身份资料和交易记录。

（八）金融机构对于我国有关部门和联合国安理会发布的恐怖组织、恐怖分子名单的监控情况。

（九）其他洗钱风险较高的业务环节。

在反洗钱现场检查过程中，反洗钱部门发现金融机构违反账户实名制、账户管理规定等支付结算制度的，应及时移交支付结算部门处理；发现洗钱和恐怖融资案件线索的，要及时移送有权部门处理。

三、各级人民银行分支机构应按照总行反洗钱局有关“非面对面业务反洗

钱风险”课题研究的部署安排，组织金融机构深入研究不法分子在新技术条件下，利用银行卡业务进行洗钱等违法犯罪活动的作案手法和发展趋势。

四、各级人民银行分支机构应认真剖析典型案例，及时向金融机构和社会公众提示相关洗钱风险，督促金融机构健全反洗钱内控体系，提高公众识别银行卡犯罪活动的意识和能力。

五、依法处理违反反洗钱规定办理银行卡业务的金融机构，对于放任甚至协助不法分子利用银行卡业务进行洗钱、恐怖融资活动的金融机构及其从业人员，要依法从严惩处。

请人民银行各分支机构及时向辖区内人民银行分支行和金融机构传达本通知精神。

二〇〇九年八月三日

十四、中国人民银行办公厅关于贯彻落实《中国人民银行　中国银行业监督管理委员会　公安部　国家工商总局关于加强银行卡安全管理、预防和打击银行卡犯罪的通知》的意见

银办发〔2009〕149号

中国人民银行上海总部，各分行、营业管理部、省会（首府）城市中心支行、副省级城市中心支行；各国有商业银行，股份制商业银行，中国邮政储蓄银行，中国银联股份有限公司：

为进一步加大预防和打击银行卡犯罪的力度，现就贯彻落实《中国人民银行、中国银行业监督管理委员会、公安部、国家工商总局关于加强银行卡安全管理、预防和打击银行卡犯罪的通知》（银发〔2009〕142号，以下简称142号文）各项要求提出如下意见：

一、切实增强贯彻落实142号文的责任感和紧迫感

142号文是在我国银行卡产业获得很大发展、风险管理形势日益复杂的情况下，人民银行、银监会、公安部和工商总局等4部委为贯彻落实国务院领导重要批示、稳定银行卡市场秩序、充分发挥银行卡促进经济增长的作用，在广泛征求商业银行意见的基础上起草和印发的。针对银行卡风险案件反映出的银行卡制度、业务和技术方面的风险点，142号文按照预防为主、打防并举、明确责任、综合治理的工作思路，从发卡、交易、使用和受理等各环节，全面、系统地提出了风险防控要求。

人民银行各分支机构、各商业银行和中国银联要从深入贯彻落实科学发展观、全面构建社会主义和谐社会的高度，从维护人民群众根本利益和稳定社会经济金融秩序出发，充分认识贯彻落实142号文的重要意义，全面解决银行卡安全管理中存在的突出问题，依法打击银行卡犯罪。

二、进一步加强银行卡风险管理，努力遏制银行卡风险案件高发势头

（一）建立有关损失底线的量化目标责任制。

1. 淡化数量考核指标，以业务发展质量为考核依据。

发卡机构要取消单纯以发卡数量为考核指标的做法，以发卡业务发展质量为考核依据，设立资产不良率、发卡收入等风险、收益指标。收单机构要取消单纯

以特约商户数量为考核指标的做法，以收单业务发展质量为考核依据，设立商户欺诈率、收单分润收入等风险、收益指标。有关发卡、受理市场考核指标要由发卡机构和收单机构总行（部）向人民银行报告。

2. 按照“谁发卡、谁负责”和“谁发展的特约商户、谁负责”的原则建立发卡机构和收单机构责任追究制度。

发卡机构违反客户身份识别制度、账户实名制、可疑交易监测和报告等管理规定的，要按照反洗钱法相关规定予以处罚。收单机构未严格落实特约商户实名制、现场检查、非现场监控、商户培训、商户类别码设置和终端机具管理等收单市场管理制度，造成特约商户从事或者协助从事信用卡套现、伪卡欺诈等行为，或者造成发卡机构和持卡人资金损失的，人民银行将追究收单机构的行政责任。

对于因发卡机构过错，造成多次发生客户资金被盗案件，或者虽发生一次但情节严重的，人民银行将对发卡机构予以通报并限期整改。对于因管理不善或未对商户尽职培训，导致所拓展商户和所布放终端机具多次发生受理伪卡、盗录信息、套现、欺诈等风险案件，或者虽发生一次但情节严重的，人民银行将对收单机构予以通报并限期整改。

（二）加强受理市场管理，建立特约商户信息登记制度。

1. 各地收单机构要于2009年10月31日前在当地人民银行分支机构登记存量特约商户清单（名称、地址、法定代表人或负责人姓名），有关登记材料要由当地收单机构负责人签字并加盖机构公章。本意见印发之后新拓展的增量特约商户信息，收单机构应在与特约商户签约之日起1个月内办理登记手续。

2. 人民银行分支机构要做好特约商户信息登记的组织、协调工作，督促收单机构按照要求进行登记，并认真审核收单机构提交的登记材料，确保登记材料的规范性。2009年12月1日前，要将完成的存量特约商户登记信息汇总报人民银行总行。对增量特约商户信息的登记工作，要按季汇总报人民银行总行。

3. 人民银行分支机构要利用特约商户信息，加强对受理市场的规范管理，在防范风险、打击银行卡犯罪方面发挥作用。不得将特约商户信息用于其他目的，也不得擅自提供给其他任何机构。

（三）加强银行卡宣传工作。

人民银行分支机构、各商业银行和中国银联要采取发放宣传材料、开展现场咨询、有奖征文活动、开辟宣传专栏、以案说法和举办培训班等方式，开展大规模的宣传工作。重点宣传我国银行卡产业取得的重大成就，引导社会公众正确看待目前银行卡市场存在的风险，维护社会公众信心，并加强对持卡人的安全用卡教育，提高安全用卡意识和技能。

人民银行分支机构、各商业银行和中国银联要制定相应的系列宣传方案，宣传活动至少要持续一年。2009年11月15日前，人民银行分支机构、各商业银行和中国银联要根据宣传方案组织至少两种不同渠道（如网络、电视或报刊）的宣传活动，并于2009年12月15日前将有关宣传活动的小结报人民银行总行。

（四）准确理解142号文有关规定。

1. 关于“联网核查公民身份信息系统运行前开立的银行卡存量账户要逐步进行联网核查，未经核实的，发卡机构要专门标识，采取更严格的风险控制措施”。

各商业银行要充分利用联网核查公民身份信息系统验证客户身份信息，对于联网核查公民身份信息系统运行前开立的银行卡存量账户可采取在营业网点、官方网站、ATM屏幕等张贴告示的方法集中提示，鼓励客户主动申请进行联网核查。客户在营业网点办理需要进行联网核查公民身份信息的业务时，银行应同时进行客户开户资料检查，及时修改、补充相关信息，确保客户资料真实、完整和合规。对于未经核实的，要做专门标识，并采取降低授信额度、控制发卡数量等更严格的风险控制措施。

2. 关于“个人代理他人办卡的，发卡机构必须同时核对代理人和被代理人的真实身份。无正当理由不允许个人代理多人办卡”。

申领信用卡必须由本人持身份证原件亲自办理，不允许其他个人代办。

个人代理他人办理借记卡的，须在办卡申请表中增加填写“代办理由”一项。发卡机构必须同时核对代理人和被代理人的真实身份，留存双方的身份证件复印件，并登记双方的姓名、证件类型和号码。个人代理多人办理借记卡的，发卡机构应全面了解和审查代理人的职业背景、代办目的和代办性质等，并据此判断个人代理多人办卡的理由是否正当，如理由明显不正当，发卡机构不得为其办理借记卡。原则上，个人一次性代理办理借记卡的数量不得超过3张。

在办理单位代发工资、代缴款等需要单位员工集体开立借记卡账户的业务时，鼓励发卡机构采取员工本人开卡而非批量开卡方式。如采取单位批量开卡方式，单位应对员工身份的真实性承担责任，且须员工本人持身份证原件到网点办理激活并当场修改密码后方能正常使用。

3. 关于“对申领首张信用卡的客户，发卡机构要对客户亲访亲签，不得采取全程自助发卡方式”。

对在本发卡机构申请首张信用卡的客户，发卡机构要建立亲访亲签制度。亲访是指发卡审核人员或营销人员采取面谈、上门和电话等多种方式，访问申请人本人，并在申请表受理栏注明亲访事项。亲签是指发卡机构柜面受理人员或营销人员要亲自见到申请人本人签名，并在申请表受理栏注明亲自见到申请人本人签名。对于未严格执行亲访亲签制度、造成风险案件的，发卡机构要承担相应的责任。

鼓励信用卡发卡机构对所有在本发卡机构申领信用卡的客户，都采取亲访亲签制度。

4. 关于“谨慎发展无稳定工作、收入的客户群体，从严授信”。

信用卡发卡机构要谨慎发展无稳定工作和收入的客户群体，原则上不鼓励发展未成年人、本科及以下学历的在校学生。对信用状况不易辨别而确有用卡需求的部分客户群体，要采取抵押、担保和质押等方式发卡。禁止发行授信额度无上限的信用卡。禁止发卡营销大规模宣传无限卡。

5. 关于“发卡机构不得将信用卡发卡营销业务外包”。

发卡机构只能采取柜台营销或自建营销队伍的方式进行信用卡发卡营销，不得将信用卡发卡营销业务委托给其他法人机构，发卡机构全资或附属子公司、控股公司，以及与发卡机构合作发行认同卡、联名卡并向自身客户营销认同卡或联名卡的合作机构除外。已采取外包模式开展信用卡发卡营销业务的发卡机构，最迟要在 2009 年 10 月 31 日前按照新的要求整改到位。

6. 关于“禁止单位代办信用卡，法律法规另有规定的除外”。

禁止单位代办信用卡，是指以下情形中的一种或几种：（1）在本单位员工不知情或不同意的情况下强行为员工指定发卡机构；（2）信用卡申请人不是本单位员工本人或者申请人与持卡人不一致；（3）信用卡申请表上签名确认者与持卡人不一致；（4）某独立的中介单位为其他单位营销办卡。

单位统一组织本单位员工向发卡机构申请办理公务卡、商务卡等信用卡产品时，发卡机构必须严格制度规定，核对、验证办卡信息，确保申请人均为该单位员工本人，且需员工本人在申请表上签名确认。发卡机构只应允许经营业绩良好、管理正规、收入较高的单位统一组织本单位员工申领商务卡等信用卡产品。

7. 关于严格自助转账业务处理。

对于开通电话银行转账、ATM 转账和网上银行转账等自助转账类业务的增量持卡人，发卡机构应要求持卡人主动申请并书面确认，同时要对其进行风险提示。客户通过已采取电子签名验证的网上银行渠道申请自助转账类业务的，视同客户本人主动申请并书面确认。为持卡人开通自助转账类业务，发卡机构必须验证持卡人的身份证件。

对于开通自助转账类业务的存量持卡人，要通过网点公告、网站公告、短信通知、ATM 屏幕告示等方式，广泛进行风险提示，鼓励持卡人主动进行书面确认，并可根据本人的实际需要，通过银行柜台或网上银行关闭自助转账功能。未到银行柜台或网上银行关闭自助转账功能的，可视同同意使用银行卡自助转账类业务。

为持卡人开通电话银行转账或 ATM 转账的，每日每卡转出金额不得超过 5 万元人民币。开通网上银行转账的，在未采用数字证书、电子签名等安全认证方式的情况下，单笔转账金额不应超过 1000 元人民币，每日累计转账金额不得超过5000元人民币。发卡机构必须在2009年10月31日前，按照上述限额要求进行设置。

下列自助转账类业务可不受上述金额限制：（1）通过自助转账渠道缴纳公共事业费的；（2）开通同一持卡人账户之间转账，且发卡机构能有效识别转出、转入方为同一持卡人账户的；（3）持卡人提前通过银行柜台签约对转入账户进行绑定且同时指定交易电话的。

在满足上述要求的前提下，发卡机构应支持持卡人自行设置转账业务限额。

8. 关于“发卡机构要建立和完善银行卡交易监测系统，建立持卡人主体交易信息数据库，实现对持卡人信息的风险防控。对信用卡授信额度及分期付款等业务的信用额度应合并计算，统一各项业务指标和风险指标的统计口径”。

发卡机构要在完善信用卡异常交易预警及监测系统的基础上，建立借记卡异常交易预警、监测及提示系统。要建立健全以持卡人为单位的风险管理体系，加快建立持卡人主体数据库，利用该数据库实现对持卡人的集中管理、统一授信，以及对持卡人交易信息的集中监测。原则上，借记卡异常交易预警、监测及提示系统以及持卡人主体数据库应在2011年底前完成。

发卡机构要严格控制一人多卡、过度授信的情况。对已在本发卡机构或其他发卡机构大量开户或申卡的持卡人申请办卡，要从严审查，并加强风险控制。要建立对持卡人的综合授信制度，将分期付款业务的信用额度纳入持卡人综合授信额度中计算，谨慎选择办理分期付款业务的客户群体，严格授信额度审批流程，防范分期付款业务成为信用卡套现渠道。

9. 关于禁止异地收单行为。

收单机构不得为经营场所地不在收单机构注册地的特约商户提供银行卡收单服务，包括总对总收单或信用卡中心在分行所在地收单等，现有已提供银行卡异地收单业务的收单机构，要立即停止，2009年11月30日前，所有非本地收单机构要退出当地收单市场。各收单机构总部要加强对本系统分支机构异地收单行为的清理工作。

人民银行分支机构要加强对异地收单行为的监督，发现其他地市的收单机构在当地从事收单业务，要主动与收单机构注册地的人民银行分支机构沟通，请其协助做好非本地收单机构退出当地收单市场的相关工作，维护收单市场秩序稳定。2009年11月30日之后，仍发现其他地市的收单机构在本地从事或者变相从事收单业务的，要立即向人民银行总行报告。

收单机构注册地的人民银行分支机构要采取措施禁止本地收单机构跨地市从事收单业务，积极配合收单地区人民银行分支机构做好相关工作。2009年11月30日以后，仍发现收单机构跨地市经营收单业务的，人民银行总行将对当地人民银行分支机构通报批评，并同时对该收单机构总部通报批评、限期整改。

2009 年 12 月 15 日前，人民银行分支机构、各收单机构总行（部）要将对异地收单行为的整改、查处情况向人民银行总行报告。

10. 关于“完善技术措施，创造条件实现 ATM 的实时监控”。

收单机构要加强 ATM 巡检，每个月至少巡检一次，重点检查 ATM 等自助设备是否张贴有异常通知，ATM 出钞口、读卡器是否有堵塞或安装有其他附加装置；是否安装有异常的刷卡进门装置；是否安装有盗取密码的摄像机；ATM 工作状态、夜间灯箱、自助区照明是否正常；ATM 电视监控、“ 110”联动报警等技防设施工作是否正常。

收单机构要实现对 ATM 交易集中监控和实时视频监控的功能，ATM 应能感应实时触发报警装置，并通知后台工作人员或联网报警。目前未实现 ATM 交易集中监控、实时视频监控和机具感应功能的收单机构，要加强巡检频率，每个月对 ATM 至少巡检两次，必要时要 24 小时配备保安，加强看守。有关 ATM 交易集中监控、实时视频监控或机具感应功能要在 2012 年底前实现。鼓励收单机构针对 ATM 采用键盘防窥罩、安全卫士、震动出入卡、动态密码等先进技术，防止信息盗录。

收单机构对 ATM 监控录像的保存时间要在目前的 30 天基础上逐步延长，直至达到 3 个月以上。目前，对有疑点的录像至少要保存 3 个月，以利于发现案件线索。收单机构一旦发现所布 ATM 发生信息盗录，应按照相关行业风险管理规则及时将涉案信息提交中国银联，并立即采取措施，防止发生类似情况。

人民银行将加强对 ATM 的检查、管理，采取定期或不定期抽查收单机构有关 ATM 的巡检记录、检查 ATM 技术防控措施等，敦促收单机构加强 ATM 管理。

11. 关于“对于确有移动 POS 机跨地区使用需求的商户，收单机构要对其进行严格核实确认并经总部审核同意后再予以开通，有关信息要同时向人民银行报告”。

对于确有移动 POS 机跨地区使用需求的增量商户，收单机构要对其进行严格核实确认并经总部审核同意后再予以开通，有关信息要由收单机构和其总部分别向当地人民银行分支机构和人民银行总行报告。已开通移动 POS 机跨地区使用的收单机构，要由其总部汇总有关信息（含收单机构名称、商户名称、移动 POS 机编号、开通地区、开通原因、开通时间等），于 2009 年 10 月 31 日前报人民银行。

12. 关于“收单机构应严格遵守商户类别代码和扣率的有关规定，禁止套用、变造与真实商户类型不相符的商户编码以及多家商户共用一个商户编码和多台终端机具共用一个终端编号”。

中国银联要加强对收单机构发展特约商户和设置商户类别码行为的敦促、监督工作，建立对违反银行卡受理市场秩序特别是套用、变造商户类别码行为的投诉、举报和约束机制，并提高执行力。一旦发现有违反相关业务规则的行为，要依照有关约束规则严格处理，促进建立行业共同维护银行卡受理市场秩序的良好自律机制。要在每月的前 15 日内将相关变造、伪造商户类别码信息以及约束、处理情况如实向人民银行报告。中国银联要敦促、监督子公司带头遵守有关发展特约商户和设置商户类别码的行业规则。

发卡机构、收单机构发现变造、伪造商户类别码信息的情况，除立即向中国银联反映外，也要向人民银行报告、投诉。人民银行分支机构接到当地发卡机构、收单机构有关变造、伪造商户类别码信息的报告或投诉，要立即向人民银行总行反映、报告。人民银行将建立对变造、伪造商户类别码的收单机构的约谈告诫、通报批评和限期整改制度。

因不正确设置、注册和传输商户类别码而损害市场其他参与方合法权益的，收单机构要承担相应的赔偿责任。

13. 关于中国银联“要敦促、协助收单机构加强对特约商户及机具的管理，研究建立全国统一的特约商户信息注册、登记、风险防控系统”。

中国银联要抓紧建立全国统一的联网通用商户信息注册、登记系统，并会同各收单机构逐步试点推广。要制定联网商户信息注册、登记的业务规则和技术标准，建立针对注册商户信息存在虚假、严重误导性陈述或者重大遗漏的约束机制。

各收单机构要在 2010 年 6 月底前建立完善本收单机构商户信息管理系统，商户信息应包括商户编号、商户中文名称、商户简称、地区代码、商户地址、收单机构代码、商户状态、商户营业执照号码、商户类别码、受理终端编号、受理终端状态、受理终端类型和商户结算手续费等，完成与中国银联商户信息注册系统的接口改造，并配合中国银联做好注册试点和推广工作，确保在 2011 年 6 月前全面完成商户信息注册工作。

中国银联要加强对注册系统的信息安全管理，对收单机构注册导入的商户信息应承担安全保密责任。如果收单机构认为有必要，中国银联应向其出具承诺函。中国银联应按月将收单机构联网商户信息注册与侦测、整改情况向人民银行报告。

14. 关于中国银联“要会同成员机构尽快制定信用卡还款、电话 POS 等现行联网联合业务规范中没有明确规定的跨行支付服务的业务规则和技术标准。未经商业银行同意，不得自行开通信用卡还款、电话 POS 等业务的跨行交易”。

中国银联要加强对分公司开展创新支付业务的统一管理和规范，分公司开展创新支付业务应经过总公司批准，并向当地人民银行分支机构报告。总公司应将各分公司的创新支付业务统一向人民银行报告。

中国银联要配合人民银行加强对市场上各类创新业务的规范，及时将现行联网联合业务规范中没有明确规定的跨行支付服务发展情况向人民银行报告，并在人民银行指导下，会同成员机构尽快制定相应的业务规则和技术标准。未获得商业银行明确的书面同意，中国银联不得自行开通现行联网联合业务规范中没有明确规定的跨行支付服务。当前，要会同成员机构尽快制定信用卡还款、电话 POS 等业务的跨行支付的业务规则和技术标准，并向人民银行报告。

（五）其他相关事项。

1. 为持卡人提供多种信用卡消费交易确认方式。发卡机构在发行信用卡时，必须为持卡人提供密码消费交易模式，供持卡人选择，不得仅设置签名交易模式。

2. 严格收单结算账户管理，禁止将特约商户（含固定电话支付业务的特约商户）的个人结算账户设置为信用卡收单账户。现有已使用特约商户的个人结算账户开展信用卡收单业务的收单机构，要立即关闭信用卡受理功能。人民银行分支机构要做好敦促收单机构按照该政策进行整改的工作。

3. 严格银行卡受理终端对外开放。收单机构不得允许在银行卡受理终端机具上受理社会企业发行的非银联及 PBOC2.0 标准的预付卡。

4. 加大防范信用卡套现的力度。中国银联应积极联合各成员机构，加大对信用卡套现商户的交易排查、协查处理、技术侦测和不良信息共享等工作力度，并不断完善有关预防和处理信用卡套现行为的行业规则，敦促各收单机构共同遵守。有关套现商户和其收单机构信息及对收单机构的处理情况应及时向人民银行报告。

三、严格执行 142 号文和本意见的各项管理规定，确保银行卡安全管理工作取得实效

（一）人民银行分支机构要充分发挥组织、协调作用，加强领导，履行好银行卡安全支付管理职责。

1. 做好银行卡安全管理的综合协调工作，建立健全银行卡风险联合防控机制。会同当地银监机构、公安机关、工商部门尽快转发 142 号文，并牵头建立与公安机关在打击银行卡犯罪、与工商部门在规范信用卡广告市场和打击信用卡套现方面的协调工作机制，其中与公安机关的工作机制要按照《中国人民银行办公厅、公安部办公厅关于成立联合整治银行卡违法犯罪办公室的通知》（银办发〔2009〕123 号）要求建立和完善。

2. 在认真分析、科学判断本地区银行卡风险形势特点的基础上，制定对 142 号文和本意见的实施方案。从发卡、交易、使用和受理等各个环节入手，系统而有序地解决银行卡安全问题，切实把人民银行所肩负的维护银行卡支付安全、高效运行的职责要求转化为具体的工作部署和措施安排。有关实施方案要于 9 月 1 日前报人民银行总行。

3. 狠抓落实，明确责任，主动做好督促、指导工作，建立以检查促整改、堵漏洞的工作机制。结合本地实际情况，研究制定重点明确、措施得当的银行卡市场专项整治方案并进行部署，督促辖区内各商业银行和银联分公司认真落实。有关银行卡市场专项整治工作要于2009年11月15日前结束，有关工作开展情况要于2009年12月15日前书面向人民银行总行报告。

4. 努力提高银行卡安全管理能力。及时总结银行卡安全管理工作经验，注意把实践中的有效措施和成功经验制度化，不断增强管理效率。

（二）各商业银行和中国银联要逐条落实142号文和本意见的有关规定，全面完善安全措施，做好源头控制工作。

1. 高度重视风险管理工作。要深刻反思长期以来一些银行过度注重规模扩张，忽视风险管理所导致的无序发展、恶性竞争和行业不自律等问题，高度重视银行卡风险管理工作，加大风险管理人力、物力投入，完善风险管理政策，提高执行力，从根本上防范银行卡案件的发生。

2. 抓紧提出落实措施方案。要针对信用卡套现、伪卡欺诈、利用ATM盗取客户资金和短信诈骗等高发案件，结合142号文和本意见提出的落实账户实名制、降低信用卡发卡风险、保障银行卡信息安全、加强交易监测和使用管理、严格受理市场风险管理、规范市场竞争、加强宣传等重点工作，抓紧提出切实可行的措施方案，于2009年9月1日前报人民银行。

3. 尽快开展自查自改工作。本行（公司）有关制度规定和实际做法与142号文和本意见精神一致的，要继续坚持，并不断强化；不一致的，要尽快修改、调整，严格进度要求，确保实效。2009年12月15日前，要将有关自查自改工作开展的阶段性情况书面向人民银行报告。

（三）加强检查监督，排查银行卡市场存在的漏洞和不规范行为。

人民银行将依据《中华人民共和国中国人民银行法》、《中华人民共和国反洗钱法》、《人民币银行结算账户管理办法》（中国人民银行令〔2003〕第5号发布）、《金融机构客户身份识别和客户身份资料及交易记录保存管理办法》（中国人民银行令〔2007〕第2号发布）和《中国人民银行关于进一步落实个人人民币银行存款账户实名制的通知》（银发〔2008〕191号）等法律规章，结合142号文和本意见有关要求，对银行卡经营机构履行客户身份识别制度、账户实名制和支付清算规则等方面的情况实施检查。

十五、中国人民银行办公厅 公安部办公厅关于成立联合整治银行卡违法犯罪办公室的通知

银办发〔2009〕123号

中国人民银行上海总部，各分行、营业管理部，各省会（首府）城市中心支行，各副省级城市中心支行；各省、自治区、直辖市公安厅、局，新疆生产建设兵团公安局；各国有商业银行、股份制商业银行，中国邮政储蓄银行，中国银联：

为贯彻落实《中国人民银行　中国银行业监督管理委员会　公安部　国家工商总局关于加强银行卡安全管理、预防和打击银行卡犯罪的通知》（银发〔2009〕142号），建立联合防控银行卡违法犯罪长效机制，人民银行、公安部决定成立联合整治银行卡违法犯罪办公室（以下简称整治办）。现将有关事项通知如下：

一、主要任务

整合人民银行、公安机关及各商业银行、中国银联等部门资源，建立畅通、高效的情报信息交流机制，加强银行卡风险研判、案例收集与分析、信息通报和宣传教育工作，提出防范和打击银行卡违法犯罪活动的意见和建议，提高防范和打击银行卡违法犯罪活动的整体作战效能。

二、组织形式

整治办主任由人民银行支付结算司司长担任，副主任由公安部经侦局分管副局长担任。成员由商业银行借记卡部或信用卡中心、中国银联1名负责人组成。整治办下设秘书处，负责处理整治办的日常事务，落实整治办的各项工作要求。秘书长由人民银行支付结算司1名处长和公安部经侦局1名处长按年度轮流担任。副秘书长由中国银联风险管理部负责人担任。

人民银行上海总部、各分行、营业管理部、各省会（首府）城市中心支行支付结算处和各省（区、市）公安厅（局）牵头组织成立本省（区、市）整治办（以下简称省级整治办），负责组织协调本地区银行卡违法犯罪防控工作。各省级整治办主任由人民银行省级分支机构分管支付结算工作的行领导担任，副主任由公安厅（局）主管副厅（局）长担任。同时设立日常办事机构。

省级整治办可根据需要，要求辖内地市、县级人民银行分支机构联合当地公

安部门成立相应的地市、县级整治办。

三、主要职责

（一）指导、监督、协调各省级整治办以及商业银行总行、中国银联预防和打击银行卡犯罪的工作。协调跨地区、跨行的重、特大银行卡犯罪案件处置工作。

（二）定期汇总、分析各省级整治办和商业银行总行、中国银联总公司报送的银行卡风险案件，汇总、掌握各省（区、市）的银行卡风险案件情况和数据，每季度进行通报。研判各类银行卡风险案件反映的风险点，并发布相关银行卡风险提示、犯罪预警信息。

（三）每半年发布中国银行卡违法犯罪的基本情况和数据，举办银行卡风险防控工作座谈会。汇总全国公安机关侦办银行卡犯罪案件情况，研究作案特点，提出防控措施、建议。

（四）及时汇总、分析各省级整治办报送的联合整治银行卡违法犯罪工作信息，介绍各地成功经验和做法，组织开展跨区经验交流活动。每季度对省级整治办和商业银行的工作状况予以通报和评价。

（五）组织开展安全用卡宣传工作，及时曝光银行卡犯罪典型案例，提高社会公众的风险防范意识。营造预防和打击银行卡违法犯罪的舆论声势，调动广大群众积极举报和揭露银行卡犯罪、提供犯罪线索的积极性。

（六）研究建立人民银行、公安机关、各商业银行和中国银联共享银行卡违法犯罪信息的数据库，为预防和打击银行卡犯罪提供相关信息的快速查询、汇总通道。

各省级整治办要结合本地实际，制定工作职责，有效推动本地区整治银行卡违法犯罪活动的深入开展。

四、有关要求

（一）人民银行各分支机构、各级公安机关、商业银行和中国银联要高度重视和支持整治办的工作，密切配合，充分发挥整治办在加强警银协作、疏通情报信息中的桥梁枢纽作用，不断探索完善预防和打击银行卡犯罪的联合防控机制。商业银行、中国银联要于2009年7月15日前将参加整治办的成员名单报整治办（联系电话：66275295）。

（二）各省级整治办请于2009年7月15日前成立，并积极开展相关工作。为便于联系，各省级整治办要尽快确定专人与整治办联络。

二〇〇九年六月十七日

十六、中国人民银行办公厅关于印发《农民工银行卡特色服务推广工作实施方案》的通知

银办发〔2006〕163 号

中国人民银行南京、济南、成都、西安分行，重庆营业管理部，福州、郑州、长沙、南昌、南宁、昆明、贵阳中心支行，各国有商业银行、股份制商业银行，中国银联股份有限公司：

为确保农民工银行卡特色服务在贵州、山东、湖南、江苏、福建、江西、重庆、四川、河南、陕西、云南、广西等 12 个省（区、市）的顺利推广，人民银行制定了《农民工银行卡特色服务推广工作实施方案》（见附件，以下简称《实施方案》），现印发你们，并提出以下要求：

一、各单位要按照《实施方案》确定的统一模式，精心组织，密切合作，各负其责，认真实施

（一）2006 年 9 月 30 日前，山东、湖南、江苏、福建、江西、重庆等 6 省（市）要完成农民工银行卡特色服务推广工作。贵州省在此期间要完成全省推广。

2006 年 12 月 31 日前，四川、河南、陕西、云南、广西等 5 省（区）要完成农民工银行卡特色服务推广工作。

（二）参与农民工银行卡特色服务推广工作的发卡机构为中国银联所有发卡成员机构，其中，国有商业银行和全国性股份制商业银行要率先开通。参与农民工银行卡特色服务推广工作的受理机构为 12 个推广省（区、市）的农村信用社。

（三）人民银行分支行要牵头组织各发卡银行、中国银联当地分支机构和省级农村信用社联社成立农民工银行卡特色服务推广工作领导小组，负责推广工作的组织、指导、协调和监督。要制定具体的推广工作计划和实施方案，确定实施步骤，明确职责分工，并报人民银行总行支付结算司和科技司。要组织各参与单位开展业务推广的宣传活动，引导农民工尽快了解和掌握农民工银行卡特色服务的操作规则及安全用卡知识，提高农民工对银行卡的认知度，培养农民工的安全用卡习惯。要对业务开展效果进行跟踪分析，对遇到的新问题、新情况，要及时研究解决。

发卡机构、受理机构和中国银联要分别成立农民工银行卡特色服务推广工作

小组，按照各地农民工银行卡特色服务推广工作领导小组制定的推广工作计划和实施方案，做好相关业务和技术准备，确保业务按时开通。

各省（区、市）农村信用社联社，要尽快进行综合业务系统和计费系统的改造。中国银联要全力协助各发卡机构和农村信用社进行系统改造，并提供必要的技术支持和相关业务培训。

二、业务管理及收费

（一）各参与单位要对农民工银行卡特色服务的取现金额进行控制，持卡人每卡每天取现金额累计不得超过人民币5000元。

（二）农村信用社作为农民工银行卡特色业务的受理机构，其业务开通范围应限于县及县以下地区。

（三）农民工银行卡特色服务收费统一按以下标准执行：

1. 对持卡人的收费，按照取款金额的1%收取，最低1元，最高50元。

2. 对持卡人的收费在发卡机构、受理机构和中国银联之间按照3:6:1分配。

三、风险控制

各参与单位要加强风险安全管理，通过业务、技术手段提高风险防范能力，为农民工通过农村信用社柜面办理银行卡取款业务提供安全的交易环境，确保农民工资金安全，维护农民工权益；要规范业务操作，严格遵守国家有关账户管理、现金管理、银行卡管理及反洗钱管理的规定，防范欺诈、洗钱等违法犯罪活动的发生。

在农民工银行卡特色服务推广过程中遇有关问题和情况应及时报告人民银行总行。

请人民银行相关分支行将本通知转发至辖区内城市商业银行和农村信用社。

附件：农民工银行卡特色服务推广工作实施方案

二〇〇六年七月十四日

附件

农民工银行卡特色服务推广工作实施方案

为确保农民工银行卡特色服务顺利推广，按照统一模式、先易后难、逐步推广的原则，特制定本方案。

一、推广工作的组织领导

12个推广省（区、市）成立以人民银行分支行主管行长为组长，相关发卡银行分支行、中国银联分公司和省级农村信用社联社分管领导为成员的农民工银行卡特色服务推广工作领导小组，负责推广工作的组织、指导、协调和监督。该领导小组下设业务管理和工程实施两个工作小组。

（一）业务管理工作小组负责业务规划和指导，以及对外宣传等工作。

（二）工程实施工作小组负责工程建设和技术指导。

二、推广工作的阶段安排

农民工银行卡特色服务推广工作应包括以下几个阶段：

（一）准备阶段：未成为中国银联成员机构的农村信用社尽快按要求向中国银联申请入网，中国银联协助其办理入网手续；农村信用社建设完成全省联网的综合业务系统，并按照《银行卡联网联合技术规范 V2.0》对相关系统进行改造；各发卡银行总行、分支行对计费系统进行改造；中国银联分公司进行二次清分平台配置、个性化报表改造以及测试，以满足当地清算的要求；各单位做好业务培训准备工作。

（二）测试阶段：各参与单位进行系统测试，联调测试，并根据测试结果对系统进行完善。

（三）试运行阶段：各推广省（区、市）至少确定两家县联社进行试运行，并据此完善系统；各单位完成业务开通前的相关培训和宣传准备工作。

（四）推广阶段：辖区内农民工银行卡特色服务的开通和全面推广，并通过多种渠道展开营销宣传活动。

各推广省（区、市）要在以上阶段安排的基础上，结合本地实际进一步细化，制定详细的实施计划和严格的时间进度表。

三、业务实施方案

农民工银行卡特色服务开通后，农民工在外出打工地银行营业网点办理银联借记卡并存入现金，即可在家乡就近的农村信用社县及县以下营业网点的柜面通过刷卡方式办理取款及查询业务，从而方便农民工异地取款。

（一）业务方式

由中国银联跨行交换网络将发卡机构发卡系统和农村信用社的受理系统实现连接，在农村信用社营业网点柜面受理，通过其综合业务处理系统发起跨行取款和查询交易，经中国银联实现交易转接和清分，通过人民银行大额支付系统或票据交换系统完成资金划拨，利用中国银联统一的差错处理平台实现差错处理。

（二）业务参与方

1. 中国银联

中国银联主要负责银行卡跨行交易的信息交换并提供相关技术和业务服务。技术服务包括银联信息处理中心系统的正常运行和维护、机构的接入服务、通讯与系统监控等；业务服务包括机构清算、对账和调账、报表处理、差错处理等日常业务服务。

2. 发卡机构

参与农民工银行卡特色服务推广工作的发卡机构为中国银联所有发卡成员机构，其中，国有商业银行和全国性股份制商业银行要率先开通。发卡机构在交易处理中负责接收银联网络转发的本行卡交易信息，并进行相应业务处理。

3. 受理机构

参与农民工银行卡特色服务推广工作的受理机构为12个推广省（区、市）的农村信用社。受理机构通过柜面刷卡，由综合业务处理系统向银联系统转发他行卡交易信息，从而实现柜面取现和查询。农村信用社开通农民工银行卡特色服务的经营范围仅限县及县以下的营业网点。

（三）交易种类及交易流程

在农民工银行卡特色服务中，涉及的联机交易主要有两种：取款交易和查询交易。

1. 取款交易流程

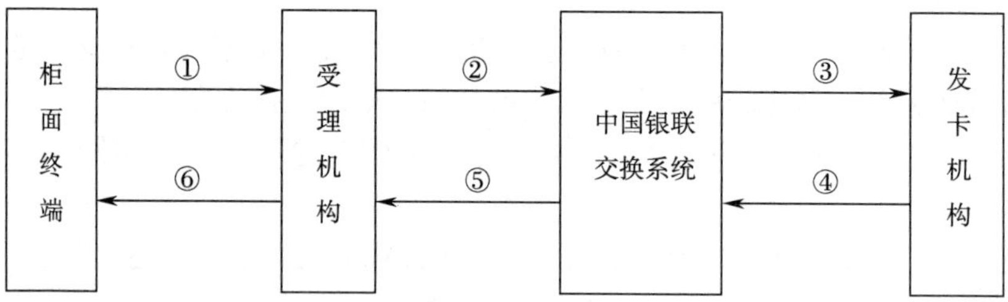

相关处理步骤说明如下：

①持卡人在受理机构网点柜面上通过特色终端发起取款交易，依照特色终端提示输入交易要素（取款金额、卡密码等）。

②受理机构系统收到特色终端上送的取款交易信息，将他行卡交易请求转发至中国银联交换系统。

③中国银联交换系统收到受理机构系统上送的取款交易信息，按卡BIN路由规则，将交易请求转发至发卡机构。

④发卡机构对取款交易信息进行处理，并向中国银联交换系统作出交易应答。

⑤中国银联交换系统收到发卡机构交易应答后，将应答信息转发受理机构。

⑥受理机构系统收到授权应答后，将交易回送特色终端，交易成功后在特色终端打印交易单据，交持卡人签字后，按取款金额付给持卡人，交易完成。

2. 查询交易的基本流程与取款交易的流程相似，差别在柜面特色终端仅显示银行卡余额，不打印交易单据。

（四）资金清算

交易资金清分清算流程如下图所示：

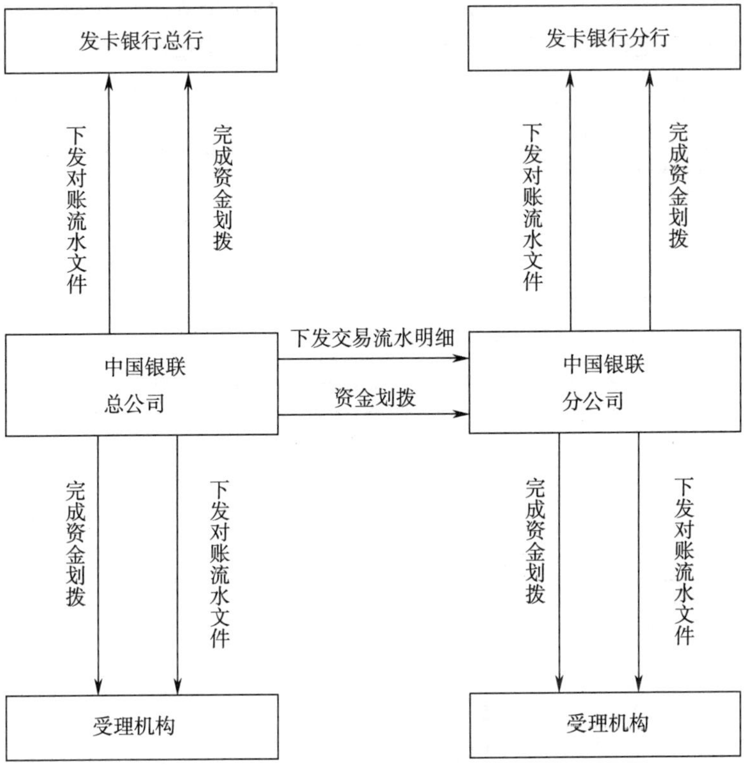

1. 中国银联总公司负责完成与受理机构和发卡银行总行（含直接接入中国银联总公司的地方性成员机构）以及中国银联分公司之间的清分、对账流水文件的下发及交易资金的划拨（通过人民银行大额支付系统实现）。

2. 中国银联分公司负责完成当地受理机构和发卡机构（含地方性成员机构）之间的清分、对账流水文件的下发及交易资金的划拨（通过人民银行同城票据交换系统实现）。

（五）差错处理

发卡机构和受理机构通过中国银联统一的差错处理平台提交差错处理。差错交易的清算路径同原始交易的清算路径。

（六）受理方业务开通范围

农村信用社作为农民工银行卡特色业务的受理方，其开通范围应限于县及县以下地区。中国银联和农村信用社要通过业务管理方式对开通范围进行控制。

开展农民工银行卡特色业务的农村信用社，应在业务开通前向中国银联当地分公司报送农民工银行卡特色服务受理网点名称明细表（见表一）；待此业务正式开通后，农村信用社每周向中国银联当地分公司报送各网点受理业务量统计表

（见表二），并及时报备新增受理网点。中国银联分公司对农村信用社各网点的受理业务量统计表与农民工特色业务受理网点名称明细表进行核对，如果有超出农民工特色业务受理网点名称明细表中规定的网点发生了此项业务，中国银联分公司经核实后向人民银行当地分支行报告，由人民银行分支行负责处理。

表一 ____农村信用社农民工银行卡特色服务受理网点名称明细表

网点代码	网点名称	网点地址

表二 ____农村信用社农民工银行卡特色服务各网点受理业务量统计表

网点代码	网点名称	业务量（笔）

四、技术实施方案

（一）实施原则

1. 技术实现过程中尽量减少系统改造的工作量。

2. 受理机构柜面受理通过仿 ATM 交易实现，并通过设置特殊标志与普通 ATM 取款、查询交易相区别。

3. 支持不同于普通 ATM 取款、查询交易的手续费分配方式。

（二）网络结构

根据推广地区有无中国银联分公司，成员机构接入中国银联网络方式不同，网络结构分别如下：

1. 有中国银联分公司地区的网络结构（略）

当地成员机构通过中国银联分公司接入银联网络，由中国银联分公司负责交易的转发和清算，中国银联上海信息中心负责交易转接至发卡方。

2. 无中国银联分公司地区的网络结构（略）

当地受理机构直接与中国银联上海信息中心建立通信连接，由中国银联上海信息中心负责交易的转接和清算。

（三）参与机构的系统改造

根据《银行卡联网联合技术规范 V2.0》要求，各参与机构在现有跨行交易报文的基础上进行以下系统改造工作。中国银联配合各机构做好系统改造后的联调测试工作。

1. 交易报文通过 18 域（商户类型）取值为 6050，25 域（服务点条件码）取值为 00，60. 2. 5 域（交易渠道的详细定义）取值为 13，确定为农民工银行卡特色服务交易类型；

2. 根据确定的交易类型，按照人民银行规定的农民工特色服务收费分润方式进行清算；

3. 在日终联机对账时，该交易包含在 0500 报文中，如果发卡机构不以 0500 报文为依据，则不修改；

4. 文件对账中，该交易放在 ATM 流水上，通过商户类型进行交易区分，从而确定手续费算法。差错交易规则与 ATM 取款一致；

5. 该交易纳入 sumrpt（汇总文件）中，确保总分账务一致。

各参与机构按照上述要求完成系统修改后，接入中国银联上海信息中心进行测试，测试通过后按计划实施。

十七、国家税务总局　财政部　中国人民银行关于车辆购置税征缴管理有关问题的通知

国税发〔2009〕127号

各省、自治区、直辖市和计划单列市国家税务局，财政部驻各省、自治区、直辖市、计划单列市财政监察专员办事处，西藏自治区财政厅，中国人民银行上海总部，各分行、营业管理部、省会（首府）城市中心支行，大连、青岛、宁波、厦门、深圳市中心支行：

根据《财政部办公厅关于车辆购置税征缴管理有关问题的复函》（财办库〔2007〕198号）、《国家税务总局关于车辆购置税征缴有关问题的通知》（国税函〔2007〕787号）有关规定，国税系统开立的车辆购置税专用账户于2009年6月30日到期。为进一步加强车辆购置税（以下简称车购税）征缴管理工作，规范银行账户管理，实现税款直接入库，现就车购税征缴管理有关问题通知如下：

一、关于车购税缴税方式

为方便纳税人，提高征缴效率，税务机关应向纳税人提供多元化缴税方式，包括银行卡刷卡缴税、转账缴税、现金缴税等，特别要大力推广应用POS机刷卡缴税，将车购税从纳税人银行卡账户直接划缴入库。已实施财税库银横向联网电子缴税的地区，要积极创造条件，逐步推广运用横向联网系统办理车购税缴库。

二、关于车购税缴税基本流程

（一）银行卡刷卡缴税基本流程

银行卡刷卡缴税包括采用商业银行布设POS机具刷卡缴税和采用银联子公司布设POS机具刷卡缴税两种模式。

对确定由商业银行布设POS机具的，刷卡缴税流程为：

1. 各市（包括直辖市、计划单列市、省会城市、地级市、县级市）或县人民银行分支机构和国税部门共同确定在车购税征收大厅布设POS机具的商业银行（即国库经收处，以下简称指定国库经收处）。

2. 指定国库经收处在“待结算财政款项”科目下开设“待报解车购税专户”，专门用于核算纳税人使用POS机刷卡方式缴纳车购税的收纳、报解，不得用于办理税款的退付。

3. 指定国库经收处在车购税征收大厅布设 POS 机具，其刷卡缴纳的车购税的收款账户名称和账号分别为“待报解车购税专户”的名称及账号。

4. 纳税人按照应纳税额在车购税征收大厅布设的 POS 机刷卡缴税，税务机关对相关信息审核无误后，为纳税人开具税收完税证（通用完税证或转账专用完税证，下同），作为完税证明。

5. 每日工作终了，税务机关将当日 POS 机收款总额与税收完税证的票面金额核对一致后，开具税收缴款书（通用缴款书或汇总专用缴款书，下同），于当日、最迟下一工作日上午交指定国库经收处办理就地缴库手续。

6. 指定国库经收处收到税收缴款书后，将税收缴款书金额与“待报解车购税专户”收款金额进行核对，经核对一致的，于当日、最迟下一工作日划缴国库。经核对不一致的，及时与税务机关沟通联系。

7. 国库收到缴款书和资金，办理入库手续后，向税务机关返回税款入库报表和缴款书回执。

8. 税务机关根据国库返回的税款入库报表和缴款书回执，在税务征管系统做税款入库销号。

对确定由银联子公司布设 POS 机具的，刷卡缴税流程为：

1. 国库在“国库待结算款项”科目下设置“待缴库车购税专户”，专门用于核算纳税人使用银联子公司 POS 机刷卡方式缴纳车购税的收纳、报解，不得用于办理税款的退付。

2. 银联子公司在车购税征收大厅布设 POS 机具，其刷卡缴纳的车购税的收款账户名称和账号分别为国库“待缴库车购税专户”的名称及账号。

3. 纳税人按照应纳税额在车购税征收大厅布设的 POS 机刷卡缴税，税务机关对相关信息审核无误后，为纳税人开具税收完税证，作为完税证明。

4. 每日工作终了，税务机关将当日 POS 机收款总额与税收完税证的票面金额核对一致后，开具税收缴款书，于当日、最迟下一工作日上午交国库办理入库手续。

5. 银联于纳税人刷卡缴税的下一工作日将资金直接划缴国库“待缴库车购税专户”。

6. 国库将税收缴款书与银联划来的资金核对一致后，办理入库手续。经核对不一致的，及时与税务机关、银联沟通联系。

7. 国库办理入库手续后，向税务机关返回税款入库报表和缴款书回执。

8. 税务机关根据国库返回的税款入库报表和缴款书回执，在税务征管系统做税款入库销号。

（二）转账缴税和现金缴税基本流程

1. 税务机关根据纳税人应纳税额逐笔开具税收通用缴款书。

2. 纳税人持税收通用缴款书到国库经收处办理缴款手续。

3. 国库经收处经对税收通用缴款书要素审核无误后，通过“待结算财政款项”科目下的“待报解预算收入专户”办理资金收纳手续，并于收纳当日、最迟下一工作日划缴国库。

4. 国库收到缴款书和资金后，办理入库手续，并向税务机关返回税款入库报表和缴款书回执。

5. 税务机关根据国库返回的税款入库报表和缴款书回执，在税务征管系统做税款入库销号。

三、关于撤并原车购税专用账户问题

（一）各级国税部门要结合推广应用 POS 机刷卡缴税工作，抓紧撤并原车购税专用账户。2009 年 7 月 1 日至 2010 年 3 月 31 日，每个市（包括直辖市、计划单列市、省会城市、地级市、县级市）或县可保留一个车购税专用账户，用于现金税款的收纳和缴库，其余车购税专用账户自 2009 年 7 月 1 日起给予六个月的过渡期，期满须即时办理销户手续。

（二）2010 年 4 月 1 日起，所有车购税专用账户一律撤销。对于纳税人采用现金缴纳税款的，原则上由纳税人持税务机关开具的税收通用缴款书到国库经收处自行办理就地缴库，特殊情况可由税务机关收纳后开具税收缴款书于当日、最迟下一工作日上午到国库经收处办理就地缴库。

四、工作要求

（一）财政部驻各省、自治区、直辖市、计划单列市财政监察专员办事处和西藏自治区财政厅，要加强对车购税专用账户使用的监督管理，做好专用账户延期的审批、备案管理工作，督促税务机关及时办理撤户手续。

（二）税务机关在车购税专用账户尚未撤销前，仍按现行规定在每月的 5 日、10 日、15 日、20 日、25 日和月末最后一天（遇法定节假日顺延），将车购税专用账户中的到账税款全额缴入国库。

（三）在车购税专用账户撤销时，税务机关要做好与开户银行的对账工作，务必保证税务与银行、账与证、账与账、账与表数字一致、准确无误；账户清空后，要做好结账、封账和销户工作。

（四）各地税务机关和人民银行分支机构要根据当地实际情况，共同确定 POS 机刷卡缴税方式，以确保纳税人顺利通过 POS 机刷卡方式缴纳车购税。税务机关要会同当地有关部门，抓紧组织做好 POS 机具布设、调试工作。

（五）各地税务机关应积极对 POS 机刷卡缴税方式进行宣传引导。车购税征缴方式进行调整前，税务机关要提前向社会公告，并实行至少一个月的公告期，同时做好有关宣传工作，尤其要注意对汽车销售点的宣传，以便让纳税人预知。

（六）各地人民银行分支机构应当按照有关规定，加强对国库经收处、银联及其子公司的业务指导和监督管理。

（七）税务机关、国库、布设 POS 机具的国库经收处（或银联）要认真做好对账工作，发现问题及时查明原因，并跟踪处理，确保税款及时安全入库。

（八）商业银行、银联子公司办理银行卡刷卡缴税业务的相关费用问题，由国家税务总局会同财政部、中国人民银行另行研究解决。

（九）各地税务、财政、人民银行、商业银行、银联等部门要加强沟通与协作，共同做好车购税征缴管理工作，并制定有关特殊情况的处理预案。执行中有何情况，请及时向国家税务总局（收入规划核算司）、财政部（国库司）、中国人民银行（国库局）报告。

二〇〇九年八月二十八日

十八、中国银监会关于进一步加强银行卡服务和管理有关问题的通知

银监发〔2009〕17号

各银监局，各国有商业银行、股份制商业银行，邮政储蓄银行：

针对银行卡业务存在的问题，现就进一步加强银行卡服务有关事项通知如下：

一、各银行业金融机构要本着以客户为中心的服务理念，切实提高金融服务水平。

对借记卡存款、取款、挂失申请等业务，各银行业金融机构应开放代办业务；5万元以上（含）取款、挂失申请，代理人提供双方身份证件即可办理。

对于因老弱病残、出国、意外事件等特殊原因，无法办理须由持卡人本人亲自办理业务的特殊客户，各银行业金融机构应开设绿色通道，做到特事特办，急事急办，做好柜台延伸服务，必要时可提供上门服务。

各银行业金融机构应建立关于上门核查等柜台延伸服务的管理制度，并根据各类业务建立具体的柜台延伸服务操作规程，提高金融服务质量，确保业务信息安全。

二、各银行业金融机构应当做好投诉服务，妥善解决持卡人用卡过程中出现的问题。持卡人在柜台办理银行卡业务时，出现柜台工作人员难以当场解决的问题，各银行业金融机构应当派专人与持卡人协商，提出妥善处理的办法，及时解决有关问题，不得对持卡人的合理要求置之不理。

三、各银行业金融机构应当加强对银行卡持卡人账户信息的保护，在2012年1月1日前按照各有关银行卡组织的屏蔽规则，完成对POS机打印凭条上银行卡号码相关数位的屏蔽工作。

四、各银行业金融机构应当预防银行卡犯罪，方便和保护持卡人安全用卡。应当通过银行自助设备的电子屏幕显示必要的安全提示和24小时服务、挂失和投诉电话，不再采用其他方式张贴各类说明。

五、各银行业金融机构应当改善对银行卡的密码服务和管理。对于信用卡密码遗忘的，银行业金融机构应当在严格核实确认持卡人身份的、应当及时为其办理密码重置服务当场不能核实确认持卡人本人身份的，应当进行调查核实，确认身份后7日内办理。

六、各银行业金融机构应当加强对银行卡的挂失管理，切实做好挂失服务工作，做到实时冻结挂失卡片。

各银行业金融机构对持卡人本人或其代理人的挂失申请，应在接到挂失申请并核实挂失人的身份后，立即冻结挂失卡片。对持卡人本人提出的解冻申请，应在严格核实持卡人身份后及时办理解冻或补发新卡等挂失后续处理。

七、各银行业金融机构应加强对银行卡收单业务的风险管理，加强对商户的审查和培训，发展 POS 机业务的同时，培育良好的用卡环境。

八、各银行业金融机构应当做好银行卡违法犯罪案件的报告工作。案件的具体报告制度按照《银行业金融机构案件信息统计制度》（银监办发〔2009〕1号）的有关规定执行。

九、银监会各级派出机构应当加强对银行卡业务的监管，做好金融教育服务工作，充分发挥社会公众对银行服务质量的监督力量，确保社会公众对银行服务质量的投诉渠道畅通。

十、《关于加强银行卡安全管理有关问题的通知》（银监发〔2004〕13 号）中的规定与本通知不一致之处，以本通知为准。请各银监局将本通知转发至辖内从事银行卡业务的银行业金融机构。执行本通知中的有关问题，请及时报告。

联系人：张劲松 010—66279617

尹小贝 010—66279650

二〇〇九年二月二十七日

十九、中国银监会关于外商独资银行、中外合资银行开办银行卡业务有关问题的通知

银监发〔2007〕49号

各银监局：

为规范外商独资银行、中外合资银行经营银行卡业务管理，防范银行卡业务风险，根据《中华人民共和国外资银行管理条例》、《中华人民共和国外资银行管理条例实施细则》和《银行卡业务管理办法》的有关规定，现就外商独资银行、中外合资银行经营银行卡业务有关问题通知如下：

一、外商独资银行、中外合资银行自本通知印发之日起即可申请经营银行卡业务。

二、本通知所称银行卡，按币种不同分为人民币卡、外币卡，包括借记卡、准贷记卡和贷记卡。

准贷记卡和贷记卡统称为信用卡。

三、经中国银监会批准，外商独资银行、中外合资银行在其客户对象范围内可以经营银行卡业务。申请人应当具备下列条件：

（一）资本充足率、资产质量等主要监管指标符合中国银监会的有关规定；

（二）具有符合经营银行卡业务需要的管理制度和风险管理措施；

（三）在中国境内建立符合相关业务、技术标准的计算机系统，并具有保障银行信息安全的技术能力；

（四）具有符合经营银行卡业务需要的技术人员、管理人员和相应的管理机构；

（五）中国银监会规定的其他审慎性条件。

发行外币卡，应当具有经国务院外汇管理部门批准经营结汇、售汇业务的资格。

四、外商独资银行、中外合资银行发行银行卡应当符合中国人民银行制定的银行卡业务、技术标准，满足银行卡联网通用要求。

五、外商独资银行、中外合资银行经营银行卡业务，应当参照《银行卡业务管理办法》规定的申请资料向其总行所在地银监局提出申请。

六、外商独资银行、中外合资银行总行所在地银监局应当自收到完整的申请资料之日起20日内将申请资料连同审核意见报送中国银监会。

中国银监会应当自收到外商独资银行、中外合资银行经营银行卡业务的完整申请资料之日起3个月内，作出批准或者不批准的决定。决定不批准的，应当书面通知申请人并说明理由。

七、外商独资银行、中外合资银行获准经营银行卡业务后，如需经营新的银行卡种类，如准贷记卡、贷记卡，应当按照本通知的规定报批。

八、外商独资银行、中外合资银行获准经营银行卡业务后，应就拟经营的银行卡品种，向所在地中国银监会派出机构报告。

外商独资银行分行、中外合资银行分行经其总行授权经营银行卡业务，在经营银行卡业务前，应就拟经营的银行卡品种，持相关批准文件及其总行授权文件，向所在地中国银监会派出机构报告。

九、外商独资银行、中外合资银行经营银行卡业务的监督管理按照银行卡业务管理相关规定执行。

请各有关银监局速将本通知转发至辖内银监分局以及外资银行营业性机构。

二〇〇七年六月六日

二十、中国银监会办公厅关于加强银行卡发卡业务风险管理的通知

银监办发〔2007〕60号

各银监局，各国有商业银行、股份制商业银行，中国邮政储蓄银行：

最近，因虚假申领银行卡进行商户POS套现行为引发的欺诈风险事件频繁发生，涉嫌欺诈的交易金额水平有所上升，商业银行开展银行卡业务面临的信用风险、操作风险、合规风险等呈现上升态势。现就加强银行卡发卡业务风险管理通知如下：

一、银行卡发卡业务应执行严格的资信审批程序。各发卡银行应遵循“了解你的客户”和“了解你的业务”的原则，注重对银行卡持卡人有效身份的确认，在发卡前必须进行详细的资信调查。银行卡业务人员应尽可能了解客户的主要情况、财务管理的基本状况、消费信贷记录和还款情况等，细分并审慎选择目标客户群体，将必要的核实内容、评估情况和授信情况以适当形式记录保存，为银行卡业务风险管理提供持续稳定的基础。为从源头控制风险，各发卡银行应依法为申请人提供的个人信息保密，对申请人的资信审核工作制定严格的管理制度，并可利用法定身份认证信息系统和其他外部信用信息系统等辅助管理银行卡业务风险。

二、银行卡发卡业务应遵守严格的授信额度管理制度。初始额度审批及其适度调整要遵循审慎原则，根据银行卡申请人的整体资料和财务情况，综合评估其偿还能力后核定各类银行卡的授信额度。对每个无担保客户，应根据对其风险状况的评估进行集中化的银行卡账户最高总授信额度管理。对已持有多家银行发行的多张银行卡的无担保客户，在其账户总授信额度可能超出最高总授信额度时，发卡银行可不予核发新的银行卡。

三、银行卡发卡业务应高度重视合规性管理。各发卡银行应本着审慎经营原则，公开明确告知申请人须提交的主要申请资料及基本要求，并按规定进行认真审核。银行卡发卡业务必须严格执行相关操作规程，申请表必须由主卡申请人本人亲笔签名确认，不得在申请人不知情或违背申请人意愿的情况下盲目发卡。对通过互联网申请的客户，发卡银行应要求客户下载填写申请表并亲笔签名后，将申请表和相关申请资料递交或邮寄到发卡银行，通过适当方式核实客户真实身份后方可发卡。对于代领卡、邮寄卡等非本人领卡的银行卡发放方式，发卡银行应

通过适当方式核实持卡人身份，不得激活未经签名确认、未经开卡程序确认等的银行卡。

四、银行机构应充分利用有效的风险管理系统。开展银行卡发卡业务，要及时识别、衡量和控制银行卡账户的各类风险，高度关注银行卡业务风险指标，尤其是呆账率、伪冒损失率等的变动情况。对有信用卡交易无还款记录、涉嫌非法套现行为或已产生违约金和滞纳金等的高风险持卡人，应及时采取积极催收、降低授信额度、紧急止付等审慎措施，必要时应取消其用卡和申领新卡的资格，以有效控制银行卡业务风险水平。

五、银行机构应采取有效方式密切监测和防范银行卡欺诈交易。在向客户发放新的银行卡时，发卡银行必须给持卡人发放“安全用卡须知”，明确告知与客户联络和交易信息传递的方式，向持卡人披露银行卡交易中可能产生的风险。发卡银行应建立有效的防欺诈申请管理机制，对已发现的欺诈申请，建立专门档案管理，防止其再次通过申请审核，形成潜在风险。发卡银行应利用现代化技术手段建立银行卡业务实时监测机制，对出现可疑交易的银行卡账户及时采取必要的管理措施。收单银行应建立健全对特约商户和 POS 机具的管理机制，密切监测特约商户异常 POS 交易，协助发卡银行对因虚假申领银行卡进行非法套现行为引发的欺诈风险进行识别和控制。银行业协会应逐步推动建立发卡银行和收单机构之间的不良客户信息共享机制，共同防范银行卡欺诈风险。

六、银行机构应努力提升银行卡业务综合竞争力，在充分考虑成本因素的基础上进行公平竞争。同时，要大力提高银行卡产品创新和服务创新能力，以有特色的产品、个性化的服务和差别化的营销，提升各类客户的满意度和忠诚度，杜绝不计成本和忽视风险管理的恶性竞争。

请各银监局将本通知转发至辖内有关城市商业银行、城市信用社、各级农村合作金融机构，并提出具体的监管要求。

二〇〇七年二月二十六日

二十一、国家外汇管理局关于规范银行外币卡管理的通知

汇发〔2010〕53号

国家外汇管理局各省、自治区、直辖市分局、外汇管理部，深圳、大连、青岛、厦门、宁波市分局；中国银联股份有限公司；各中资外汇指定银行：

为规范银行外币卡管理工作，便于社会公众理解银行外币卡管理政策，国家外汇管理局对银行外币卡的有关外汇管理法规进行了梳理整合。现通知如下：

一、本通知中的银行外币卡包括境内外币卡和境外银行卡。前者指境内金融机构发行的外币卡（以下简称“境内卡”）；后者指境外机构发行的银行卡，但不包括境外机构发行的人民币卡（以下简称“境外卡”）。

二、境内卡的分类

（一）按照发行对象，境内卡可以分为个人卡和单位卡。个人卡是向自然人发行的外币卡；单位卡是向法人或其他组织发行，由该单位指定人员使用的外币卡。

（二）按照是否给予持卡人授信额度，境内卡可以分为贷记卡和借记卡。贷记卡是允许持卡人在发卡金融机构给予的信用额度内先使用、后还款的外币卡；借记卡是持卡人先存款、后使用，没有信用额度的外币卡。

（三）按照发卡币种，境内卡可以分为外币卡和本外币卡。外币卡指单币种外币卡；本外币卡指人民币和外币的双币种或多币种卡。

三、境内卡的发行和使用

（一）境内金融机构可发行外币贷记单位卡，但卡内不能存有外汇资金；可以向在本行开有经常项目外汇账户的单位发行外币借记单位卡，卡内外汇资金应纳入经常项目外汇账户资金管理。

（二）个人卡在境内银行营业柜台可以提取人民币现钞，受理银行应将相应结汇信息实时录入个人结售汇管理信息系统；也可以到发卡金融机构营业柜台，在其对外挂牌兑换的币种范围内提取外币现钞，但不得透支提取外币现钞，也不得在自动柜员机上提取外币现钞。

（三）单位卡在境内不得提取外币现钞或人民币现钞。

（四）境内卡在境外可用于经常项目下的消费支付，不得用于其他交易的支付。具体管理要求参见本部分第（五）至（十）项。

（五）各发卡金融机构应当按照《境内银行卡在境外使用的商户类别码》（见附件1）列出的商户类别码（MCC）在系统内做好设置，严格控制脱机交易。

（六）附件1列出的商户类别码分为完全禁止、金额限制和完全放开三类。完全禁止类是指持卡人不得在此类代码项下进行交易。金额限制类是指除6010、6011两个商户类别码之外，其余代码项下持卡人单笔交易金额不得超过等值5000美元。完全放开类是指对交易金额没有限制。

（七）各发卡金融机构应将商户类别码6010（银行柜台提现）和6011（自动提款机提现）合并设置境外提现限额：一日内累计不得超过等值1000美元，一个月内累计不得超过等值5000美元，六个月内累计不得超过等值10000美元。

（八）各发卡金融机构若通过国际卡组织进行代授权交易，应遵守本通知规定。

（九）各发卡金融机构若因技术等原因未及时完成系统设置，应按月逐笔向国家外汇管理局报送已发生的不合规交易。

（十）附件1列出的商户类别码包含维萨（Visa）、万事达（MasterCard）、运通（American Express）、JCB四个银行卡组织。各发卡金融机构发行其他银行卡组织标识卡涉及的商户类别码，须报国家外汇管理局备案。

四、境外卡收单业务

（一）境外卡在境内可以提取人民币现钞。通过银行营业柜台办理，受理银行应将相应结汇信息实时录入个人结售汇管理信息系统；通过自动柜员机办理，每笔不得超过3000元人民币。境外卡在境内可以到境内金融机构营业柜台提取外币现钞，但不得在自动柜员机上提取外币现钞。

（二）境外个人使用境外卡在境内提取人民币现钞未用完部分，可凭其原始交易凭证，如ATM或收单金融机构柜台的相应单据，在提现后6个月内，到银行营业柜台兑回不超过原提现金额的外币，并可按相关规定汇出或携带出境。

（三）境内金融机构为境外卡办理资金存入的，视同向境外汇款，应遵守国家外汇管理局的有关规定。

（四）境内尚未开办人民币业务的外资金融机构办理境外卡收单业务时，其银行卡项下人民币资金来源，应通过其经所在地中国人民银行分支行批准开立的结售汇人民币专用账户解决。

五、银行外币卡项下的清算、还款及购汇

（一）银行外币卡境内使用，应当遵守境内禁止外币计价结算的外汇管理规定。境内特约商户（包括免税店）受理的银行外币卡交易，其与收单金融机构之间必须以人民币清算。

（二）境内卡境内交易，扣除柜台提取外币现钞部分，应通过境内清算渠道以人民币完成清算；境内交易形成的透支，持卡人应以人民币偿还。

（三）境内卡境内交易若因特殊原因通过银行卡国际组织清算，发卡金融机构在以外币完成清算后，可用持卡人偿还的人民币购汇补充已垫付的外汇。通过银行卡国际组织清算是指两种情形：一是境内外币卡境内交易通过银行卡国际组织清算；二是“误抛”交易，即境内本外币卡在境内使用本应视同人民币卡，却被收单金融机构判为外币卡，抛至银行卡国际组织清算。

（四）收单金融机构因银行外币卡境内交易从银行卡国际组织收取的外汇，扣除柜台提取外币现钞部分，应及时结汇。

（五）经批准在境外受理银行外币卡的境内航空公司等特约商户，与收单金融机构之间可以用外汇清算，发卡金融机构可以支付外汇。

（六）境内卡在境外消费或提现形成的透支，持卡人可以用自有外汇资金偿还，也可在发卡金融机构购汇偿还。

（七）发卡金融机构办理上述售汇业务时，售汇额不得超过境内卡已形成的外币透支额，且必须直接用于偿还已形成的透支款。

（八）境内卡项下的各项费用，年费、换卡补卡费应以人民币计收；其他费用可以由银行直接从有外汇余额的卡中扣取，也可由持卡人以人民币支付。

（九）除外币卡（含境内卡和境外卡）境内消费结汇、境外卡通过自动柜员机提取人民币现钞和境内卡境外使用购汇还款三项外，银行卡项个人结售汇业务均应按规定录入个人结售汇管理信息系统。

（十）境内和境外个人使用银行卡办理外汇业务时，应严格遵守《个人外汇管理办法》（中国人民银行令〔2006〕第3号）和《个人外汇管理办法实施细则》（汇发〔2007〕1号的附件）等个人外汇管理规定。

六、银行外币卡项下有关业务的统计及报备

（一）银行外币卡的结售汇统计应按属地管理原则，由收取外汇并结汇、扣收人民币并购汇的金融机构完成。

（二）银行外币卡的国际收支统计申报应按照《国家外汇管理局关于印发〈通过金融机构进行国际收支统计申报业务操作规程〉的通知》（汇发〔2010〕22号）执行。

（三）各发卡金融机构应按年度汇总向国家外汇管理局报送《境内外币卡交易和购汇信息统计表》（见附件2）。报送方式：纸质文件（加盖业务部门公章）。时间要求：年后一个月内。通讯地址：北京市海淀区阜成路18号华融大厦。收件单位：国家外汇管理局国际收支司银行外汇收支管理处。邮政编码：100048。

（四）对于银行外币卡项下发生的大额存款、提现或消费交易，境内金融机构应严格履行反洗钱报告等有关义务。

七、其他事项

（一）境内卡所有附属卡的消费、提现限额及大额报备等应与主卡纳入同一个账户管理。

（二）本文所涉及的时间，“一个月”指一个自然月，“六个月”按连续自然月计算。

（三）境内人民币卡清算组织应做好本外币卡境内交易的人民币清算工作。发卡金融机构必须将本外币卡的卡 BIN 上报境内人民币卡清算组织，供收单金融机构下载。收单金融机构应做好相应的银行卡系统设置，在判卡时，必须优先判人民币卡。

（四）人民币卡在境外使用，由负责信息转接的境内人民币卡清算组织参照附件 1 统一在系统内设置。境内人民币卡清算组织应将 6010 列入完全禁止类，以防止人民币卡在境外通过银行柜台提现；应对 6011 设置金额限制，每卡每日不超过等值 10000 元人民币。

（五）开展银行外币卡业务的金融机构应全面客观地向客户介绍银行外币卡的外汇管理政策，向公众说明银行外币卡使用范围和透支还款等项管理规定，防止片面宣传和误导。

（六）各地外汇局应对辖内金融机构银行外币卡项下的宣传、业务开展中外汇管理法规政策的执行情况及可疑信息进行跟踪检查。对金融机构片面和错误宣传的，应责令其改正。对违反外汇管理规定的金融机构、特约商户和个人，各地外汇局可依据《中华人民共和国外汇管理条例》等外汇管理法规进行处罚。

八、本通知自 2010 年 11 月 1 日起实施。《国家外汇管理局关于规范银行外币卡管理的通知》（汇发〔2004〕66 号）、《国家外汇管理局关于下发境内银行卡在境外使用的禁止类和限制类商户类别码的通知》（汇函〔2004〕19 号）、《国家外汇管理局关于更新境内银行卡在境外使用的商户类别码的通知》（汇发〔2004〕110 号）和《国家外汇管理局关于规范部分新增境内银行卡在境外使用的商户类别码的通知》（汇发〔2007〕55 号）同时废止。

请各分局、管理部接到本通知后，尽快向辖内中心支局、支局和中、外资金融机构转发。执行中如遇问题，请及时向国家外汇管理局国际收支司反馈。联系电话：010－68402313，传真：68402315。

附件 1：境内银行卡在境外使用的商户类别码

附件 2：境内外币卡交易和购汇信息统计表

附件1：

境内银行卡在境外使用的商户类别码

说明：该商户类别码包含维萨（Visa）、万事达（MasterCard）、运通（American Express）、JCB四个银行卡组织的商户类别码，但个别商户类别码可能仅适用于部分银行卡组织。

MCC	商户介绍	完全禁止	金额限制	完全放开
0763	农业合作社	✓		
4829	电汇和汇票、资金划转	✓		
6012	金融机构——产品、服务	✓		
6050	准现金——会员金融机构	✓		
6051	非金融机构——外汇、汇票（不包括电汇）、临时单据和旅行支票	✓		
6211	债券——经纪人和交易商	✓		
6529	远程存值——会员金融机构	✓		
6530	远程存值——商户	✓		
6531	支付服务公司——购买项下货币转账	✓		
6532	支付服务公司——会员金融机构（支付交易）	✓		
6533	支付服务公司——商户（支付交易）	✓		
6534	资金划转——会员金融机构	✓		
6535	购买代币券——会员金融机构	✓		
7995	赌博交易	✓		
0743	葡萄酒制造商		✓	
0744	香槟酒制造商		✓	
1520	总承包商——民用和商业建筑		✓	
1740	石工、石雕、瓷砖安装、粉刷与绝缘承包服务		✓	
1750	木匠服务		✓	
1761	屋顶、壁板、金属片安装		✓	
1771	混凝土工程		✓	
1799	合同商——未包括在其他类别之中的		✓	
2741	各式各样的出版和印刷服务		✓	
2791	排版、制版及相关服务		✓	
2842	专业清洁、磨光和卫生配制品		✓	
4011	铁路运输		✓	
4214	汽车、卡车运输——短途/长途，搬运与仓储公司，本地送货		✓	

续表

MCC	商户介绍	完全禁止	金额限制	完全放开
4225	公共仓库——农产品、冷冻食品、家用货物的存储		✓	
4468	港口，海运服务/设备供应		✓	
4582	机场、私人机场、航空集散站		✓	
5013	摩托车用品和新部件		✓	
5021	办公和商业家具		✓	
5039	建筑材料——未包括在其他类别之中的		✓	
5044	办公、照相、影印、缩微拍摄设备		✓	
5045	计算机及其辅助设备，软件		✓	
5046	商业设备——未包括在其他类别之中的		✓	
5047	牙科/实验室/医学/眼科医院的设备和用品		✓	
5051	金属服务中心或办公室		✓	
5065	电子零件和设备		✓	
5072	五金器具设备和用品		✓	
5074	管道和供暖设备与用品		✓	
5085	工业用品——未包括在其他类别之中的		✓	
5094	宝石和金属，手表和珠宝		✓	
5099	耐用品——未包括在其他类别之中的		✓	
5111	文具、办公用品、打印纸和书写纸		✓	
5122	药品、药品经营者、药剂商的各种杂物		✓	
5131	布匹、小饰物、其他纺织品		✓	
5137	男女制服、儿童制服、商业服装		✓	
5139	商业鞋类		✓	
5169	化学及合成物——未包括在其他类别之中的		✓	
5172	石油和石油产品		✓	
5192	书籍、期刊、报纸		✓	
5193	种花用品、出圃苗、花卉		✓	
5198	油漆、清漆及相关用品		✓	
5199	非耐用品——未包括在其他类别之中的		✓	
5211	建筑材料、木材店		✓	
5551	船只经销商		✓	
5599	各式各样的汽车、飞机、农机具的经销商——未包括在其他类别之中的		✓	
5715	酒精饮料批发商		✓	
5960	直销——保险服务		✓	
6300	保险销售，承销和保险费		✓	
6381	保险		✓	
6399	保险——未分类		✓	
7311	广告服务		✓	
7321	个人信用报告商		✓	
7322	收债代理商		✓	

续表

MCC	商户介绍	完全禁止	金额限制	完全放开
7333	商业摄影、艺术、图形设计		✓	
7361	猎头服务商		✓	
7372	计算机编程、数据处理、系统整合设计服务		✓	
7375	数据检索服务		✓	
7379	计算机维修、保养服务——未包括在其他类别之中的		✓	
7392	管理、咨询和公关服务		✓	
7399	商业服务——未包括在其他类别之中的		✓	
7829	动画片、音像制品的生产与发行		✓	
7993	视频娱乐游戏设备		✓	
7997	俱乐部——乡村俱乐部、会员俱乐部（运动、休闲、体育），私人高尔夫俱乐部		✓	
8111	律师，法律服务		✓	
8398	组织，慈善、社会服务		✓	
8641	协会——居民、社会、互助会		✓	
8651	政治组织		✓	
8661	宗教组织		✓	
8911	建筑、工程和测量服务		✓	
8931	会计、审计和记账服务		✓	
8999	专业服务——未包括在其他类别之中的		✓	
9405	政府内部购买		✓	
9950	公司内部购买		✓	
6010	金融机构——银行柜台服务		✓	注：特别限制
6011	金融机构——自动提款机服务		✓	
0742	兽医服务			✓
0780	园艺、景观美化服务			✓
1711	空调、供暖、管道设备服务			✓
1731	电子服务			✓
3000 到 3299	航空公司			✓
3351 到 3441	汽车租赁公司			✓
3501 到 3799	住宿——旅馆、酒店			✓
4111	运输——郊区或地方上乘客的往还服务，包括摆渡			✓
4112	铁路——客运			✓
4119	救护车服务			✓
4121	豪华轿车与出租车			✓

续表

MCC	商户介绍	完全禁止	金额限制	完全放开
4131	公共汽车			✓
4215	快递服务——航空、地面，货物运送			✓
4411	轮船、巡航			✓
4457	船只租赁			✓
4511	航空公司			✓
4722	旅游公司和旅游线经营商			✓
4723	旅游团经营商——德国地区			✓
4784	通行费、桥梁费			✓
4789	运输服务——上述类别之外的			✓
4812	电信设备及电话销售			✓
4813	键盘登录式电信运营商			✓
4814	电信服务，包括市话和长途电话、信用卡电话、磁卡电话和传真电话业务等			✓
4815	每月电话汇总清账			✓
4816	计算机网络/信息服务			✓
4821	电报服务			✓
4899	电缆及其他收费电视服务			✓
4900	公用事业——电、气、卫生、水			✓
5200	家庭日用品大商店			✓
5231	玻璃、油彩、墙纸店			✓
5251	五金器具店			✓
5261	草地和花园用品店，包括苗圃			✓
5271	活动房屋经营者			✓
5300	批发俱乐部			✓
5309	免税店			✓
5310	打折店			✓
5311	百货公司			✓
5331	杂货铺			✓
5333	超级市场			✓
5399	各式各样的日用商品店			✓
5411	食品杂货店、超级市场			✓
5422	冷冻、仓储肉的供应者			✓
5441	蜜饯、坚果、糖果店			✓
5451	奶制品商店			✓
5462	面包店			✓
5499	各式各样的食品店——便利店、专业店			✓
5511	汽车和卡车（新车或二手车）交易商——销售、服务、修理、零部件、租赁			✓
5521	汽车和卡车（只限于二手车）交易商——销售、服务、修理、零部件、租赁			✓
5531	汽车商店、家庭用品商店			✓

续表

MCC	商户介绍	完全禁止	金额限制	完全放开
5532	汽车轮胎店			✓
5533	汽车零部件店			✓
5541	加油站（有或无辅助服务）			✓
5542	自动售油机			✓
5561	野营挂车、娱乐和公用拖车			✓
5571	摩托车商店和经营者			✓
5592	旅行房车经营者			✓
5598	雪上汽车经营商			✓
5611	男士、男童服装及搭配物			✓
5621	女式成衣			✓
5631	女式搭配物和特殊商品店			✓
5641	儿童和婴儿服装店			✓
5651	家庭服装店			✓
5655	运动服、骑服店			✓
5661	鞋店			✓
5681	毛皮商和毛皮店			✓
5691	男式和女式服装店			✓
5697	裁缝、针线活、修补、服装修改			✓
5698	假发与男子假发店			✓
5699	搭配物和服装店——各式各样的			✓
5712	家具、家用装饰品、设备店及制造商（不包括电器）			✓
5713	地板覆盖物商店			✓
5714	帷帐、窗户覆盖物、室内装潢商店			✓
5718	火炉、火炉屏风、相关附属设备的商店			✓
5719	各式各样的家用设备店			✓
5722	家用器械店			✓
5732	电器店			✓
5733	音乐商店——乐器、钢琴、活页乐谱			✓
5734	计算机软件店			✓
5735	音像店			✓
5811	酒宴承办人			✓
5812	公共饮食行业、餐馆			✓
5813	饮酒的地方（酒精饮料）——酒吧、酒馆、夜总会、鸡尾酒会、迪斯科舞厅			✓
5814	快餐店			✓
5912	药店			✓
5921	酒类零售店——啤酒、葡萄酒和酒精饮料			✓
5931	二手店			✓
5932	古董店——出售、修理、修复			✓
5933	抵押店			✓

续表

MCC	商户介绍	完全禁止	金额限制	完全放开
5935	打捞救助场			✓
5937	古文物复制店			✓
5940	自行车店——出售和服务			✓
5941	运动品店			✓
5942	书店			✓
5943	文具、办公室和学校用品店			✓
5944	珠宝、钟表、银器店			✓
5945	业余爱好、玩具、游戏店			✓
5946	相机和照相用品店			✓
5947	礼品、卡片、新奇品、纪念品店			✓
5948	行李箱和皮革制品商店			✓
5949	缝纫、刺绣、纺织物、布匹店			✓
5950	玻璃和水晶器皿店			✓
5962	电话销售——旅游安排服务			✓
5963	挨户访问的销售			✓
5964	直接营销——目录商户			✓
5965	直接营销——目录和零售商户的组合			✓
5966	直接营销——商户主动联系式的电话销售			✓
5967	直接营销——客户主动联系式的电话销售			✓
5968	直接营销——连续的/订阅商			✓
5969	直接营销/直接市场商人——未在其他地方归类			✓
5970	艺术品商店，手工艺品商店			✓
5971	艺术品交易商和画廊			✓
5972	邮票和硬币商店			✓
5973	宗教品商店			✓
5974	杂货店			✓
5975	助听器——销售、服务、供给店			✓
5976	整形外科商品和医用修复设备			✓
5977	化妆品商店			✓
5978	打字机商店——销售、服务和租赁			✓
5983	燃料交易商——燃油、木材、煤炭和液化石油			✓
5992	种花者			✓
5993	雪茄店			✓
5994	报纸交易商及报摊			✓
5995	宠物商店，宠物食品和日用品			✓
5996	游泳池——销售、常用品和服务			✓
5997	电动剃须刀商店——销售和服务			✓
5998	帐篷和雨篷商店			✓
5999	综合及专业零售店			✓
6513	真实不动产代理商和管理者——租赁			✓

续表

MCC	商户介绍	完全禁止	金额限制	完全放开
7011	住房——旅馆、汽车旅馆、游览胜地——其他处未分类			✓
7012	分时			✓
7032	运动和娱乐营地			✓
7033	(家庭拖车)停车场和野营地			✓
7210	干洗、清洁和服装服务			✓
7211	洗衣店服务——家用和商用			✓
7216	干燥清洁器			✓
7217	地毯和室内装潢清洁			✓
7221	照相摄影室			✓
7230	美容和理发店			✓
7251	修鞋店、擦鞋店、洗帽店			✓
7261	殡葬服务和火葬场			✓
7273	约会和护卫活动			✓
7276	税务准备服务			✓
7277	咨询服务——债务，婚姻，个人			✓
7278	购物和售物服务及俱乐部			✓
7280	私人医院			✓
7295	托儿所			✓
7296	服装租赁——剧装、制服和正装			✓
7297	按摩室			✓
7298	健康和美容中心			✓
7299	其他个人服务——未在其他地方分类			✓
7332	影印服务			✓
7338	快印、复制和制作蓝图服务			✓
7339	速记和秘书支持服务			✓
7342	消菌和抗感染服务			✓
7349	清洁和维护，看门服务			✓
7393	侦探机构、保护机构、包括装甲车的安全服务、警犬			✓
7394	设备租赁服务、工具租赁、家具租赁			✓
7395	照片印、扩室			✓
7511	货品停放交易			✓
7512	汽车租赁代理机构			✓
7513	卡车和公用拖车租赁			✓
7519	汽车之家和娱乐性交通工具租赁			✓
7523	汽车停车场和车库			✓
7531	车身修理店			✓
7534	胎面翻新和修理店			✓
7535	汽车喷漆店			✓
7538	汽车服务店(非经销商)			✓

续表

MCC	商户介绍	完全禁止	金额限制	完全放开
7542	洗车			√
7549	牵引支架服务			√
7622	电子修理店			√
7623	空调和冰箱修理店			√
7629	电子和小用具修理店			√
7631	手表、钟表和宝石修理店			√
7641	家具——重装椅面、修理、整修表面			√
7692	焊接修理			√
7699	多种业务混杂的修理店和相关服务			√
7832	动画片剧场			√
7841	录像娱乐带出租店			√
7911	舞厅、舞蹈房和舞蹈学校			√
7922	戏剧生产商（动画片除外）票务代理			√
7929	乐队、管弦乐队和混合性娱乐者——未在其他地方分类			√
7932	台球和舞池经营者			√
7933	保龄球			√
7941	商业运动、专业运动俱乐部、运动场、运动推广商			√
7991	针对旅游者的表演和展览			√
7992	公共高尔夫球场			√
7994	视频游戏中心/设施			√
7996	游乐园、马戏表演、狂欢节、算命者			√
7998	水族馆、海洋馆和海豚馆			√
7999	娱乐服务——未在其他地方分类			√
8011	医生及医师——未在其他地方分类			√
8021	牙医及畸齿矫正医师			√
8031	整骨疗法家			√
8041	脊椎指压治疗者			√
8042	验光师和检眼师			√
8043	眼镜商、光学商品和眼镜			√
8044	光学眼镜店			√
8049	足病医生和手足病医生			√
8050	护理和个人照顾设施			√
8062	医院			√
8071	医学和牙科实验室			√
8099	医疗服务、健康实践——未在其他地方分类			√
8211	小学和中学			√
8220	学院、大学、专业学校和大专			√
8241	函授学校			√
8244	商业和文秘学校			√

续表

MCC	商户介绍	完全禁止	金额限制	完全放开
8249	贸易和行业学校			✓
8299	学校和教育服务——未在其他地方分类			✓
8351	儿童照料服务			✓
8675	汽车协会			✓
8699	会员组织——未在其他地方分类			✓
8734	检测实验室（非医学）			✓
9211	法庭费用，包括赡养费和孩子抚养费			✓
9222	罚款			✓
9223	保证金和保释金付款			✓
9311	税务支付			✓
9399	政府服务——未在其他地方分类			✓
9402	邮政服务——仅限于政府			✓
9700	国际自动介绍服务			✓
9701	维萨组织介绍信的服务商			✓
9751	英国超市，电子文档			✓
9752	英国汽油站，电子文档			✓

附件2：

境内外币卡交易和购汇信息统计表

（填报单位：××银行）

报告期：____年　　　　　　　　　　　　　　　　　　　　金额单位：万美元

	单位卡				境内个人				境外个人				购汇合计	
	交易		其中：购汇		交易		其中：购汇		交易		其中：购汇			
	笔数	金额	笔数	金额	笔数	金额	笔数	金额	笔数	金额	笔数	金额	笔数	金额
境外交易														
其中：提现														
消费														
境内交易														

负责人：　　　　复核：　　　　制表：　　　　电话：　　　　单位盖章：

注：1.“境外个人”系指外国自然人（包括无国籍人）、港澳台同胞和持中华人民共和国护照但已取得境外永久居留权的中国自然人。

2. 发卡金融机构应在每年1月份汇总向国家外汇管理局报送上年数据。

二十二、最高人民法院、最高人民检察院关于办理妨害信用卡管理刑事案件具体应用法律若干问题的解释

法释〔2009〕19号

为依法惩治妨害信用卡管理犯罪活动，维护信用卡管理秩序和持卡人合法权益，根据《中华人民共和国刑法》规定，现就办理这类刑事案件具体应用法律的若干问题解释如下：

第一条 复制他人信用卡、将他人信用卡信息资料写入磁条介质、芯片或者以其他方法伪造信用卡1张以上的，应当认定为刑法第一百七十七条第一款第（四）项规定的“伪造信用卡”，以伪造金融票证罪定罪处罚。

伪造空白信用卡10张以上的，应当认定为刑法第一百七十七条第一款第（四）项规定的“伪造信用卡”，以伪造金融票证罪定罪处罚。

伪造信用卡，有下列情形之一的，应当认定为刑法第一百七十七条规定的“情节严重”：

（一）伪造信用卡5张以上不满25张的；

（二）伪造的信用卡内存款余额、透支额度单独或者合计数额在20万元以上不满100万元的；

（三）伪造空白信用卡50张以上不满250张的；

（四）其他情节严重的情形。

伪造信用卡，有下列情形之一的，应当认定为刑法第一百七十七条规定的“情节特别严重”：

（一）伪造信用卡25张以上的；

（二）伪造的信用卡内存款余额、透支额度单独或者合计数额在100万元以上的；

（三）伪造空白信用卡250张以上的；

（四）其他情节特别严重的情形。

本条所称“信用卡内存款余额、透支额度”，以信用卡被伪造后发卡行记录的最高存款余额、可透支额度计算。

第二条 明知是伪造的空白信用卡而持有、运输10张以上不满100张的，应当认定为刑法第一百七十七条之一第一款第（一）项规定的“数量较大”；非法持有他人信用卡5张以上不满50张的，应当认定为刑法第一百七十七条之一第一款第（二）项规定的“数量较大”。

有下列情形之一的，应当认定为刑法第一百七十七条之一第一款规定的“数量巨大”：

（一）明知是伪造的信用卡而持有、运输10张以上的；

（二）明知是伪造的空白信用卡而持有、运输100张以上的；

（三）非法持有他人信用卡50张以上的；

（四）使用虚假的身份证明骗领信用卡10张以上的；

（五）出售、购买、为他人提供伪造的信用卡或者以虚假的身份证明骗领的信用卡10张以上的。

违背他人意愿，使用其居民身份证、军官证、士兵证、港澳居民往来内地通行证、台湾居民来往大陆通行证、护照等身份证明申领信用卡的，或者使用伪造、变造的身份证明申领信用卡的，应当认定为刑法第一百七十七条之一第一款第（三）项规定的“使用虚假的身份证明骗领信用卡”。

第三条 窃取、收买、非法提供他人信用卡信息资料，足以伪造可进行交易的信用卡，或者足以使他人以信用卡持卡人名义进行交易，涉及信用卡1张以上不满5张的，依照刑法第一百七十七条之一第二款的规定，以窃取、收买、非法提供信用卡信息罪定罪处罚；涉及信用卡5张以上的，应当认定为刑法第一百七十七条之一第一款规定的“数量巨大”。

第四条 为信用卡申请人制作、提供虚假的财产状况、收入、职务等资信证明材料，涉及伪造、变造、买卖国家机关公文、证件、印章，或者涉及伪造公司、企业、事业单位、人民团体印章，应当追究刑事责任的，依照刑法第二百八十条的规定，分别以伪造、变造、买卖国家机关公文、证件、印章罪和伪造公司、企业、事业单位、人民团体印章罪定罪处罚。

承担资产评估、验资、验证、会计、审计、法律服务等职责的中介组织或其人员，为信用卡申请人提供虚假的财产状况、收入、职务等资信证明材料，应当追究刑事责任的，依照刑法第二百二十九条的规定，分别以提供虚假证明文件罪和出具证明文件重大失实罪定罪处罚。

第五条 使用伪造的信用卡、以虚假的身份证明骗领的信用卡、作废的信用卡或者冒用他人信用卡，进行信用卡诈骗活动，数额在5000元以上不满5万元的，应当认定为刑法第一百九十六条规定的“数额较大”；数额在5万元以上不满50万元的，应当认定为刑法第一百九十六条规定的“数额巨大”；数额在50

万元以上的，应当认定为刑法第一百九十六条规定的“数额特别巨大”。

刑法第一百九十六条第一款第（三）项所称“冒用他人信用卡”，包括以下情形：

（一）拾得他人信用卡并使用的；

（二）骗取他人信用卡并使用的；

（三）窃取、收买、骗取或者以其他非法方式获取他人信用卡信息资料，并通过互联网、通讯终端等使用的；

（四）其他冒用他人信用卡的情形。

第六条 持卡人以非法占有为目的，超过规定限额或者规定期限透支，并且经发卡银行两次催收后超过3个月仍不归还的，应当认定为刑法第一百九十六条规定的“恶意透支”。

有以下情形之一的，应当认定为刑法第一百九十六条第二款规定的“以非法占有为目的”：

（一）明知没有还款能力而大量透支，无法归还的；

（二）肆意挥霍透支的资金，无法归还的；

（三）透支后逃匿、改变联系方式，逃避银行催收的；

（四）抽逃、转移资金，隐匿财产，逃避还款的；

（五）使用透支的资金进行违法犯罪活动的；

（六）其他非法占有资金，拒不归还的行为。

恶意透支，数额在1万元以上不满10万元的，应当认定为刑法第一百九十六条规定的“数额较大”；数额在10万元以上不满100万元的，应当认定为刑法第一百九十六条规定的“数额巨大”；数额在100万元以上的，应当认定为刑法第一百九十六条规定的“数额特别巨大”。

恶意透支的数额，是指在第一款规定的条件下持卡人拒不归还的数额或者尚未归还的数额。不包括复利、滞纳金、手续费等发卡银行收取的费用。

恶意透支应当追究刑事责任，但在公安机关立案后人民法院判决宣告前已偿还全部透支款息的，可以从轻处罚，情节轻微的，可以免除处罚。恶意透支数额较大，在公安机关立案前已偿还全部透支款息，情节显著轻微的，可以依法不追究刑事责任。

第七条 违反国家规定，使用销售点终端机具（POS机）等方法，以虚构交易、虚开价格、现金退货等方式向信用卡持卡人直接支付现金，情节严重的，应当依据刑法第二百二十五条的规定，以非法经营罪定罪处罚。

实施前款行为，数额在100万元以上的，或者造成金融机构资金20万元以上逾期未还的，或者造成金融机构经济损失10万元以上的，应当认定为刑法第二百二十五条规定的“情节严重”；数额在500万元以上的，或者造成金融机构资金 100 万元以上逾期未还的，或者造成金融机构经济损失 50 万元以上的，应当认定为刑法第二百二十五条规定的“情节特别严重”。

持卡人以非法占有为目的，采用上述方式恶意透支，应当追究刑事责任的，依照刑法第一百九十六条的规定，以信用卡诈骗罪定罪处罚。

第八条　单位犯本解释第一条、第七条规定的犯罪的，定罪量刑标准依照各该条的规定执行。

二十三、国务院办公厅转发人民银行监察部等部门关于规范商业预付卡管理意见的通知

国办发〔2011〕25 号

各省、自治区、直辖市人民政府，国务院各部委、各直属机构：

人民银行、监察部、财政部、商务部、税务总局、工商总局、预防腐败局《关于规范商业预付卡管理的意见》已经国务院同意，现转发给你们，请认真贯彻执行。

国务院办公厅

二〇一一年五月二十三日

关于规范商业预付卡管理的意见

人民银行　监察部　财政部　商务部

税务总局　工商总局　预防腐败局

近年来，适应信息技术发展和小额支付服务市场创新的客观需要，商业预付卡市场发展迅速。商业预付卡以预付和非金融主体发行为典型特征，按发卡人不同可划分为两类：一类是专营发卡机构发行，可跨地区、跨行业、跨法人使用的多用途预付卡；另一类是商业企业发行，只在本企业或同一品牌连锁商业企业购买商品、服务的单用途预付卡。总体看，商业预付卡在减少现钞使用、便利公众支付、刺激消费等方面发挥了一定作用。同时，商业预付卡市场也存在监管不严、违反财务纪律、缺乏风险防范机制、公款消费和收卡受贿等突出问题，严重扰乱了税收和财务管理秩序，助长了腐败行为。为规范商业预付卡管理、严肃财经纪律、防范金融风险、促进反腐倡廉，现提出如下意见：

一、明确职责，加强管理

强化对商业预付卡发卡人的管理，是规范商业预付卡管理的首要环节，必须进一步明确部门职责，落实分类监管。人民银行要严格按照《非金融机构支付服务管理办法》（中国人民银行令〔2010〕第 2 号）的规定，加强对多用途预付卡发卡人的监督检查，完善业务管理规章，维护支付体系安全稳定运行。未经人

民银行批准，任何非金融机构不得发行多用途预付卡，一经发现，按非法从事支付结算业务予以查处。对商业企业发行的单用途预付卡，商务部门要强化管理，抓紧制定行业标准，适时出台管理办法。金融机构未经批准，不得发行预付卡。

二、健全制度，规范行为

规范商业预付卡的发行和购买，是防范利用商业预付卡洗钱、套现、偷逃税款以及行贿受贿的有效途径，必须进一步建立健全规章制度，加大执法力度。一是建立商业预付卡购卡实名登记制度。对于购买记名商业预付卡和一次性购买1万元（含）以上不记名商业预付卡的单位或个人，由发卡人进行实名登记。二是实施商业预付卡非现金购卡制度。单位一次性购卡金额达5000元（含）以上或个人一次性购卡金额达5万元（含）以上的，通过银行转账方式购买，不得使用现金；使用转账方式购卡的，发卡人要对转出、转入账户名称、账号、金额等进行逐笔登记。三是实行商业预付卡限额发行制度。不记名商业预付卡面值不超过1000元，记名商业预付卡面值不超过5000元。

严格发票和财务管理。发卡人必须严格按照《中华人民共和国发票管理办法》有关规定开具发票。税务部门要加强发票管理和税收稽查，坚决依法查处发卡人在售卡环节出具虚假发票、购卡单位在税前扣除与生产经营无关支出等行为。财政部门要加强财务管理，严厉查处挪用预算资金、利用购卡进行公款消费等行为。

三、坚决治理，防贿促廉

治理收卡受贿等违纪违法行为，是加强反腐倡廉工作的迫切要求和重要环节，必须进一步狠抓落实，加大查处力度。按照《中国共产党党员领导干部廉洁从政若干准则》和《中共中央办公厅国务院办公厅关于严禁党政机关及其工作人员在公务活动中接受和赠送礼金、有价证券的通知》（中办发〔1993〕5号）的规定，严禁国家工作人员特别是领导干部在公务活动中收受任何形式的商业预付卡。凡收受商业预付卡又不按规定及时上交的，以收受同等数额的现金论处。对涉嫌受贿的，依法严肃查处。

四、防范风险，维护权益

加强预付资金管理，维护持卡人合法权益，是防范金融风险的重要手段，必须引起足够重视，进一步完善工作机制。多用途预付卡发卡人接受的、客户用于未来支付需要的预付资金，不属于发卡人的自有财产，发卡人不得挪用、挤占。多用途预付卡发卡人必须在商业银行开立备付金专用存款账户存放预付资金，并与银行签订存管协议，接受银行对备付金使用情况的监督。人民银行要加强对多用途预付卡备付金专用存款账户开立和使用的监管。商务部门要采取有效措施，加强对单用途预付卡预付资金的监管，防范资金风险。

人民银行、商务部要继续健全商业预付卡收费、投诉、保密、赎回、清退等业务管理制度，全面维护持卡人合法权益。为防止发卡人无偿占有卡内残值，方便持卡人使用，记名商业预付卡不设有效期，不记名商业预付卡有效期不得少于3年。对于超过有效期尚有资金余额的，发卡人应提供激活、换卡等配套服务。工商部门要进一步加强监督检查，加大消费维权工作力度，严厉打击侵犯消费者权益的不法行为，及时开展相关消费提示，营造良好的消费环境。

商业预付卡管理涉及部门众多，情况复杂，规范整顿的任务十分艰巨。各有关部门要各负其责，建立对商业预付卡的联合监督检查机制，进一步加强协调配合，齐抓共管，形成合力。2011年年底前，人民银行、商务部等有关部门要联合开展一次商业预付卡市场专项检查，以检查促整改，促进商业预付卡市场规范发展。